경계를 넘나드는 사람들

김경학-전남대학교 인류학과 교수
선봉규-전남대학교 세계한상문화연구단 연구교수
김나경-전남대학교 디아스포라학협동과정 강사
이기연-전남대학교 인류학과 강사
임선진-전남대학교 인류학과 박사과정 수료
단효홍-전남대학교 대학원 디아스포라학협동과정 박사과정

경계를 넘나드는 사람들

인 쇄 2015년 12월 24일
발 행 2015년 12월 30일

저 자_김경학·선봉규·김나경·이기연
임선진·단효홍
발행인_지병문
발행처_전남대학교출판부
등 록_1981. 5. 21. 제53호
주 소_61186 광주광역시 북구 용봉로 77
전 화_(062) 530-0571~2
영업부_(062) 530-0573
팩 스_(062) 530-0579
홈페이지_http://www.cnup.co.kr
이메일_cnup0571@hanmail.net

값 17,000 원

ISBN 978-89-6849-259-4 (93300)

이 도서의 국립중앙도서관 출판예정도서목록(CIP)은 e-CIP홈페이지(http://www.nl.go.kr/ecip)와
국가자료공동목록시스템(http://www.nl.go.kr/kolisnet)에서 이용하실 수 있습니다.
(CIP제어번호: CIP2015035763)

김경학 엮음

경계를 넘나드는 사람들

전남대학교출판부

이 책은 결혼이주여성, 이주노동자, 화교, 고려인동포, 북한이탈주민 등을 대상으로 하여 필자들이 최근 몇 년 동안 연구한 논문들을 기본으로 삼아 일부 내용을 삽입하고 삭제하여 만들어진 '경계를 넘나드는 다양한 사람들'에 관한 전문서적이다.

■ 책을 내면서

다양한 목적의 국제 이주의 흐름에 따라 가족 구성원이 국경을 두고 서로 떨어져 지내면서 '경계를 넘나드는 사람들'이 크게 늘고 있다. 특히 교통과 정보통신기술의 획기적인 발달은 현실과 가상 세계에서 이주자의 경계를 넘나드는 실천 행위를 더욱 촉진시키고 있다. 2014년 말 현재 한국에 체류하고 있는 외국 국적자의 수는 약 180만 명에 이른다. 이들은 '고용허가제'로 입국하여 소위 3D업종 노동시장에 종사하고 있는 외국인이주노동자와 혼인으로 입국한 국제결혼이주자 및 '방문취업비자', '재외동포비자', 영주권을 소지한 중국과 구 소련권 출신의 재외동포로 구성된다. 이들은 국적·인종·민족·문화 등에서 동질적인 성격의 한국사회를 다양화 시키고 있는 주인공인 셈이다.

한국 내 이주자의 대다수가 수도권을 중심으로 분포되어 있기 때문에 지방 대도시의 외국인 인구는 상대적으로 적은 편이다. 예를 들어 광주광역시의 외국인 이주자의 수는 2015년 1월 기준 시 전체 인구의 약 1.79%에 불과하다. 이 비율은 전국 기준 체류 외국인 비율 약 3.57%에 비하면 상당히 낮은 편인데, 이는 광주광역시의 산업기반이 수도권에 비해 상대적으로 취약하기 때문인 것으로 보인다. 광주광역시의 체류 외국인 가운데 다수 집단에 속하는 중국, 베트남, 조선족, 필리핀, 캄보디아 국적자의 대부분은 이주노동과 결혼이주를 위해 입국한 사람들이다. 광주광역시 관내 5개 구 가운데 하남공단, 평동공단, 소촌공단 등 공업단지가 몰려 있는 광산구에 가장 많은 수의 외국인 이주자가 체류하고 있다. 이들은 일반적으로 공단 기숙사에서 숙식을 해결하는 아시아 국적의 외국인 이주노동자와 소위 '고려인마을'로 알려진 집거지에 사는 중앙아시아 출신 고려인 동포 및 결혼이주자로서 광산구의 주요 외국인 인구를 구성하고 있다. 또한 다양한 국적의 외국인 인구의 자녀가 중도 입국하여 위탁교육을 받는 '새날학교'와 불법체류 외국인 이주자를 중심으로 외국인 이주노동자의 의료복지를 지원하는 '광주외국인노동자건강센터' 등이 이 지역에 자리하고 있어 여기서는 전형적인 '민족 경관'ethno-scape의 다양성이 표출된다.

광주광역시의 다문화 민족 경관의 일부 요소를 구성하는 우리의 오래된 이웃은 약 100년 이상을 지역사회에서 한국인과 가까이 살아온 화교 인구로서 2015년 현재 광주에는 약 350명의 화교가 동구와 북구를 중심으로 거주하고 있다. 동구 계림동의 화교소학교 외에 중화요리점, 한의원, 중국어학원, 주단점, 식품종합상사 등이 광주 화교에 의해 운영되고 있다. 화교에 대한 정책적 차별구조가 점차 개선되었지만 화교는 여전히 한국사회의 '이방인'으로 살고 있으며, 이들은 한국사회에 글로벌 이주가 본격 시작하기 이전부터 대만과 미국 등으로 국제 이주를 하였고 초국적 가족과 친족 네트워크 내에서 서로 긴밀한 관계를 유지해 왔다.

본 연구서는 광주광역시의 문화적 다양성과 민족 경관의 다양화를 규명하기 위해 귀환동포, 결혼이주여성, 화교, 북한이탈주민, 이주노동자라는 다양한 집단을 연구대상으로 삼고 있다. 연구자들은 이들 집단의 사회·문화적이고 경제적 성격을 파악하기 위해 심층인터뷰와 참여관찰을 중심으로 한 인류학적 질적 연구방법과 통계를 이용한 양적 연구방법으로 수집한 자료를 분석·해석하고 있다. 특히 연구자들은 결혼이주여성, 이주노동자, 고려인 귀환동포 등을 가족 구성원 간에 국경을 두고 떨어져 지내는 '초국적 가족'transnational family의 구성원으로 간주하고, 한국에서 생활하는 이들이 모국의 가족들과 유지하는 초국적 관계의 특성을 규명하고 있다. 이들 초국적 가족 구성원은 혁신적으로 발달한 정보통신기술을 이용한 다양한 형태의 상호 정서적 지지, 송금과 선물배송 등의 물질적 지원, 직접 방문이나 가족원 초청 등 여러 유형으로 초국적 가족의 공동 복지와 일체감을 지니고 살아가고 있다. 이주노동자와 결혼이주여성에 대한 기존 연구자들은 국내에 수적으로 지배적인 이주자 집단인 동남아시아 출신과 동아시아의 조선족과 일본인 등을 대상으로 연구를 수행하였기 때문에 이 연구서가 대상으로 삼고 있는 네팔인과 중국 한족 및 고려인에 관한 연구는 수적으로 많지 않은 편이다. 따라서 이 연구서의 네팔과 한족 및 고려인 연구가 결혼이주연구와 이주노동 연구의 외연을 확장하는 데에 기여할 수 있었으면 하는 바람이다.

본 연구서는 광주에서의 불안정한 삶을 영위하고 있는 모든 이주자, 특히 불법체류 이주노동자와 결혼이주자의 초청으로 왔지만 노동시장에 개입하고 있는 가족원에게 최소한의 의료복지를 제공하고 있는 '의료 돌봄' 민간조직인 '광주외국인노동자건강센터'에 대한 민족지적 연구를 포함하고 있다. 그리고 한국사회에서 특수한 위치에 놓여 있는 북한이탈주민이 일상생활에서 겪고 있는 '문화접변' 성향을 분석한 연구도 이 책에 포함되어 있다. 북한이탈주민을 다루고 있는 연구자들은 연구 결과를 토대로 북한이탈주민이 국내에서 안정적으로 정착하고 적응하는 데에 필요한 정책적 시사점도 제시하고 있다.

이 연구서의 필자들은 광주광역시라는 지역단위에 거주하고 있는 화교, 이주노동자, 고려인 동포, 결혼이주여성, 북한이탈주민을 대상으로 이들이 경험하고 있는 이주와 정착 및 초국적 네트워크 유지에 관한 이야기들이 한국사회의 다문화적 경관의 형성과 그 성격을 규명하기 위한 총체적인 연구를 위한 작은 디딤돌로서 역할을 다할 수 있을 것으로 기대한다. 또한 중앙아시아 고려인의 노동, 가족, 돌봄 영역들에서 일어나는 다양한 사회·문화적 변화를 초국가주의라는 맥락 속에서 바라봄으로써, 고려인의 국내 유입과 이에 따른 가족의 분거와 재결합 과정에 대한 그들의 분투와 고단한 목소리를 청취할 수 있었고, 이는 재외동포를 대상으로 하는 한국의 이민정책 수립에 도움이 되는 목소리로 활용될 수 있을 것으로 생각한다.

이 연구서는 결혼이주여성, 이주노동자, 화교, 고려인동포, 북한이탈주민 등을 대상으로 하여 필자들이 최근 몇 년 동안 연구한 기존 논문들을 기본으로 삼아 일부 내용을 삽입하고 삭제하여 만들어진 '경계를 넘나드는 다양한 사람들'에 관한 전문서적이다. 이 책에서 활용하고 있는 필자들의 기존 논문은 다음과 같다. 제1부 '이주와 정착'은 다음의 다섯 편의 글로 구성된다. 제1장 "중앙아시아 고려인의 한국 이주와 정착"은 「국제지역연구」(2014), 제2장 "네팔 결혼이주여성의 한국이주와 임금노동"은 「디아스포라연구」(2015), 제3장 "광주지역 화교의 초국가적 성격과 전망"은 「민족문화논총」(2012), 제4장 "광주광역시 거주 북한이탈주민의 문화접변 성향"은 「동북아문화연구」(2015), 제5장 "'광주외국인노동자건강센터'에 관한 민족지적 연구"는 「디아스포라연구」(2014)에 각각 수록된 글들을 토대로 삼았다. 제2부 '초국적 가족 네트워크'에 해당하는 세 편의 글의 구성은 다음과 같다. 제6장 "우즈베키스탄 고려인의 한국 이주와 가족유형의 성격"은 「디아스포라연구」(2015), 제7장 "광주 체류 네팔 이주노동자의 초국적 가족 유대"는 「남아시아연구」(2014) 그리고 마지막 제8장 "광주지역 한족 결혼이주여성의 초국적 가족 유대"는 「디아스포라연구」(2015)에 각각 수록된 글들이다.

이 연구서는 엮은이를 포함한 6명의 연구자만의 산물이 아닐 것이다. 이 연구서가 기본적으로 현장에서 수집된 자료들을 토대로 하고 있기 때문에 바쁜 일과 속에서도 심층 인터뷰, 참여관찰, 설문지 실시의 기회를 연구자들에게 흔쾌히 허락한 고려인동포, 화교, 네팔 이주노동자, 네팔과 한족 결혼이주여성, 북한이탈주민, 광주외국인노동자건강센터 관계자의 도움이 매우 컸다. 이 자리를 통해 이 분들께 깊은 감사를 표한다. 마지막으로 이 책이 나오는데 도움을 준 전남대학교 출판부 모든 관계자들께도 깊은 감사를 드린다.

2015년 12월

엮은이 김경학

■ 목 차

1부

이주와 정착

중앙아시아 고려인의 한국 이주와 정착: 광주 '고려인마을'을 중심으로 _ 김경학

네팔 결혼이주여성의 한국이주와 임금노동 _ 이기연

광주지역 화교의 초국가적 성격과 전망 _ 김경학

광주광역시 거주 북한이탈주민의 문화접변 성향 _ 김나경·선봉규

'광주외국인노동자건강센터'에 관한 민족지적 연구 _ 임선진·김경학

중앙아시아 고려인의 한국 이주와 정착

광주 '고려인마을'을 중심으로

김경학 (전남대학교 인류학과 교수)

1991년 구소련연방공화국이 붕괴되면서 개별 독립 국가의 종족·종교적 민족주의 발흥과 국가 경제의 악화로 시작된 고려인의 국제 이주는 구소련권 국가들을 벗어나 한국 등으로 확장되는 고려인의 국제화 경향의 심화로 나타난다. 고려인의 한국이주는 2007년 재외동포에 대한 '방문취업제' 도입 후 급물살을 탔다. 이 연구의 목적은 광주광역시 광산구 일대에 형성된 '고려인마을'이라는 엔클레리브에 거주하는 일부 고려인을 대상으로 설문조사와 심층인터뷰 및 참여관찰을 통해 고려인의 한국 이주와 정착 과정을 규명하는 것이다.

들어가는 말

광주광역시 광산구 월곡동과 산정동 일대에는 세간에 '고려인마을'로 알려진 중앙아시아 우즈베키스탄과 카자흐스탄 출신 '고려인' 재외동포의 '엔클레이브'enclave가 형성되고 있다. 2014년 말 현재 외교부 재외동포현황자료에 따르면 중앙아시아와 러시아 등 구소련연방에 거주하고 있는 '고려인'의 수는 대략 55만 명으로 추정되고 있다. 이 가운데 18만 2천여 명의 우즈베키스탄 고려인과 10만 5천여 명의 카자흐스탄 고려인을 포함한 중앙아시아의 고려인의 수는 약 30만 4천명에 이른다. 1991년 소련연방공화국 해체로 독립 국가가 된 우즈베키스탄과 카자흐스탄의 고려인은 이들 국가에서 불기 시작한 이슬람과 민족을 토대로 한 '종족·종교 민족주의'ethno-religious nationalism의 영향을 받고 있다. 특히 독립 이후 만성적인 실업 등 국가경제 상황이 악화된 우즈베키스탄 고려인은 '살기 위해' 러시아 연해주로 재이주를 하거나 주변 국가와 멀리 한국으로 국제 이주를 하고 있다.

한편 한국에는 이중화된 노동시장으로 인해 특히 3D업종에 종사할 저임금 노동력의 절대부족으로 주로 아시아 국가 출신의 단순 노동력의 국내 유입이 지속되고 있다. 2007년 도입된 특별고용허가제인 '방문취업제' 실시 이후 중앙아시아와 러시아 일대의 더 많은 고려인이 국내로 유입되고 있다. 2013년 8월 현재 중앙아시와 러시아 일대 국가로부터 국내 유입된 외국인 노동력은 약 5만 3천여 명이다. 이 가운데 방문취업비자(H-2)와 재외동포비자(F-4)를 소지한 고려인으로 추정할 수 있는 약 18,330명을 포함하여, 영주비자(F-5) 소유자, 결혼이민자, 단기방문비자(C-3)와 불법체류자까지 포함하면 대략 국내에 약 3만여 명의 고려인이 거주하고 있는 것으로 추정된다.

현재 경기도 안산 일대를 포함한 수도권에 1만여 명의 고려인이 공단과 건설 현장뿐만 아니라 농촌에 취업하고 있으며[1], 광주광역시에도 약 2,000명의 고려인이 거주하고 있는 것으로 추정된다. 2013년 6월 기준 광주광역시는 전체 인구 1,145,631명의 약 1.04%에 해당하는 15,436명의 외국인이 거주하고 있어 그 비율은 전국 평균[2]에 비해 낮은 편이다. 이는 타 대도시에 비해 광주지역의 산업기반이 상대적으로 취약하기 때문이다. 광주광역시 관내 5개 구 가운데 외국인 근로자가 밀집 거주하고 있는 곳은 하남공단, 평동공단, 소촌공단 등 산업단지 지구가 몰려 있는 광산구이다. 2013년 10월 현재 광산구에는 광주체류 전체 외국인의 약 49.19%에 해당하는 7,593명이 거주하고 있다.[3]

1 김승력, "경기도 안산시 땟골 고려인 디아스포라와 '너머'의 지원활동", 『세계 한인 귀환 디아스포라 현상 조명』 (2013), pp.227-230.

2 법무부 출입국 관리소 자료에 따르면 2013년 6월 기준으로 한국에 체류하는 외국인은 전체 인구의 2.8%에 해당하는 1,473,229명이다.

3 2013년 11월 15일 광주광역시 광산구 다문화팀이 제공한 자료임.

2004년부터 소수의 고려인이 공단지역과 접근성이 좋은 광산구 월곡동과 산정동 일대에 초기 정착하고, 새로운 고려인 이민자가 합류하여 일대에 고려인 인구가 증가하면서 인근 주민들이 이 일대를 '고려인마을'이라 부르기 시작했다.[4] 특히 자국의 경제상황이 어려운 우즈베키스탄의 고려인의 유입이 늘면서 이들은 '고려인마을'에 정착하는 고려인의 절대 다수를 구성하고 있다.

한국어를 구사할 수 있는 고려인이 소수에 불과하기 때문에 초기 정착, 구직, 육아, 자녀교육 등 생존문제 해결을 위해 새로운 고려인 이주자는 기존 정착 고려인 이주자의 도움을 필요로 한다. 고려인 수가 늘어나면서 고려인을 지원하는 '고려인센터', 어린이집, 고려인아동지원센터 등이 차례로 문을 열면서 월곡동과 산정동 일대가 '느슨한' 형태의 광주 고려인 '엔클레이브'의 모습을 갖추기 시작했다.

성동기는 고려인 연해주 이주와 중앙아시아 강제이주의 역사, 고려인의 전통문화의 변화, 정체성의 변화 연구를 고려인 연구사의 첫 번째 단계로 분류하고, 구소련 붕괴 후 체제 전환기에 직면한 고려인 사회의 문제, 예컨대 거주국의 민족문제, 연해주 재이주 문제, 무국적 고려인 문제를 다룬 연구를 연구사의 두 번째 단계에 해당한다고 주장한다.[5] 더 나아가 그는 '고려인 사회의 국제화'를 향후 연구 분야의 하나로 제안하고 있는데, 고려인의 한국으로의 이주가 대규모로 지속되고 있는 점을 고려할 때 이러한 그의 제안은 타당하다고 본다.

---

4 인근 마을사람들이 '고려인마을'이라 호칭했다고 하나, 사실 고려인 지원을 목적으로 한 '고려인센터' 스스로가 '자가 발전하여' 이 호칭을 널리 알린 측면이 강하다.

5 성동기, "고려인 연구사 정리", 『재외한인연구와 한국학 : 연계와 통합의 모색』 재외한인학회·한국학중앙연구원 공동학술대회(2010).

독립 국가 형성 이후 고려인의 이주와 관련하여 러시아 극동지역으로의 귀환이주[6]나 볼고그라드로의 고려인 이주[7]를 다룬 소수의 기존 연구가 있다. 고려인의 한국 이주에 대한 연구는 2013년 현재까지 김영술·홍인화의 것이 유일하다.[8] 고려인의 마을 공동체 위치 선택, 생산, 수입 및 구직경쟁, 동화투쟁, 가족문제, 송금효과 등을 설문지 자료에 의존하고 있는 이 연구는 광주 거주 고려인의 개략적 윤곽을 보여주었다는 데에 의미가 있다. 따라서 이 연구의 범위 내에 고려인 개인과 가족 단위의 한국 이주 과정과 정착에 대한 미시적인 분석은 포함되지 않았다.

이 연구의 목적은 광주광역시 광산구에 위치한 '고려인마을'의 형성과 고려인의 한국 이주와 정착과정을 규명하는 데에 있다. 고려인의 한국 이주와 정착에 대한 총체적 설명은 구조structure와 동인agency을 접목시킨 분석을 토대로 가능할 것이다. 사실 국제 이주는 이주자가 직면한 정치·경제적 구조라는 거시적 수준과 이러한 구조적 환경 속에서 이주 당사자의 이주 여건과 전략이라는 미시적 수준이 동시에 만들어낸 사회·문화적, 정치·경제적 현상이다. 독립 이후 중앙아시아 국가의 다양한 정책과 한국의 이민정책은 거시적으로 분석될 구조적

---

6 이채문·박규택, "중앙아시아 고려인의 러시아 극동 지역 귀환이주", 『한국지역지리학회지』 제9권 4호(2003), pp.559-575; 전신욱. "중앙아시아 고려인의 재이주 요인과 정착현황: 연해주 지역을 중심으로", 『한국정책과학학회보』 제11권 3호(2007).

7 이형근, "볼고그라드 고려인 이주 현황과 과제", 『한국기독교역사연구소소식』 제63호(2004); 김재기·이봄철, "중앙아시아 고려인의 러시아 볼고그라드 재이주 현상", 『한국동북아논총』 제40권(2006).

8 김영술·홍인화, "중앙아시아 고려인의 광주지역 이주와 문화변용에 관한 연구", 『디아스포라연구』 제13권 1호(2013).

인 요인이며, 행위 동인으로서의 고려인 이주민과 가족은 미시적으로 분석될 요인이다. 미시적 수준의 연구는 국제 이주 현상을 일상생활을 영위하는 개인과 가족뿐만 아니라 사회조직을 통해 만들어 내는 '이주자 네트워크'migrant networks를 중심으로 연구하는 것이다. 마이클 피터 스미스Smith, M.P.[9]는 국제 이주 같은 초국가적 현상에 대한 미시적 연구는 '아래로부터'from the below 이민자가 구축한 사회적 네트워크 분석에 관심이 있으며, 초국가적 가족, 친족 네트워크, 국경을 넘나드는 정보 교환은 국제 이주 흐름의 사회적 조직과 결합에서 능동적이고 창조적인 역할을 수행한다고 주장한다.

이 연구는 광주광역시 광산구 월곡동, 산정동, 우산동 일대에 거주하는 고려인을 대상으로 하고 있으며, 이들에 대한 인류학적 참여관찰과 심층인터뷰는 2013년 4월부터 10월말까지 7개월 동안 수행되었다. 고려인의 이주와 정착 과정에 대한 초기 정보를 확보하기 위해 23문항으로 설계된 설문지 조사를 45명의 고려인을 대상[10]으로 실시하였다. 심층인터뷰는 17명을 대상으로 수행되었다. 고려인센터를 방문한 고려인을 중심으로 인터뷰가 수행되었으며, 인터뷰에 응한 사람이 '네트워크 마디'network node가 되어 다른 고려인을 소개해 주는 방식으로 17명의 인터뷰가 이루어졌다.[11] 고려인의 일상과 공식 행사를 참

---

9 마이클 피터 스미스(남영호 외 역), 『초국적 도시이론』 (서울: 한울아카데미, 2010), p.22.

10 45명의 고려인은 고려인 행사에 모인 사람들로서 아동들을 제외한 참석자의 대부분이 설문지 조사의 취지에 대해 설명 듣고 협조하였다. 생산 공장에 다니는 고려인이 대부분이기 때문에 이들의 일과가 매우 다양하다. 따라서 주말에 있는 특정 행사를 제외하고 고려인이 집단적으로 모이는 일은 흔치 않다.

11 심층인터뷰는 개인 또는 부부를 대상으로 1~2회에 걸쳐 2~3시간 동안 주로 커피

여관찰하기 위해 연구자는 고려인센터의 자원봉사자로 활동하였으며, 이 과정에서 자연스럽게 고려인센터, 고려인협동조합, 고려인 교회, '새날 어린이집'에 대한 참여관찰과 관계자와의 인터뷰도 가능했다. 본문에서 언급되는 연구대상자의 실명은 사생활 보호를 위해 알파벳 대문자로 대신한다.

연구대상의 인구·사회학적 특성

이 연구의 주요 대상은 심층인터뷰에 응한 6쌍의 부부를 포함한 17명과 45명의 설문지 응답자이다. 45명의 설문지 참여자는 20명의 남성과 25명의 여성이다. 이들의 71%인 32명은 적극적인 노동참여 연령대인 20대~40대인데, 50대도 일을 하고 있기 때문에 응답자 대부분이 한국에서 현재 경제활동을 하고 있는 셈이다. 심층인터뷰와 설문지 응답자의 거의 대부분은 우즈베키스탄 출신이며, 설문지 응답자 중 러시아, 카자흐스탄, 키르기스스탄 출신이 각 1명씩 포함되어 있다. 설문지 응답자의 45%가 2013년에 한국에 입국하였지만, 전체적으로 보면 2008년 이후 한국으로의 이주 비율이 점차 늘어간 것으로 나타났다.12 이는 2007년 방문취업비자가 시작된 이후 고려인의 한국 이

숍이나 해당 고려인 집에서 수행되었다.

12 광주광역시 광산구 거주 고려인의 유입인구가 최근 들어 급속히 늘고 있는 점은 2013년 1월 말과 10월 말에 광산구에 신고한 중앙아시아 출신 외국국적 동포 거소신고현황을 통해 짐작된다. 주로 거소신고는 재외동포비자(F-4) 소지자에게 의무로 되어 있다. 1월에 전체 174명(우즈베키스탄 142명, 카자흐스탄13명, 러시아 18명, 키르기스스탄 1명)에서 10월에 221명(우즈베키스탄 167명, 카자흐스탄 13명, 러시아

주가 꾸준히 늘고 있는 것으로 추정된다. 한국 이주 전에 거주했던 우즈베키스탄 내 지역으로는 타슈켄트Tashkent시가 44%로 가장 높으며, 안디잔Andizan, 지작Dzhizak, 코칸드Kokand 등의 순이었다. 타슈켄트 주와 안디잔 주의 소수의 농촌 출신을 제외하면 대부분의 응답자는 도시 출신이다.

구소련연방공화국 시절 중앙아시아 고려인은 국경제한을 받지 않고 자유왕래 하였지만 독립 국가 이후에는 월경 자체가 국제 이주로 간주된다. 독립 국가 전후로 결혼, 일자리, 교육을 목적으로 많은 수의 고려인이 중앙아시아 국가를 포함한 우크라이나와 러시아로 이주했다. 이로 인해 대부분 고려인은 다양한 국가에 가족과 친족원을 두고 있으며, 전화·인터넷·스카이프·SNS 서비스 등의 통신매체, 선물 교환, 송금 등을 통해 초국가적 가족과 친족 관계를 유지하고 있다.

2008년에 한국에 온 우즈베키스탄 안디잔 출신 J씨(남, 52)의 셋째 누나 가족은 1995년에 우크라이나로 떠나고, 2012년에 둘째 누나 가족은 어머니를 모시고 셋째 누나가 자리 잡아 놓은 우크라이나로 '고본질'(계절농사)을 떠났는데, 먼저 간 셋째 누나 가족은 이미 우크라이나 국적을 취득했다. 2001년에 한국에 온 S씨(여, 57)의 세 명의 여형제와 한명의 남동생은 1992년에 러시아 우수리스크로 '고본질'을 위해 이주하여 현지에 살고 있다. 2007년에 한국에 온 N씨(여, 42)의 부모와 남동생은 우크라이나로 이주하여 농사짓고 있으며, 여동생은 키르기

37명, 키르키스스탄 4명)으로 증가하였다. 약 9개월 사이에 47명이 증가하였으며, 이 가운데 우즈베키스탄과 러시아 출신의 고려인이 급증하고 있음을 알 수 있다 (2013년 11월 15일 광산구청 다문화팀 제공 자료).

스스탄의 고려인을 만나 현지에 산다. 2011년 한국에 온 G씨(남, 35)의 아버지는 1994년 우즈베키스탄으로 이주하였고, G씨 사촌형제들 역시 소련연방 붕괴 후 '무조건 살기 위해' 러시아로 이주했다. 2012년 한국에 온 P씨(여, 39) 부모와 남동생은 2006년에 카자흐스탄의 쉼켄트Shymkent로 일거리를 찾아 이주했다. 2009년 한국에 온 A씨(남, 56)는 4년째 광주에 살지만 딸들이 카자흐스탄과 우즈베키스탄에 산다. 이들 초국가적 가족과 친족원은 대체로 경제형편이 열악하여 한국 거주 고려인이 정기적으로 일정 액수를 송금하거나 필요시마다 현금이나 선물을 보낸다. R씨(남, 41)는 우즈베키스탄 어머니에게 매월 미화 100불, 장모에게 300~500불을 송금한다.[13] J씨도 안디잔에 있는 친가와 우크라이나에 있는 처가를 합쳐 매월 미화 300불정도 송금한다. A씨는 우즈베키스탄과 카자흐스탄의 딸들이 도움을 요청할 때마다 송금하고, 특히 딸들 출산 때에는 손자의 의류와 한국산 전기장판 등을 보냈다.

한국으로 이주와 정착

한국으로 이주: 거시적 구조

국제 이주자는 이주 국가를 결정할 때 다양한 변수를 고려한다. 자국의 정치·경제적 압박, 이주 대상국과의 역사적 관계, 임금수준과 고

13 어머니는 혼자 살지만, 장모는 자신의 부인이 이전 혼인관계에서 낳았던 딸과 함께 살기 때문에 더 많은 돈을 송금한다. 현재 광주에는 R씨 부부와 이들 사이에 낳은 아들 1명이 있다.

용기회, 가족 재결합 등 다양한 요인이 이주 국가를 결정하는데 고려된다. 개인 또는 행위자 중심적인 미시적인 수준에서의 이주 분석은 이주민이 개인이나 가족의 임금과 일자리뿐만 아니라 가족의 위기 분산 등을 합리적으로 고려하여 이주지를 선택함을 강조한다. 이와는 달리 개인의 힘을 뛰어넘는 어떤 힘에 의해 국제 이주가 일어나는 것으로 보는 시각은 배출요인push factor과 흡입요인pull factor 간의 상호관계를 중요시한다. 이 시각은 이주가 일어나는 구조에 대한 분석으로서, 국제 이주를 송출국가의 저임금과 높은 실업률, 정치적 불안정과 핍박 등의 배출요인과 수용국가의 고임금과 높은 고용기회, 우호적인 이민정책 등의 흡입요인 간의 상호작용으로 설명한다.[14]

1991년 소련연방체제 붕괴로 인해 중앙아시아 국가의 종족·종교 민족주의의 발흥에 따라 고려인은 새로운 도전에 직면했다. 분야마다 지배적 민족과 언어를 우선시하는 정책으로 소수민족의 하나인 고려인이 취할 수 있는 선택의 폭은 매우 제한적이다. 카자흐인과 우즈벡인이 중심이 된 사회에서 소수민족의 하나로 인정하고 새로운 언어를 학습하는 등 현지사회에 적응하거나, 러시아를 비롯한 인근 국가로 국제 이주를 선택해야 한다. 상대적으로 빨리 자본주의를 습득한 카자흐스탄[15]에 비해 유일 공용어로서 우즈벡 언어 인정 등 우즈벡 민

14 피터 스토커(김보영 역), 『국제 이주』, (서울: 이소출판사, 2004), pp.28-38. 한편 이채문·박규택은 중앙아시아 고려인의 러시아 극동 지역으로의 귀환이주의 현상을 배출요인과 흡입요인 간의 관계로 설명한다. 중앙아시아 국가의 언어정책, 내전과 민족갈등이라는 거시적 요인과 고려인의 교육열과 신분상승 욕구라는 미시적 요인은 배출요인에 해당한다. 한편 러시아 극동의 군주둔지 시설과 토지사용의 허가, 복권과 명예회복법 제정이라는 거시적 요인과 가족 혹은 친척의 관계망이라는 미시적 요인은 흡입요인으로 간주된다. 이채문·박규택(2003), pp.559-575.

족 위주의 강경 정책을 시행하고, 시장경제 전환이후 침체된 경제상황을 경험한 우즈베키스탄의 고려인은 러시아, 우크라이나, 카자흐스탄 그리고 멀리 한국까지 국제 이주를 시도한다.

2005년 한국에 온 B씨(여, 24)와 2003년 한국인과 결혼한 D씨(여, 26)처럼 20~30대의 고려인은 학교에서 우즈벡어를 배웠다. 그러나 사실 이들의 우즈벡어 능력은 러시아어와 비교될 수 없게 한계가 있다. 타슈켄트나 안디잔처럼 대도시에는 여전히 러시아어가 통용되므로 생활에 불편함이 없지만, 농촌에는 우즈벡어가 지배적이다. 우즈벡어를 구사하지 못한다는 이유로 사무직에서 해고된 뒤 자영농이나 도시의 자영업 또는 단순 노동자로 전락하는 고려인이 발생하거나, 러시아와 고려인이 담당했던 건축 경영업무를 우즈벡 사람이 담당하게 됨에 따라 위기의식을 느껴 공직을 사임하는 일도 벌어진다.[16]

특히 독립 이후 고려인이 직면한 경제적 어려움 때문에 많은 고려인이 러시아를 비롯한 인근 국가로 이주했다. S씨(여, 57)는 1993년 러시아 우수리스크에서 최악의 기후와 위생 상태에서 '고본질'을 한 바 있으며, P씨(여, 39)는 남편과 아이들과 함께 우크라이나에서 10여 년 동안 '고본질'과 옷장사를 한 후 한국으로 이주했다. 기술대학을 졸업한 R씨(남, 41)는 자동차 수리와 용접을 했고, 러시아에서 대학 나온

15 카자흐스탄의 고려인은 카자흐스탄이 러시아어와 카작어를 공용어로 사용하게 법적으로 명시하고 카스피 해 석유 개발을 통해 국가 경제가 발전하고 있기 때문에 러시아나 한국으로 해외 이주노동을 떠나지 않는다. 성동기, "체제전환기에 나타난 우즈베키스탄 고려인 독립세대의 정체성 문제와 대응방안고찰", 『역사교육』 제121호(2012), p.206.

16 이채문·박규태, "중앙아시아 고려인의 러시아 극동 지역 귀환이주", 『한국지역지리학회지』(2003), p.562.

G씨(남, 35)는 8년 동안 카자흐스탄 알마티 건설현장에서 일하고, 그 후 2년 타슈켄트의 건설현장에서 막노동을 한 후 한국으로 이주했다. 키르키스스탄의 음악대학을 나온 K씨(남, 45)는 공장 조립공으로, 우크라이나의 대학에서 러시아문학을 전공한 그의 부인 N씨(여, 42)는 교사였다. K씨와 부인 N씨는 두 사람의 수입으로도 우즈베키스탄에서 먹고 살기 힘들어 한국으로 이주를 결심했다.[17] 부족한 급여에 치솟는 물가 때문에 '먹고 살기 힘들어' 한국행 이주를 생각했다. 이들 사례는 우즈베키스탄 고려인이 한국으로 노동이주를 가게 하는 주요 배출요인이 독립 이후 이들에게 닥친 경제적 어려움이었음을 말하고 있다. 성동기는 우즈베키스탄에서 한국으로 노동이주 오는 사람은 고려인뿐만 아니라 우즈벡 민족도 많기 때문에, 고려인의 한국행의 주요 배출요인은 우즈베키스탄 정부의 강성 민족주의 정책이 아닌 경제 문제로 인식해야 한다고 주장한다.[18]

고려인이 한국을 이주 국가로 결정한 데에는 몇 가지 흡수 요인도 작용한다. 소위 3D업종 근무 기피 현상, 특히 제조업 분야의 인력난 해소를 위해 한국 정부는 1993년에 '외국인산업연수생제도'를, 2004년에는 외국인근로자의 고용 등에 관한 법률을 제정하여 '외국인고용

17 우즈베키스탄 정부는 2012년 8월 1일부로 자국에서 근무하는 근로자(외국인투자기업 포함)를 대상으로 1년차부터 22년차까지 최저임금을 규정하는 'Single Tariff System'을 발표하였다. 이에 따르면 사무직에 근무하는 1년차 직원의 최저임금은 미화 약 92불, 10년차 직원의 최저 임금은 미화 약 198불 정도이다. KOTRA 우즈베키스탄 근로자 임금동향, http//global.kotra.net/service(2013년 11월 20일 검색). N씨의 2005년 자신이 받았던 고교 교사 급여는 미화 50불 이었다. 이 금액으로 밥은 먹고 살지만 고기는 구경조차 할 수 없다고 그녀는 말한다.

18 성동기(2012), pp.191-219.

허가제'를 시행했다. 고려인은 우즈벡인과 함께 외국인 단순 기능 인력으로 한국에 이주했다. 한편 1999년 제정된 '재외동포법'은 대한민국 정부수립 이전 해외로 이주한 동포(중국과 독립국가연합지역 동포)를 적용대상에서 제외한 바 있다. '재외동포법'의 불평등에 대한 개선책으로 이들 동포에 대한 단순노무 분야(서비스업종) 취업을 허용하는 '취업관리제'가 2002년에 도입됐다. 그러나 이 제도 시행에 여러 문제가 발생하자 해소방안으로 이들 지역 동포들에 대해 자유로운 출입국과 단순노무업종에 자율적인 취업이 가능한 '방문취업제'를 2007년 3월에 도입하여, '무연고방문취업'을 위한 '방문취업비자'(H-2)를 발급하였다.[19] 한국정부의 재외동포 관리에 관한 이민정책의 변화는 단순노무직 취업을 위해 중앙아시아의 고려인에게 한국을 어렵지 않게 방문할 수 있는 계기로 작용했다. H-2비자의 경우 총 5년간 체류할 수 있으며, H-2 비자 소유자가 동일회사에 2년간 근속하거나 국가자격증을 취득하면 재외동포비자인 F-4를 신청할 수 있으며, 이를 취득한 경우 가족을 한국으로 초청할 수 있게 되었다. 중앙아시아 고려인은 한국에 체류 중이거나 방문 경력이 있는 가족, 친족, 친구로부터 한국 내 3D 업종의 제조업체에 외국인 근로자의 수요가 지속적이며 상대적으로 고임금이라는 정보를 접할 수 있다.[20] 심층인터뷰 대상자 가운

19 더 나아가 이들 지역의 동포 가운데 단순노무 업종 취업 우려가 없는 고학력자, 기업인, 문화예술 및 전문직 종사자 등에 '재외동포비자' F-4 자격을 부여하였으며, 재외동포 가운데 국적취득요건을 갖춘 경우 영주자격인 F-5 자격 신청이 허용되었다.

20 한국의 생활정보, 고용 가능성, 임금 수준 등의 정보는 국제전화와 인터넷 외에 빈번히 본국을 방문하는 고려인에 의해 주변 고려인에게 직접 전파된다. 국내 러시아와 중앙아시아 국가 출신 외국인이 가장 밀집해 있는 서울 광희동에 위치한 우즈베키스탄인이 운영하는 여행사 '타슈켄트시티'의 광주 분점이 2012년 11월 광산구 산

데 영주권(F-5) 소유자는 3명, 재외동포비자(F-4) 소유자는 5명이며 나머지는 H-2 비자소유자이다.21

방문취업비자를 통해 한국으로 노동이주 하는 절차는 크게 어렵지 않다. 동포임을 증명하는 국적국의 공적 서류와 한국어시험 응시표 또는 성적표가 전부이다. 한국에 오기 위해서 소요되는 경비는 경우에 따라 차이가 있지만 대략 미화 1천불 정도 소요된다. 한국어 공부를 위해 미화 60불(월 20불×3개월), 비자비용 100불, 의료검진료 100불, 왕복항공료 약 700불정도 소요된다. 이 경비를 본인이 직접 준비하기 어려운 고려인은 부채를 얻는다. K씨(남, 45)는 2005년 이주 시 미화 1,500불을 지인으로부터 빌렸다. 이주비용으로 미화 약 1천불 사용하고 자신 용돈 100불을 제외하고 남은 돈 400불을 남아 있는 아내와 두 자녀의 생활비로 두고 왔다. 반면 R씨(남, 41)는 자신 소유의 소규모 정미소를 처분하여 이주비용으로 사용했다.

이주를 계획한 고려인은 이주국의 물가 수준에 대한 정보도 고려한다. 대부분 안산이나 광주에 거주하는 고려인은 개인주택이 몰려 있는 지역의 방 1~2개를 월세로 살기 때문에 주거비용은 월 20~30만원 수준이다. 러시아와 카자흐스탄의 도시 주거비용은 한국 주택의

정동에 문을 열었다. 대리점 주인인 고려인 B씨(여, 24)에 따르면 여권갱신 등 업무 외에 가족과 친지를 만나기 위해 매월 평균 40여명 이상의 광산구 거주 고려인이 자신의 여행사로부터 타슈켄트행 항공권을 구매한다고 한다. 특히 떨어진 가족과 설을 함께 쇠기 위해 2012년 12월에는 60명 이상의 광산구 고려인이 자신의 여행사를 이용했다.

21 설문지 응답자의 48%인 22명은 H-2비자, 35%인 16명은 F-4비자를 소유하고 있다. 소규모 표본 집단이기 때문에 신뢰성이 떨어질 우려가 있지만, 광주 거주 고려인의 적지 않은 수가 재외동포비자를 획득하여 비교적 자유롭게 중앙아시아의 고려인 가족을 초청하고 있는 것으로 추정할 수 있다.

월세보다 결코 싸지 않다.[22] 대개 광주에 거주하는 고려인은 공장에서 받는 임금수준과 임금대비 한국의 물가를 고려할 때, 중앙아시아 국가보다 오히려 저렴하게 느끼기 때문에 이들이 느끼는 물가 수준도 한국 이주를 선택하는데 하나의 요인으로 고려된다.

고려인의 한국행 이주를 배출과 흡입 요인 간의 상호작용을 토대로 하는 거시적이고 구조적 요인의 분석이 유효할 수 있지만, 동일한 구조적 압력에 반응하는 고려인 개개인이 취하는 방식은 다를 수 있다. 어떤 경우든, 즉 개인으로서 행동하든 집단으로 행동하든 자신의 운명은 스스로 개척할 수 있다. 개인적 요소와 구조적 요소가 접목되는 전형적 사례는 '이주자 네트워크'migrant network이다. 이주자 네트워크는 한 사람 또는 한 가족이 새로운 곳에 임의로 정착하는 것으로부터 시작된다. 이 개척자가 성공하면 모국의 다른 이들에게 소식을 전하면서 '연쇄 이주'의 방아쇠를 당기는 것이다.[23] 다른 국가가 아닌 한국으로 국제 이주를 단행한 이유는 다양하다. 상대적 고임금과 일자리 잡기 쉽다는 점과 생활비용이 크게 비싸지 않다는 이유 외에도 이미 한국에 가족과 친족 및 친구가 자리를 잡고 있다는 이유가 한국 이주를 결심하게 하는 데 가장 중요하게 작용한다.[24]

---

22 카자흐스탄 알마티의 경우 지역마다 편차가 있겠지만 대개 주택 임대료와 공산품 가격은 광주나 안산보다 비싼 편이다.

23 피터 스토커(2004), p.32.

24 '다른 나라가 아닌 한국에 온 가장 큰 이유'를 묻는 항목에 대해 45명의 설문지 응답자의 약 44%에 해당하는 20명은 한국에 일자리가 많은 이유를, 36%에 해당하는 16명은 가족, 친척, 친구가 이미 살고 있는 이유를 선택하였다. 같은 민족의 나라기 때문에 왔다는 항목에 대해서는 11%에 해당하는 5명만이 대답하였다.

고려인 '이주자 네트워크'

대부분의 이주자들은 자신의 가족, 친척, 친구가 이미 자리를 잡은 국가와 지역으로 이주하는 경향이 있으며, 이들은 흔히 '초국가적 이주 네트워크'transnational migration network를 형성하고 있다. '자기 영속적인 이주 주기'a self-perpetuating migration cycle인 이주자 네트워크로 인해 이주는 과거보다 양적으로 크게 늘어간다. 이주가 확장됨에 따라 과거보다 더 많은 사람들이 해외에 가족과 친지를 두게 되며, 이주민 네트워크가 가난한 국가의 잠재적인 이주자를 부유한 국가로 연결한다. 새로운 통신기술의 발달로 이주자 네트워크는 다양한 정보를 제공할 수 있다. 이 네트워크는 이주를 소망하는 사람에게 재정적 후원을 하고, 막상 이들이 이주하면 정착, 구직, 경제적이고 사회·심리적 지원을 하는 중요한 역할을 한다.[25]

이주자 네트워크는 단순히 '연쇄이주' 이상을 의미한다. 이주자 네트워크[26] 또는 '네트워크 중재 이주'network-mediated migration라 지칭되는 네트워크에는 친척과 친구처럼 '강한 유대'와 공통의 문화나 민족성같이 '약한 유대'에 기반을 둔 네트워크가 있다. 이주자는 이주 네트워크를 통해 음식, 거주지, 고용, 건강, 종교조직, 여가나 정서적 지원 활동에 대한 정보를 공유한다. 또한 사회적 네트워크는 이주에 필요한 재원을 제공하고 정착지에서 이주를 지속하게 하는 동력이 된다.[27]

---

25 Koser, K. *International Migration* (Oxford, 2007) pp.36-37.

26 Messey, D.S. et. al. *Return to Aztlan: the social process for international migration from Eastern Mexico* (Berkeley and Los Angels: University of California, 1987).

27 Body, M. "Family and Personal networks in International Migration: recent developments and agendas", *International Migration Review* vol. 23, no. 3(1989), pp.638-670; Levitt, P.

중앙아시아 고려인 개개인 또는 가족단위의 한국 이주 과정과 정착에 고려인 '이주자 네트워크'는 매우 중요하다. 고려인이 전형적인 '가족연쇄이주'뿐만 아니라 친구 관계 등 다양한 사회 자본을 통해 이주·정착하고 있기 때문이다. 한국에 이미 가족, 친척, 친구가 거주하고, 이주에 필요한 정보는 이주자 네트워크를 통해 공유되고 있다. 고려인 이주가 지속될 수 있는 것은 이주자 네트워크가 작동하기 때문이다. 다음 사례들은 기존 고려인 이주자가 정착·개척해 놓은 네트워크, 특히 가족, 친족, 친구 네트워크를 통해 한국으로 고려인 이주가 지속되고 있음을 분명히 보여준다.

사례 1

재외 동포에 대한 '취업관리제'로 2005년에 한국에 입국한 우즈베키스탄 안디잔[28] 출신 K씨(남, 45)는 인천에서 고려인 친구 세 명과 함께 동거하며 문짝 제작 공장에서 월 100만원을 받고 일했다. 그는 2006년 하반기 체류 기간을 넘기고 불법체류자가 되었다. 안디잔에 그의 부인과 두 딸 그리고 어머니가 살고 있었다. 2006년 당시 광주 광산구 소재 하남공단에서 일하는 S씨(여, 57) 권유로

"You Know, Abraham was really the first immigrant: religion and transnational migration", *International Migration Review* vol. 37, no. 3(2003), pp.847-873; Messey, D.S. et. al. "Theories of international migration: a review and appraisal", *Population and Development Review* vol. 19, no.3(1993). pp.431-466; 마이클 새머스(이영민 외 역), 『이주』 (서울: 푸른길, 2013), p.132.

28 페르가나 주에 있는 안디잔 주의 인구는 약 250만이며 안디잔 시의 인구는 약 26만명이다. 이 지역의 고려인은 독립 이전에 약 3천명이었으나 이들은 이후 카자흐스탄, 러시아, 한국 등으로 이주하여 현재는 약 6백명으로 줄었다. 정근식, "우즈베키스탄의 민족국가형성 20년 궤적과 전통의 재구성", 전경수 엮음, 『우즈베키스탄에서 배운다』 (서울: 민속원, 2013), p.197.

광주로 왔다. 그와 S씨의 조카와는 친구였기 때문에 연결될 수 있었다. 당시 하남공단에서 일하던 S씨의 도움으로 K씨는 하남공단에 일자리를 얻었다. 2007년에 부인 N씨(42)가 '방문취업비자'(H-2)로 한국에 입국하여 불법체류자로 광주에 살고 있는 본인과 합류했다. 장기적 안목에서 신분 안정이 필요했던 그는 2010년 4월에 우즈베키스탄으로 자진 출국하여 1년 뒤인 2011년에 H-2비자를 취득하여 한국에 다시 입국했다. 남편 부재 기간 동안 하남공단의 에어컨 부품 제작 공장에 근무한 N씨는 2009년에 재외동포비자인 F-4를 취득하여, 큰 딸을 동반 자녀로 초청했다. 현재 K씨는 하남공단의 대우 일렉트로닉에 근무하며, 2012년에 F-4비자를 취득한 N씨는 우즈베키스탄의 시어머니와 막내딸을 한국에 초청하여 현재 모든 가족이 한국 생활을 한다.

K씨의 셋 째 이모 부부 C씨(여, 54)와 A씨(남, 56)는 2009년 K씨의 도움으로 한국에 도착했다. 공항에서 곧장 광주의 K씨 집에 도착하여 이들 부부는 6개월 동안 K씨 집에서 함께 살았다. 부부는 K씨 소개로 도착 일주일 만에 하남공단에 출근하였다. 이들은 K씨 집 인근 원룸에 새로운 생활을 시작하였다. 현재 A씨는 재외동포비자 F-4를 취득했다.

한편 K씨 부인 N씨는 2008년 안디잔에 있는 외삼촌 J씨(남, 52) 가족을 광주로 맞이했다. N씨 어머니는 다른 딸들과 우크라이나에 거주하고 있으며, J씨는 친정어머니의 막내 남동생이다. 청년시절부터 줄곧 우즈베키스탄의 벽돌공으로 일했던 J씨는 한국에 일자리가 많고 살기에 어려움이 없다는 조카 N씨의 말에 부인, 결혼한 딸 부부, 남매를 안디잔에 남겨두고 홀로 광주에 도착했다. 일주일간 N씨 집에 머문 후 하남공단의 스트로플 제조공장에 일자리를 얻어 공장 기숙사에서 숙식했다. 7개월 후에 J씨 부인이 광주에 합류하여 남편의 공장에 일자리를 잡았으며, 월곡동에 방

1칸 월세로 새로운 살림을 시작했다. J씨 큰 딸 부부도 2010년에 방문취업비자로 월곡동에 자리 잡았으며, 2011년에는 J씨의 아들딸 남매가 광주의 J씨 부부에 합류하여 현재 J씨 가족은 부부와 2명의 미혼 자녀 그리고 딸 부부와 손녀를 합하여 전체 7명이 월곡동에 산다.

2005년 K씨가 시작한 한국으로의 노동이주는 시간이 지나면서 가족결합과 친인척인 J씨와 C씨 가족의 연쇄이주로 이어지는 전형적 이주민 네트워크가 작동됐다. 이들의 한국 이주와 정착과정에는 한국 정부의 이민 정책 변화, 즉 2007년 방문취업비자와 재외동포비자 시행이란 재외동포에 대한 이민정책이란 구조적 환경 하에서, 행위자들의 불법체류, 본국 귀국, 정식 재입국, 가족 재회, 주거와 구직 알선 등 이주자가 이용 가능한 재원과 여러 전략 등이 동원됐다.

K씨와 친인척 가정은 K씨가 최초로 소개해 준 월곡동 인근에서 현재까지 산다. 또한 여러 번 일터가 변했지만 그때마다 새로운 일터에 관한 정보는 가족 구성원이나 고려인센터를 통해 획득할 수 있었다. 주중에는 생업에 종사하기 때문에 만날 시간이 없지만 휴무인 주말에는 이들은 가끔 만나기도 한다. 이들은 특히 생일이나 명절에는 함께 축하하며, 일요일 오후 5시의 월곡동 '고려인교회'에서 특별한 일이 없으면 함께 예배를 보고 얼굴도 본다. 우즈베키스탄에서 기독교인이 아니었던 K씨는 2007년 부인과의 합류 이전에 한동안 불법체류자로 살았기 때문에 외로움과 두려움으로 이주민 사목 교회에서 세례를 받았다. N씨와 고모 부부인 C씨 및 A씨 부부도 한국에 온 뒤 고려인교회에 나가고 있다.[29] J씨 부부는 우즈베키스탄에 있을 때 한국

에서 파송된 선교사로부터 세례 받은 독실한 기독교인이다.[30] 이들 세 가정은 주일 예배[31]후 고려인 센터에서 제공하는 저녁식사까지 함께 하고 담소 후 각자 귀가한다. K씨의 노동이주에서 시작한 이주자 네트워크는 가족과 친족 구성원의 정착, 구직, 종교 생활과 일상생활을 통해 고려인들을 경제적이고 사회·심리적 차원에서 지원하고 있다.

1990년대 말부터 본격화된 아시아 여성의 한국 남성과의 국제결혼에는 중앙아시아 출신 고려인 신부의 사례도 적지 않다. 고려인 여성과 한국 남성과의 혼인은 신부 가족의 후속적인 한국 이주를 지원하는 이주자 네트워크로 작동한다. S(여, 57)씨와 B씨(여, 24)의 다음 사례는 딸과 자매의 한국 남성과의 국제결혼이 연쇄적인 가족 이주의 단초로 작용함을 보여준다. 타슈켄트 출신인 S씨의 딸 Q씨(37)와 B씨 언니 D씨(26)는 타슈켄트 국제결혼중개업소를 통해 한국 남성과의 혼인을 통해 한국에 입국했다.

29 이들은 독실한 기독교인은 아니지만 멀리 우크라이나, 중앙아시아, 러시아에 흩어져 있는 부모와 형제자매들을 위해 그리고 한국에서의 안정적인 삶을 위해 간절한 기도를 하지 않을 수 없다고 말한다.

30 J씨는 우즈베키스탄에서 내놓고 교회에서 예배를 볼 수 없어서 한국 선교사와 다른 교인들이 자신의 집에서 예배를 보다 당국에 발각되어 엄중한 경고를 받은 적이 있음을 말하면서, 자신들이 한국에서 살아야 할 이유 중의 하나로 이슬람 국가인 우즈베키스탄에서의 종교적 핍박을 꼽고 있다.

31 매주 일요일 '고려인교회'에서 이주노동자 목회활동을 하는 L 목사(고려인센터 이사장 겸 '새날학교 교장')는 고려인을 대상으로 주일예배를 집전한다. 매주 60~80여명의 고려인이 참여하는 이 예배는 L 목사가 한국어로 설교하면 고려인센터장이 S씨가 러시아어로 통역한다.

사례 2

2001년 평택에 사는 딸의 초청으로 입국한 S씨는 딸과 사위의 집을 벗어나 2006년까지 불법체류자로 서울과 수도권 및 광주·전남의 다양한 업종에서 노동했다. 방문취업비자 취득을 위해 우즈베키스탄으로 잠시 귀국 후 2007년 한국에 재입국한 후 노동 현장에서 현재의 남편을 만나 결혼했다. 유창한 한국어 실력과 한국생활 이력을 바탕으로 2009년부터 '고려인센터장'으로 광주 거주 고려인 지원업무에 무척 바쁘다. S씨의 딸 Q씨(37)도 2012년 충청도에서 광주로 이사하여 고려인 어린이집의 보조교사로 활동한다.
2013년 1월 Q씨 사촌 언니 P씨(39) 부부가 타슈켄트에서 서울로 이주했다. 2009년부터 한국생활을 해온 P씨 남편의 고모가 P씨 부부의 서울정착과 일자리를 주선했다. 그러나 적은 급여에 과중한 모텔 청소 일에서 벗어나는 데는 광주 거주 작은 어머니 S씨의 도움이 컸다. 이들 부부가 광주 도착 3일 내에 주거지와 직장을 구할 수 있었던 것은 S씨 덕분이다. 가까운 시일 내에 2010년부터 인천 인근에 거주하는 P씨 남편의 큰형과 여동생 가족도 광주로 이사할 예정이다. 국내 교육부 인정 정부 위탁 중도입국자녀 학교인 '새날학교'에 자녀들을 입학시키기 위해서이다.

B씨는 고려인 밀집지구인 산정동에 '타슈켄트시티'라는 여행사를 운영하고 있다. 2003년 광주로 국제결혼 한 언니 D씨(26) 집에 2005년에 방문차 온 B씨는 불법체류32 생활하는 도중 현재의 한국인 남편을 만나 2006년 혼인했다. 그녀는 현재 귀화한 한국 시민이다. 광주에 있는 B씨 누이가 네트워크가 되어 2010년에 타슈

32 취업방문비자 H-2의 발급 조건에 나이 제한이 있다. 만 25세 이상인 동포만이 신청할 자격이 있는데, 2005년 당시 B씨의 나이는 19살이었기 때문에, 관광비자로 입국하여 체류기간을 넘겨 불법체류자가 되었다.

켄트에 거주하는 막내 고모와 그녀 아들(27)이 방문취업비자로 입국하였다. 이들의 초기 정착부터 구직까지 B씨 자매의 도움이 컸다. 고모 가족은 현재 광주 광산구의 첨단지구에 거주하며, 모자가 첨단지구의 자동차 부품 조립공장에 함께 다니며, 고모는 이미 F-4비자를 취득하여 가족원을 자유롭게 초청하고 있다.

이주자가 정착할 곳을 정하는 데는 이주자 네트워크가 큰 영향을 미친다. 이주자는 가족, 친척, 친구 그리고 동일한 민족 집단이 개척해 놓은 틈새 커뮤니티나 다국적 연결을 이용하고 있기 때문에 아무 연고가 없는 국가로 이주하는 사람이 거의 없다고 말해도 과언이 아니다.[33] '강한 유대'로 이해되는 가족과 친족 외에 친구 관계 역시 이주자 네트워크로 중요하게 간주된다. 2008년 평택에서 한국생활을 시작해 광주로 이사한 고려인 어린이집 교사 F씨(여, 33) 부부, 2010년에 이주한 R씨(남, 41) 부부, 2011년 남동생과 함께 한국으로 이주한 G씨(남, 35) 부부의 사례는 이들이 한국으로 이주하기 전에 이미 한국에 정착한 친구들로부터 구직과 한국생활의 만족도에 대한 강한 신뢰를 가졌음을 알 수 있다. 한국 생활하는 학교 동창에 의해 이주 과정에서 도움을 받았던 F씨 남편, 수도권에서 15년 동안 살던 친구와 한국 상황을 타진한 후 이주 과정에서 친구의 도움을 크게 받은 G씨, 한국과 우즈베키스탄을 수차례 왕래하면서 한국의 일자리 상황과 생활여건을 말해 준 친구를 믿고 온 R씨 모두에게 처음 한국 이주 과정에서 가족과 친척 아닌 친구 네트워크가 유용했다.

33 피터 스토커(2004), p.61.

한국생활에 어느 정도 적응된 현재 이들은 우즈베키스탄의 친구들을 한국으로 계속 불러들이고 있다. F씨 남편이 그간 부른 우즈베키스탄 고려인 친구만도 십여 명에 이르며, 친구 대부분이 광주로 내려와 F씨 남편과 같은 회사나 인근 회사에 근무하고, 쉬는 날이면 남편 친구들 가족들 때문에 '외로울 틈이 없다'고 F씨는 말한다. 가족과 친족 및 친구 관계를 매개로 하는 이주자 네트워크는 고려인의 연속적 이주를 이끌며, 고려인들을 특정한 지리적 공간으로 밀집시키고 있다. 고려인이 특정한 공간, 즉 광산구 월곡동, 산정동, 우산동을 중심으로 모이면서 '민족 엔클레이브'ethnic enclave와 유사한 지리적 공간을 형성한다.

'고려인마을', 고려인 엔클레이브

'민족 엔클레이브'ethnic enclave는 동일한 민족 집단이 고도로 밀집되어 있는 물리적 공간을 의미한다. 따라서 이 공간은 주류사회와 문화적으로 격리되는 경향이 있다. 엔클레이브의 발전은 이주자가 경제적으로 얼마나 자립하는가와 긴밀히 연관된다. 사실상 민족 엔클레이브는 독특한 문화적 정체성과 경제활동이 겸비된 지리적으로 한정된 공간을 의미한다.[34] 메시[35]는 이주자 네트워크가 새로운 이주자에게

34 Abrahamson, M. "Urban Enclaves: Identity and Place in America", Review by David M. Hummon, *Contemporary Sociology,* vol.25, no.6 (Nov. 1996) pp.781-782.

35 Messey, D.S. "Why Does Immigration Occur? A Theoretical Synthesis", Charles Hirschman et al. eds, *The Handbook of International Migration: The American Experience* (New York: Russell Foundation, 1999).

구체적인 형태로 이전될 수 있는 사회적 자본을 제공한다고 주장한다. 이주자는 일정한 지리적 공간내로 밀집함에 따라 이주자들이 유용한 자원과 지식 및 정보의 교환을 통해 이주비용을 낮출 수 있는 '대인관계체계'systems of interpersonal relations라는 이주자 네트워크를 발전시킨다. 상호 교환되는 정보에는 고용 기회, 적절한 가격대의 주거지, 정부의 지원 프로그램과 협력 NGO 등에 관한 것이다. 민족 엔클레이브는 활발한 사회적 연결을 통해 구성원의 사회, 경제적 발전을 도모하는 데 기여하는 비가시적인 자원을 만든다. 상호 도움이 될 수 있는 관계 형성을 위한 지리적 공간으로서의 민족 엔클레이브는 경제적인 발전을 이루는 데도 도움이 된다. 민족 엔클레이브 개념은 이민사회로 성공적으로 편입되어야 하는 미래 이민자의 이주비용을 낮출 수 있기 때문에 이민과 정착 과정에 밀접히 관련된다.

다음 <표 1-1>과 <표 1-2>는 광주 광산구의 외국인의 연도별 현황과 광주시와 광산구의 우즈베키스탄 인구 현황을 보여준다. <표 1-1>에 따르면 광산구의 외국인 등록 인구는 최근 5년 동안 증가추세임을 알 수 있다. <표 1-2>는 광주시, 주로 광산구에 우즈베키스탄 출신 외국인 인구가 늘어 감을 보여준다. 이들 대부분은 거소신고가 의무화 되고 있는 재외동포비자(F-4) 소지자로 추정되기 때문에 방문취업비자(H-2) 소지자는 통계에 잡히지 않았을 것으로 짐작된다. 우즈베키스탄 외국인 집계 가운데 반수 이상이 고려인으로 추정되는데, 이는 고려인이 해를 거듭하며 광산구로 모여드는 정착 흐름을 짐작하게 한다.

표 1-1 광주광역시 광산구 거주 외국인 인구현황(2006-2012년)

법무부 광주 출입국관리소 제공

연 도	2006	2007	2008	2009	2010	2011	2012
외국인	3,729	4,294	5,162	5,576	6,606	6,871	7,054

표 1-2 광주광역시 광산구 우즈베키스탄 출신현황

(2007-2012년) 법무부 광주 출입국관리소 제공

연도	광주광역시	광산구
2007	178	132
2008	276	209
2009	292	226
2010	447	369
2011	474	386
2012	462	386

일반적으로 2000년대 중후반 이전에 광주에 온 고려인은 수도권 일대, 주로 안산, 일산, 인천, 평택, 서울 등에서 체류한 적이 있지만, 최근 이주자일수록 이미 광주에 정착한 가족, 친족, 친구 네트워크를 이용해 광주로 곧장 와서 한국생활을 시작하고 있다. 광주에 정착한 이유를 묻는 설문지 항목에 대한 전체 응답자의 약 53%는 광주에 이미 가족, 친족, 친구가 살고 있기 때문이라 밝힌다. 사실 다른 국가 출신 이주 노동자도 고려인 정착민처럼 월곡동과 산정동 일대에 자리를 잡는 경향이 있다. 이 일대의 주택 임대료가 저렴하면서 공업단지들이 근거리에 있기 때문이었다.36

36 실제 심층인터뷰와 설문지 응답자의 반수 이상은 하남공단에 다니며, 평동공단과 소촌공단 순으로 근무하고 소수만이 공단을 벗어난 다른 곳에 위치한 공장에 다닌다.

▌그림 1-1▐ 광산구 월곡동 고려인 사회가 주최한 '고려인 추석맞이 한마당' 행사

새로운 고려인 이주자는 광주에 도착한 당일부터 가족, 친족, 친구 집에서 짧게는 일주일, 길게는 6개월(C씨 부부의 사례) 임시 체류하면서 구직활동을 한 후, 후원자의 주거지 근방의 주택에 월세로 방을 얻어 독자적인 이주 생활을 시작한다. 사회적 관계를 통한 정착은 자연스럽게 고려인이 광산구 월곡동, 산정동, 우산동을 중심으로 몰려 살게 하였다. 특히 '고려인센터', 고려인 아동의 보육시설인 '새날어린이집', 아동지원센터가 위치한 월곡동은 '고려인마을'의 중심 역할을 한다. 많은 고려인을 만나고 이들이 사용하는 러시아어가 들리고, 출·퇴근 시간과 주말에 길가에서 담소하는 곳이 고려인센터 주변이다. 고려인을 위한 식품점, 여행사, 고려인 가족카페 식당 각 1곳이 고려인

센터 인근에 생겼다.37

아래 <그림 1-2>에서 알 수 있듯이 고려인이 밀집해 사는 월곡동, 산정동, 우산동이 속한 광주광역시 광산구에는 하남공단, 소촌공단, 평동공단 등 산업단지와 첨단지구가 위치해 있다. 하남공단으로 이어지는 4차선 주요 간선 도로변을 중심으로 아파트 단지가 조성되어 있지만, 도로 안쪽에는 상가용 주택과 2~3층 단독주택이 밀집되어 있다. 고려인과 다른 나라 출신 이주노동자는 임대료가 저렴한 이 지역의 단독주택에 거주하는데,38 이로 인해 수요가 낮았던 이 일대의 단

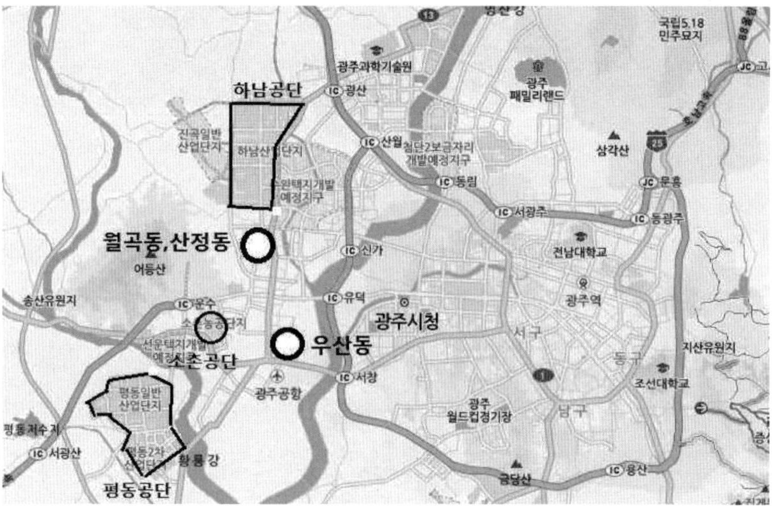

| **그림 1-2** | 광주광역시 광산구 '고려인마을' 위치

---

37 식품점은 2년여 전에 영업을 시작했으나 이용객이 많지 않고, 2012년 11월에 시작한 '타슈켄트시티' 여행사는 월 평균 40여명의 고려인이 항공권을 구매하는 등 대체로 활발한 영업을 하고 있다.

38 설문지의 응답자의 60%는 단독주택, 29%는 원룸에 거주하고 있으며 아파트에 거주하거나 공장 기숙사에 사는 소수의 응답자도 있다.

독주택의 부동산 경기가 활성화 되었다.[39]

고려인은 가족 구성원의 연쇄적 이주로 가족규모가 커짐에 따라 새로운 주거지로 옮기더라도 월곡동과 산정동 일대를 벗어나지 않는 경향이 있다.[40] 한편 월곡동 일대에 고려인을 포함한 이주노동자 인구가 급증하면서 주변 한국인의 불평의 목소리도 들리기 시작했다. 길거리 음주, 고성방가, 쓰레기 무단투기, 도난사건 등 불미스런 작은 사건들이 일어나면서 지역주민과 이주 노동자 간의 마찰이 일어나는 등 동네 주민의 원성이 높아지기 시작했다. 물론 주민간의 마찰에 고려인도 예외는 아니다. 이에 고려인센터는 고려인 이주자와 주민 간의 교류를 확장하여 이해의 폭을 넓히고자 2013년 10월에 '고려인마을 깔끔이 봉사단'을 만들었다. 센터는 매주 주말 각 가정별로 조를 편성하여 고려인과 지역주민과 함께 쓰레기 청소를 했다. 어깨에 '고려인마을 깔끔이 봉사단'이란 띠를 두르고 '쓰레기 함부로 버리지 않기!', '길거리 음주금지!', '쓰레기 분리수거 철저!' 등의 피켓을 들고 동네 주민과 함께 월곡동과 주요 간선도로 일부에 이르는 청소를 한다.[41]

---

39 고려인센터와 근접한 J 부동산에 따르면 고려인을 비롯한 이주노동자가 월곡동과 산정동 일대에 2000년대 중반부터 유입되기 시작하면서 단독주택의 임대가 활성화되고 임대료도 상승되고 있다. 주택 소유자인 한국인은 대체로 고려인 세입자를 선호하는데 동일한 피부색, 한민족, 부지런하고 정결함, 가족단위 거주 등 몇 가지 이유로 고려인 세입자를 가장 선호한다.

40 K씨(남, 45)는 식구의 순차적 합류에 따라 점차 방 개수가 많은 주택으로 옮겼지만 월곡동과 산정동 일대를 벗어나지 않았다. 2007년 부인의 합류로 얻은 최초의 거주지는 현재의 고려인센터 인근으로 월 20만원 주택의 방 한 칸이었으며, 큰 딸의 합류로 월곡동의 방 2칸 주택으로 옮겼다가, 어머니와 막내딸이 합류로 월곡동과 맞붙어 있는 산정동에 개인 주택 2층 단독(거실 1개와 방 3칸)을 월 40만원에 구했다.

41 이 행사를 보도한 나눔방송(2013년 11월 11일) 기사에는 "같은 마을에 다양한 외국인 주민수가 증가함에 따라 다소 불편함이 있었으나 마을 친화적인 활동을 펼치는 고려인의 모습에 감동을 받았다"는 김모씨의 인터뷰 기사가 소개되어 있다.

한국어에 익숙지 않은 고려인은 직장 내 임금체불과 산업재해뿐만 아니라 의료문제 등의 다양한 어려움에 직면한다. 고려인 지원을 위한 '고려인센터'가 2009년 1월에 월곡동에 개소했다. 오랜 한국생활로 한국어에 능한 센터장인 우즈베키스탄 출신 S씨(여, 57)와 센터 이사장 L 목사 그리고 고려인협동조합 Y 사무국장은 미취업 고려인 숙식제공, 취업알선, 외국인 등록 등 공적 업무 통역지원, 체불임금해결과 병원치료알선, 송금업무 지원 등 다양한 지원활동[42]을 한다. '고려인마을' 내에 맞벌이 부부 고려인 자녀의 보육을 위한 새날어린이집(2012년 개소),[43] 고려인마을 지역아동센터(2013 개소), '고려인마을협동조합'(2013년 설립)[44]이 순차적으로 문을 열었다.

중도 입국한 고려인 자녀의 학교 교육이 가능한 정부위탁 중도입국자 자녀를 위한 학교인 '새날학교'[45]가 광산구에 위치해 있다. 새날

42 광주에서 최초의 직장을 소개해 준 사람을 묻는 설문지 항목에 대해 전체 51%가 '고려인센터' 그리고 30%는 가족과 친구가 소개해 두었다고 응답한 것으로 보아 '고려인센터'가 직장알선에 지속적인 도움을 주고 있음을 짐작하게 한다. 인근 공단 내 중소기업은 고려인이 상대적으로 성실하여 인원이 필요할 경우 '고려인센터'와 접촉하여 인력요구를 하는 일이 빈번하다.

43 고려인 교사 3명과 지역 대학의 자원봉사자의 지원으로 전체 8~9명의 아동이 보육된다. 그러나 한국어에 익숙하지 않은 고려인 교사들로 인해 아동의 돌봄과 교육이 러시아어로 주로 이루어진다. 일부 부모는 어린이집이 제대로 한국어 학습을 시키지 못한다는 점을 한계로 여기지만 집근처에서 자신들의 귀가까지 아이를 돌봐줄 수 있는 점을 가장 큰 장점이라 생각한다.

44 고려인센터에 따르면 고려인 100명이 발기한 조합은 어린이집, 상담소, 여행사, 마트 등을 운영하여 일자리 확보를 위한 사업을 전개할 계획이라 한다. 또한 대부분 고려인이 인력파견회사를 통해 고용되어 경기침체 시 우선적으로 해고당하는 고용불안을 겪기 때문에 조합은 자체의 인력파견회사를 설립하여 고용 안정성을 확장할 계획을 갖고 있다.

45 새날학교는 국제결혼과 이주노동으로 한국에 정착한 외국인의 중도 입국자녀를 위한 학교로 2009년 2월에 개교하였다. 2013년도 현재 고려인 자녀를 포함해 다른 국적 외국인 자녀 61명이 재학하고 있다. 현재 재학 중인 고려인 학생의 입학 연도별

| 그림 1-3 | 광산구에 위치한 중도입국자녀를 위한 새날학교

학교에 고려인 학생 18명(우즈베키스탄 17, 러시아 1)이 다니는데, 자녀를 정부인가 받은 학교에 보낼 수 있다는 사실은 광산구 거주 고려인에게 매력적인 부분의 하나이다. 또한 고려인센터 이사장이 운영하는 인터넷 방송 '나눔방송'이 2011년 이래 고려인을 포함한 이주노동자, 새날학교, 재외동포 이민정책에 관한 뉴스를 내보낸다. 나눔방송은 특히 '고려인마을' 동향과 동포 비자문제 등 고려인 기사를 가장 비중 있게 다룬다.[46]

(2010년 1명, 2011년 4명, 2012년 7명, 2013년 6명) 현황은 2011년 이래 지속적으로 고려인의 유입이 늘어가고 있음을 말해준다. 새날학교 재학생은 광산구 일대의 공립학교에 원적을 두고 위탁학교인 새날학교에서 한국어 중심 교육을 받으며, 한국어 수준이 향상되면 원적학교로 돌아간다. 2013년 고등학교 과정이 신설되었으며, 지난 2년 사이에 2명의 새날학교 출신 고려인 학생이 외국인특례입학으로 지역대학에 진학하였다.

46 나눔방송 운영자는 고려인 관련 후원 등 크고 작은 내용을 방송 외에 동일한 내용을

광주 지역사회가 '고려인마을' 존재에 주목하게 되는 것은 '고려인센터'가 '고려인마을' 내에서 고려인 관련 행사를 끊임없이 만들어 내기 때문이다. 2013년 10월 20일 '광주광역시 고려인주민 지원조례' 제정 기념 '제1회 고려인의 날' 행사가 광산구 월곡동 고려인센터 인근 공원에서 시교육감과 광산구청장 등 일부 내·외빈의 참여 속에 공식행사, 축하공연, 고려인이 준비한 음식나눔 잔치 프로그램으로 진행됐다. 특히 이 행사는 '고려인마을' 인근 주민들이 고려인 음식을 맛볼 수 있는 좋은 계기였다. 고려인센터는 2013년 10월 29일부터 31일까지 광주광역시 김대중 컨벤션센터에서 열린 '제12차 세계한상대회'에도 참여했다. 행사장에는 고려인협동조합을 홍보하는 홍보부스가 마련되어 고려인마을 홍보 동영상, 고려인 수난사 전시관, 고려인 전통의상관, 고려인 전통 음식 판매관이 운영되었으며, '조상의 땅으로 돌아온' '고려인마을' 내 고려인을 부각시켰다.[47]

맺음말

1991년 구소련연방공화국이 붕괴되면서 개별 독립 국가의 종족·

약 5천명에 문자로 보내며, 트위터, 페이스 북, 카카오 톡 등 SNS를 통해 광주시와 전국적으로 네트워크를 맺고 있는 내국인에게 보낸다. 주로 고려인공동체가 직면한 어려움과 행사 관련 소식을 접한 사람들은 고려인센터에 대한 후원으로 이어지게 한다. 예컨대 광주시 의사회와 광산구 약사회 등 지역사회 민간단체가 고려인센터 운영 후원금과 고려인 자녀를 위한 장학금, 고려인센터 사용목적 전자제품 등의 전달을 위해 월곡동을 지속적으로 방문한다.

47 세계한상대회장에서 광주의 고려인마을협동조합과 고려인공동체의 홍보를 위한 팸플릿과 '고려인 가족 후원 신청서'를 행사장에 배포하였으며, 광주의 '고려인마을'의 조성과 향후 계획에 대한 청사진을 담은 5분 동영상을 전시장에서 상영하였다.

종교적 민족주의 발흥과 국가 경제의 악화로 시작된 고려인의 국제 이주는 구소련권 국가들을 벗어나 한국 등으로 확장되는 고려인의 국제화 경향의 심화로 나타난다. 고려인의 한국이주는 2007년 재외동포에 대한 '방문취업제' 도입 후 급물살을 탔다. 이 연구의 목적은 광주광역시 광산구 일대에 형성된 '고려인마을'이라는 엔클레리브에 거주하는 일부 고려인을 대상으로 설문조사와 심층인터뷰 및 참여관찰을 통해 고려인의 한국 이주와 정착 과정을 규명하는 것이다.

한국으로의 고려인 이주는 해당 국가의 정책적 압박과 악화된 경제여건 및 재외동포에 대한 한국 정부의 일부 우호적인 이민정책이 배출과 흡수요인으로 작용하였다. 이러한 거시적 구조와 연결하여 고려인 '이주자 네트워크'라는 미시적 차원의 분석은 고려인 개인과 가족의 이주와 정착 과정에서 이주자 네트워크 작동의 중요함을 보여주었다. 이 연구는 고려인 이주에서 다양한 분석 단위, 즉 개인, 가족, 국가가 미시적이고 거시적인 분석 층위와 연결됨을 말하고 있다.

이주자 네트워크는 고려인을 광산구 일부 지역으로 밀집시켜 '고려인마을'이라는 민족 엔클레이브 형성에 직접적으로 기여하였다. '고려인마을'이 조성되고 있지만 모든 고려인이 산업단지 임금노동자이기 때문에 일반적인 민족 엔클레이브의 독립성과 지속성을 담보할 수 있는 고려인의 다양한 경제활동 영역의 확보는 단기간 내 쉽지 않아 보인다. '고려인마을'의 형성과 고려인센터의 적극적 지원활동은 분명 초기 고려인 이주자의 정착에는 도움이 된다. 다만 많은 수의 고려인이 한국에서의 영주 거주를 원하고 있는 점을 고려할 때 이들이 한국사회로부터 격리되지 않도록 다양한 제도와 규범 및 한국어 학습에도 체계적인 관심을 가져야 할 것으로 생각된다.

사실 아직까지 광주의 고려인센터를 실제적으로 지원하고 고려인 사회가 가야할 방향을 제시하며, 한국인의 지속적인 후원과 관심을 관리하는 역할은 고려인센터 이사장 등 소수의 한국인이다. 이들은 센터설립부터 고려인지원조례 공포에 이르기까지 고려인 사회 안팎에서 주도적 역할을 하였으며, 고려인 이주민은 행사 준비 등 보조적 역할을 하는 일종의 역할 이분화가 현 '고려인마을'과 고려인 이주사회의 현주소이다. 고려인이 한국어와 한국사회에 익숙하기에는 이주역사가 매우 짧은 점과 이들 대부분이 이주노동자임을 고려한다면, 소수의 한국인과 함께 지금까지 보여준 고려인 이주민의 정착 노력은 결코 낮게 평가될 수 없다.

네팔 결혼이주여성의 한국이주와 임금노동

이기연 (전남대학교 인류학과 강사)

결혼이주여성의 대부분은 비공식 부문의 노동에 종사하면서 시간제로 급여를 받고 있다. 네팔 결혼이주여성은 시민권을 받는 것을 정규직 직원이 될 자격이 되는 것으로 이해한다. 이러한 현실은 다문화사회로 진입해 있는 한국사회에서 국내 결혼이주여성의 불안정한 위치성을 드러내는 대목이다. 결혼이주여성에게 소수자로서의 지위를 확보해 주고 노동의 기회와 권리를 제공하는 것은 우리사회가 진정으로 다문화를 수용하고 다문화가족 구성원 모두를 국민으로 인식하는 일이 될 것으로 사료된다.

서 론

2015년 7월을 기준으로 국내에 체류하고 있는 결혼이주여성은 127,218명이며 출신 국가별로 100명 이상인 국가만 21개국에 이른다.[1] 한국은 2000년대 이후 결혼이주여성의 증가가 두드러지는데 법무부에 따르면 국내 결혼이민자는 2002년부터 최근 3-4년 전까지 매년 28% 이상의 높은 증가를 보인다고 한다.[2] 국내 결혼이주여성에 관한 연구는 이처럼 한국 내 다문화가정의 빠른 증가추세에 맞추어 법학, 사회학, 인류학, 여성학, 심리학, 문학, 언론학, 사회복지학, 간호학 등 다양한 분과학문에서 관심을 기울여왔다.[3] 국내 결혼이주여성에 관한

---

1 출입국·외국인정책본부, "2015년 7월호 통계월보," http://www.immigration.go.kr (검색일: 2015.09.01).

2 출입국·외국인정책본부, 『2014 출입국·외국인정책 통계연보』 (과천: 법무부 출입국·외국인정책본부, 2015), p.48.

3 권유경·정여주, "집단미술치료가 여성결혼이민자의 문화적응 스트레스와 자아존중감에 미치는 효과," 『재활심리연구』 제16권 제2호(2009); 김상찬, 김유정, "국제결혼 이주여성의 인권보호를 위한 법적 과제," 『법학연구』 43권(2011); 신영지, "결혼 이주여성의 문화적응을 위한 한국어 문학교육의 가능성 모색," 『반교어문연구』35권(2013); 양심영·박수경·김미숙, "다문화가정 아동의 이중문화특성 및 사회적 자본이 심리적 적응에 미치는 영향," 『한국콘텐츠학회』 13권 6호(2013); 이경옥, "도시 결혼이주여성의 정착과정 경험에 대한 현상학적 연구," 『한국가족복지학』 제47호(2015); 장갑수, "국제결혼 이주여성의 임신·출산과 자녀양육," 『다문화콘텐츠연구』 제14집

연구는 2000년대 중반부터 꾸준하게 축적되고 있으며 연구대상은 베트남, 필리핀, 캄보디아 같은 동남아시아나 중국의 한족과 조선족, 일본과 같이 동북아시아 출신에 집중되어 있다.[4] 이는 국내 결혼이주여성의 약 85%에 해당하는 107,000여명이 이들 국가 출신이기 때문이다. 김태원의 글에서도 지적하듯이 결혼이주여성에 관한 연구는 방만한 연구에도 불구하고 출신 국가의 다양성이라는 측면을 놓치고 있다고 하겠다.[5]

연구주제를 살펴보면 다문화가정 여성의 현황과 정책 프로그램 개발의 필요성 등 정책보고서적인 성격에서 결혼이주여성의 적응과정에서의 갈등 및 사회문화적 적응과정, 다문화가정의 해체, 이주여성의 초국적 가족 유대에 이르기까지 다양한 연구가 진행되고 있다.[6] 다년

(2013); 황정미, "결혼이주 여성의 사회연결망과 행위전략의 다양성-연결망의 유형화와 질적 분석을 중심으로," 『한국여성학』 제26권 4호(2010).

4 국내 결혼이주여성에 관한 연구에서 연구대상으로 가장 많이 거론되는 여성은 베트남, 일본, 필리핀, 조선족, 캄보디아, 한족 순이다. 2015년 10월 RISS에는 순서대로 각각 403건, 373건, 298건, 109건, 64건, 35건이 등록되어 있다. 동아시아 국가 출신 결혼이주여성은 국내 결혼이주여성의 거의 전부를 차지한다고 해도 과언이 아니다. 따라서 국내 결혼이주여성에 관한 연구의 대부분은 이들 여성을 주요 연구대상으로 삼고 있을 뿐만 아니라 국가에서 제공하고 있는 통계자료 역시 이들을 명시하고 있다. 네팔이나 인도 같이 남아시아 출신 여성에 대한 자료는 기타 항목으로 표기되기 때문에 정확한 현황을 파악하는 데에는 여전히 한계가 있다.

5 김태원, "생애구술사를 통해 본 결혼이주여성의 가족갈등 경험 분석: 네팔 결혼이주여성의 사례를 중심으로," 『인문과학연구』 제21집(2014), p.151.

6 김혜선, 『글로벌 이주와 초국가적 가족유대』(파주: 이담북스, 2014); 김해숙·이효영·박성미·임혁, "다문화가족지원센터 종사자의 직무교육프로그램 개발을 위한 델파이 분석," 『직업교육연구』 31권 1호(2012); 단효홍·김경학, "광주지역 한족 결혼이주여성의 초국적 가족 유대," 『디아스포라연구』 제9권 제1호(2015); 박경용, "한 조선족 여성의 가족사를 통해 본 디아스포라 경험과생활사: 1932년생 박순옥의 삶을 중심으로," 『아시아연구』 17권 3호(2014); 전형권·이소영, "국제결혼이주자들의 사회적 연결망과 초국가성: 광주·전남지역 여성결혼이민자 사례를 중심으로," 『한국동북아논총』 68권(2013); 윤형숙, "국제결혼 배우자의 갈등과 적응," 최협 외, 『한국의

간의 연구들에서는 결혼이주여성을 수동적인 대상에서 능동적인 대상으로 바라보고자 하는 변화를 엿볼 수 있다. 최근의 이와 같은 시각적인 변화에도 불구하고 기존의 연구들은 여전히 결혼이주여성의 문화적 특수성을 고려하지 못하고 있다. 국내 다문화가정의 확산과 결혼이주여성의 혼인건수가 매년 20,000건 이상을 차지하는 시점에서 국내 결혼이주여성에 관한 연구는 보다 다양한 대상과 주제들로 연구의 폭을 확대시킬 필요가 있다고 하겠다. 이 연구는 현재 국내연구에서 소외되고 있는 대상으로서 문화적, 지리적으로 이질성이 큰 남아시아 국가 출신 여성의 한국으로의 이주가 발생하는 원인에 대한 관심에서 비롯하였다.

네팔인 여성과 한국인 남성과의 혼인건수는 2012년에 255건, 2013년에 186건 그리고 2014년에 112건으로 전체 다문화 혼인건수의 대략 1%에 불과하다.[7] 비록 국내에서 차지하는 비율은 낮지만 남아시아 출신 여성의 동아시아로의 이주 역시 아시아 여성의 유동성이라는 맥락과 한국 내 다문화가정의 확산이라는 측면에서 연구할 필요가 있다. 네팔여성의 국내 유입정도는 최근 6~7년 동안에 증가폭이 두드러진다. 하지만 남아시아 출신 여성이 동아시아로 이주하는 이유와 이주경로, 적응과정에서의 문화적 다양성에 관한 논의는 거의 이루어지지 않고 있다. 네팔 결혼이주여성을 대상으로 한 국내연구는 김태원이나

소수자, 실태와 전망』(서울: 한울, 2004); 최호림, "국제결혼에서 귀환까지: 베트남 여성의 한국행 결혼이주 경험에 관한 연구,"『동아연구』제34권 1호(2015a) 한건수, "농촌지역 결혼이민자여성의 가족생활과 갈등 및 적응,"『한국문화인류학』제39집 1호(2006).

7 통계청, "외국인 아내의 국적별 혼인," http://kostat.go.kr (검색일: 2015.10.11).

이경이 각각 한 사례와 세 사례에 대한 경험적인 연구를 하는 식의 소수에 불과하다.[8] 이들 연구는 소수자 집단을 대상으로 삼고 있다는 특이성에도 불구하고 이주가정 내에서의 갈등과 이혼의 문제에 대한 동남아시아 출신 여성들과의 차별성을 보이지는 못한다. 이 연구는 이주여성이 한국에서의 결혼생활에서 경험하는 갈등 속에서 왜 귀환이 아닌 체류를 선택하는지에 관하여 네팔 사회 내에서의 여성의 위치와 젠더역할 같은 문화적 특수성에 초점을 두고 살펴볼 것이다.

이 연구는 세 가지의 연구목적을 설정하고 있다. 첫째, 네팔 출신 여성이 한국으로 이주하는 원인, 이주유형 및 경로를 살펴보고자 한다. 둘째, 국내 네팔 결혼이주여성의 임금노동의 형태를 분석하고자 한다. 셋째, 국내 네팔 결혼이주여성의 임금노동에 내재하는 사회문화적 의미를 행위성의 차원에서 고찰하고자 한다.

이론적 고찰 및 연구대상

국내 결혼이주여성의 임금노동과 행위성

국내 결혼이주여성과 임금노동에 관한 연구의 한 부류로는 이주여성의 경제활동 실태 및 국가의 취업지원 정책방향, 결혼이민자에 대한 직업 훈련 실태, 이주여성의 취업욕구, 취업경로 및 취업지원 요구, 국가와 지방자치체의 인적자원개발 차원에서의 결혼이주여성 연구

8 김태원(2014); 이경, 「네팔 결혼이주여성에 관한 연구: 세 여성의 생애사를 중심으로」 계명대학교 석사학위논문, 2010.

같이 통계자료를 분석한 것이 있다.[9] 이 연구들은 다문화가정에 대한 국가의 정책지원 현황 및 지원 방안을 제언하는데 초점을 두고 있다. 이러한 연구에서는 결혼이주여성이 임금노동을 하는 중첩적인 의미를 제대로 파악할 수가 없다. 결혼이주여성과 임금노동 연구의 또 다른 부류로는 이주여성의 임금노동과 송금의 상관성에 관한 연구가 있다. 많은 연구들이 국내 결혼이주여성과 임금노동과의 관련성에 대하여 이주노동자와 결혼이민자의 이주동기를 같은 맥락이라고 주장한다.[10] 이유는 한국, 대만, 일본 등 동아시아로의 이주가 조건이 까다롭기 때문에 국제결혼이 상대적으로 안전한 이주경로를 제공한다는 거다. 실제로 국내 결혼이주에 관한 많은 연구가 본국으로의 송금을 이주의 중요한 목표 가운데 하나이자 초국적 가족 유대관계의 매개로 주장한다.[11]

결혼이주여성의 임금노동은 본국 가족에게 송금을 통한 경제적 지원의 의미가 있다. 하지만 결혼이주여성의 임금노동이 반드시 송금으

9 박미숙·김영순·홍유나, "결혼이주여성의 취업지원 요구에 관한 연구," 『여성학연구』 제24권 제2호(2014); 박신영·이병준, "다문화가정 여성결혼이민자의 학습경험에 따른 취업경로 연구," 『문화예술교육연구』 제10권 제2호(2015); 양인숙 외, 『여성결혼이민자의 경제활동 실태와 정책과제』 (서울: 한국여성정책연구원, 2010); 이태정·이용수·신현구·김명수, "결혼이주여성의 취업상태에 대한 분석 연구," 『한국인구학』 제36권 제3호(2013).

10 최호림, "한국 다문화사회의 진전과 동아시아의 이주: 현황과 쟁점," 『동북아문화연구』 제42집(2015b); Piper, Nicola and Mina Roces, *Wife or Worker?: Asian Women and Migration* (Lanham, Md.: Rowman & Littlefield Publishers, 2003).

11 김혜선(2014); 단효홍·김경학(2015); 박수진·이지나, "일하며 기르며 송금하며: 한국사회 이주 여성노동자의 사례연구," 『성평등연구』 제6집(2002); 이은정, "이주민 일상에서 드러나는 초국가적 실천방식-대구·경북지역 이주민 사례를 중심으로," 『민족연구』 62호(2015); 허오영숙, 『결혼이주여성의 본국 가족 지원: 송금, 가족 초청, 물품 제공』 (파주: 한울아카데미, 2013).

로 이어지는 것은 아니다. 이해응은 본국과 한국에서의 노동경험에 대한 분석에서 결혼이주여성의 노동경험이 '나'라는 존재의 의미를 찾고 이주여성의 임파워링 확보, 사회에서 필요한 존재 가치 인식이라고 주장한다.[12] 결혼이주여성의 임금노동에 내재하는 사회문화적 의미에 관한 연구는 이주여성의 자아, 소수자 주체, 다문화가정 내 젠더역할, 남성성과 여성성의 재협상, 소수자 시민권, 인권이라는 차원의 다각적인 연구와 관계가 있다. 이처럼 비교적 최근의 연구에서 부각되는 것 가운데 하나는 결혼이주여성의 자아와 행위성에 관한 것이다. 김미정 외는 결혼이주여성의 국적취득에 관한 질적 연구를 통해서 이주여성이 국적취득에 관한 욕구와 방법에 관한 현상학적 연구를 하였다.[13] 성지혜는 결혼이주여성의 이주의 전 과정 가운데 노후의 삶에 초점을 두고 이주여성의 노후생활 준비 과정을 조망하였다.[14] 이소영은 결혼이주여성이 다문화주의 시민권을 확보하는 과정에서의 이주민 네트워크의 영향에 대하여 살펴보았다.[15] 이처럼 최근의 연구들은 모두 주체가 이주여성에 있으며 연구내용 역시 결혼이주여성이 정착 국가에서의 삶에 대응하는 능동적인 행위에 관한 것이다.

이주연구에서 행위성 개념은 이주대상이 가족, 지역, 국가 및 국제

---

12 이해응, "결혼이주여성의 본국/한국 노동경험에 관한 연구," 『이화젠더법학』 제6권 제2호(2014).

13 김미정·이명현·이경은, "결혼이민자의 국적취득 경험에 관한 질적연구," 『여성학논집』 제30집 1호(2013).

14 성지혜, "결혼이주여성의 노후생활 준비에 관한 연구: 대구지역 베트남 결혼이주여성을 중심으로," 『여성연구』 88권 1호(2015).

15 이소영, "여성결혼이민자의 네트워크가 다문화시민권리에 미치는 영향: 광주·전남지역을 중심으로," 『다문화교육연구』 7권 1호(2014).

적 단위에서 적용되는 힘의 구조 안에서 자발적인 행위자로서 강조되는 것을 의미한다.[16] 행위성 개념을 적용하면 이주하는 대상은 빈곤, 글로벌 불평등, 제도적 불합리성과 같은 조건에서도 자발적인 의사결정자로 강조된다. 이주여성을 이주의 적극적인 대상으로 보고자 하는 연구는 2010년 이후 많은 연구가 이루어지고 있다. 행위자로서 이주하는 대상을 강조하는 연구에서는 주로 이주민의 주체성, 시민권, 자아존중감 등에 관심이 많다.[17] 이주민의 행위성을 드러내는 연구 가운데 최근 1-2년 동안 국내이주 연구에서 두드러지는 연구주제는 이주여성과 본국 가족들과의 관계이다.[18] 이 연구들은 이주여성을 한국사회에 동화되는 수동적인 대상으로서가 아닌 적극적인 행위 주체로 이해하면서 이주여성이 결혼 이후에도 본국의 가족들과 물질적, 정서적 지원을 통하여 초국적 가족 유대를 형성해 간다는 점을 강조한다. 이 연구 역시 행위성 개념을 토대로 네팔 결혼이주여성을 임금노동의 주체적인 행위자로 분석하고자 한다.

연구대상 및 방법

이 연구의 연구대상은 전체 18명이며 이 가운데 심층면접은 광주광역시에 거주하고 있는 결혼이주여성 13명을 대상으로 하고 있다.[19]

---

16 Williams, Lucy, *Global Marriage: Cross-Border Marriage Migration in Global Context* (UK: Palgrave Macmillan, 2010), p.34.

17 권유경·정여주(2009); 이소영(2014); Williams(2010).

18 김혜선(2014); 단효홍·김경학(2015); 이은정(2015).

19 이 연구는 조사기간 동안 3개월 이상 연구자와 지속적인 관계를 유지하면서 가정방문 및 개별 면담이 가능했던 13명에 대해서만 심층면접자로 선정하고 있다. 이에 더해서 연구자는 이 연구를 위하여 전남 창평과 담양 그리고 군산에 거주하는 세

전체 18명의 결혼이주여성 가운데 25세 이하인 여성은 6명이며 26~30세인 여성은 6명이고 31~35세인 여성이 5명이고 36세 이상인 여성이 1명이다. 입국시기를 살펴보면 2005년 이전에 입국한 여성은 한 명도 없고 2005~2010년에 입국한 여성은 5명이고 2011~2015년에 입국한 여성은 13명이다. 여성들 가운데에는 2012년과 2013년에 입국한 여성이 11명으로 가장 많은데 이 시기가 네팔여성의 국내 유입이 가장 많았던 것으로 보인다. 여성들 가운데 한국인 배우자와의 사이에서 자녀를 두고 있는 사례는 5명이며 자녀를 계획하고 있는 사례는 2명이다.

표 2-1 연구대상자 신상정보

연번	이름	나이	성(姓)	주소	이주년도	이주경로	직업
1	A	31세	타망	서구	2010년	결혼중개소	임시직
2	B	27세	라마	남구	2011년	가족소개	미용사
3	C	23세	라이	광산구	2013년	가족소개	무직(출산)
4	D	39세	타망	서구	2013년	연애	공장노동자
5	E	29세	타망	광산구	2012년	지인소개	공장노동자
6	F	33세	타망	북구	2012년	결혼중개소	공장노동자
7	G	25세	타망	서구	2012년	결혼중개소	바리스타
8	H	35세	라이	광산구	2009년	결혼중개소	공장노동자
9	I	25세	타망	서구	2012년	지인소개	식당서빙
10	J	28세	밧따	광산구	2013년	결혼중개소	공장노동자

명에 대한 조사를 함께 병행하였다. 세 사례자는 결혼이주여성의 네트워크 관계 정도를 파악하기 위하여 조사에 포함시켰다. 세 사례자 가운데에는 이주노동자도 한 명 포함되어 있다. 이 사례자는 기혼여성과 미혼여성의 송금 및 본국 가족과의 유대관계를 비교하기 위하여 조사에 포함시켰다. 따라서 이 연구의 실제 연구대상은 20명의 결혼이주여성과 1명의 여성 이주노동자를 대상으로 삼고 있다.

연번	이름	나이	성(姓)	주소	이주년도	이주경로	직업
11	K	23세	K.C.	남구	2013년	결혼중개소	공장노동자
12	L	31세	타망	광산구	2011년	결혼중개소	공장노동자
13	M	25세	타망	북구	2010년	결혼중개소	무직(출산)
14	N	29세	구룽	남구	2013년	결혼중개소	세탁소보조
15	O	25세	타망	서구	2012년	결혼중개소	무직(구직)
16	P	26세	타망	광산구	2012년	결혼중개소	공장노동자
17	Q	27세	구룽	광산구	2010년	가족소개	무직(출산)
18	R	31세	라이	서구	2009년	결혼중개소	자동차정비사

종족별 분포를 살펴보면 몽골인이 16명이고 아리야인이 2명이다.[20] 여성의 성씨를 살펴보면 타망Tamang이 10명이고 구룽Gurung이 2명, 라이Rai 3명, 라마Lama 1명이며 아리야인에 속하는 성씨로는 밧따Bhatta와 카뜨리-체뜨리Khatri-Chhetri, K.C.가 각각 한 사람씩 있다. 사례자 가운데에는 합법적인 결혼 이외에 이혼, 불법체류 같이 신분이 불안정한 상태인 사람들이 있다. 연구자는 자신의 익명성을 보호해 달라는 요청에 의하여 사례자를 알파벳 순서로 기록하였으며 알파벳은 이름의 이니셜과는 무관하다.

이 연구는 2015년 3월부터 8월까지 6개월 동안 매주 일요일 광산구 월곡동에 위치한 네팔교회에서의 참여관찰과 이주여성의 집과 직장 및 커피숍 등지에서의 개별 심층면접을 통해서 이루어졌다.[21] 참여

20 네팔은 언어군에 따라서 인도-아리안(Indo-Aryan) 어족과 티베트-버마(Tibet-burma) 어족의 두 집단으로 나뉘며 인도-아리안 어족의 집단분류는 카스트 분류법에 따르고 티베트-버마 어족은 종족의 개념이 적용된다. 구룽, 타망, 마가르(Magar), 라이, 림부(Limbu), 세르파(Sherpa)족 등이 티베트-버마 어족에 속한다. 최순권·장상교·Dilli Raj Sharma, 『네팔의 혼례문화』(서울: 국립민속박물관, 2012), pp.21-22.

관찰은 네팔의 설날행사와 네팔지진 피해 모금행사 같이 특정한 날에도 이루어졌다. 그 외에도 소규모의 사적인 모임에 참여하거나 이주여성의 쇼핑이나 휴대폰 구매에 동반하는 식으로 비정기적인 참여관찰을 실시하였다. 심층면접은 한국어와 힌디를 병행하여 이루어졌다. 여성들은 심층면접에서 공통적으로 녹음에 동의하지 않았을 뿐만 아니라 익명성을 요구하였기 때문에 신분이 노출될 수 있는 단서들은 이 연구에서 삭제하였다. 여성들은 자신의 고향이 어디냐는 질문에 대해서 모두 '네팔'로 답했으며 고향 마을에 대한 질문에는 '카트만두Kathmandu에서 30분 거리', '카트만두에서 2시간 거리', '카트만두 근처'의 식으로 답변하였다. 따라서 연구자는 여성들의 출신지역에 대해서는 정확하게 수집하지 않았다. 타망족, 라이족, 림부족, 구룽족은 5개 개발구역(동부, 중부, 서부, 중서부, 극서부) 가운데 중부와 동부 구릉지역에 많이 밀집해 있다.[22] 여성들의 출신지역은 단가디Dangadhi, 카트만두, 사가르마타Sagarmatha 같이 극서부, 중부와 동부 등지이다.

21 네팔교회는 종교와 무관하게 네팔 결혼이주여성에게 이주민 공동체의 쉼터와 같은 기능을 하는 곳이다. 현재 광주에는 네팔 결혼이주여성을 위한 쉼터가 없기 때문에 교회는 국내 네팔 결혼이주여성에게 공적, 사적인 모임을 제공하는 장소로서 활용된다. 네팔교회는 결혼이주여성이 이주 초기에 한국어를 배우고 정보를 제공받는 등으로 한국사회에 정착해 가는 초기 단계에 매우 중요한 곳이다.

22 최순권·장상교·Dilli Raj Sharma (2012), pp.20-22.

네팔여성의 한국이주

네팔여성의 한국으로의 결혼이주

아시아 국가 출신 여성의 한국으로의 결혼이주는 1990년대 이후 한국의 경제성장과 맞물려있다.[23] 한국의 경제발전과 더불어 결혼시장의 성비불균형은 네팔여성이 한국으로 이주하는 주된 배경으로 작용하였다. 1992년 동반비자나 거주비자를 가진 네팔여성은 4명에 불과하였으나 2000년대 후반부터 본격적으로 증가하기 시작하였다.

표 2-2 국내 네팔 결혼이주여성의 체류현황 (단위: 명)

2001	2002	2003	2004	2005
27	56	78	117	140
2006	2007	2008	2009	2010
158	235	255	506	646(575)
2011	2012	2013	2014	2015
758(705)	919(880)	907(965)	978(984)	897

출처: 출입국·외국인정책본부(2015).

위의 <표 2-2>에서 보듯이 네팔 결혼이주여성의 국내 유입은 2000년대 중후반부터 수적인 변화를 보인다.[24] 2008년 국내 네팔 결

23 최호림(2015b), p.37.

24 이 표는 법무부 출입국·외국인정책본부가 제공하는 6월과 7월 통계월보를 토대로 작성되었다. 매년 12월 31일을 기준으로 하는 통계연보가 통계자료로서 정확하지만 통계연보에는 2010년 이전의 네팔 결혼이주여성이 기타 항목에 포함되어 있다. 따라서 통계연보가 제공하는 2010년에서 2014년 체류자 수는 괄호 처리해 두었다.

사진 2-1 네팔의 설 행사에 참석하기 위하여 모인 네팔인들.

혼이주여성은 255명으로 전체 결혼이민자의 0.3%에 불과했다. 이 수는 2009년에 100%이상 증가했으며 매년 100명이상 증가하다가 2013년부터 소폭 감소했으며 현재는 전체 결혼이민자의 약 0.7%를 차지하고 있다.

네팔 출신 여성이 한국으로 결혼이주를 하는 요인은 다섯 가지로 요약될 수 있다. 첫째, 외모의 유사성과 문화적 친숙함이다. 네팔은 다양한 종족이 혼합되어 저마다 고유한 문화적 특성을 띠고 있으며 주요 종교는 힌두교와 불교이다. 네팔은 힌두교문화권이지만 네팔이 석가모니의 탄생지이기 때문에 몽골계 부족민을 중심으로는 불교를 믿는다.[25] 몽골계 민족에 해당하는 타망족, 라이족, 구룽족, 림부족, 마가르족의 생김새는 한국인과 비슷하다. 조희원에 따르면 한국 국제 결

25 양종승, "히말라야 샤머니즘 연구 동향과 현지조사 사례-네팔 동부지역 Rai족 샤먼 의례," 『한국무속학』 제22집(2011); Sharan, Mona and Thomas W. Valente, "Spousal Communication and Family Planning Adoption: Effects of a Radio Drama Serial in Nepal," *International Family Planning Perspectives*, vol.28, no.1(2002).

혼이주여성은 중국, 베트남, 일본인이 다수를 차지하는데 이들의 외모가 한국인과 비슷하기 때문이라고 주장한다.[26] 이처럼 외모와 문화적 유사성에도 불구하고 국내 네팔 결혼이주여성의 비율이 낮은 이유는 두 국가 간 거리가 멀고 우리에게 남아시아가 힌두교 국가로 알려져 있기 때문이다.

둘째, 네팔 정부의 여성이주 정책을 들 수 있다. 네팔여성은 1990년대 중반부터 주로 서아시아 국가로의 가사노동이주를 통해서 외화벌이를 해왔다. 네팔 정부는 정착국에서 인권유린이나 노동착취, 그리고 성적 억압과 같은 사건이 발생할 때마다 가사이주노동자를 통제해 왔다.[27] 여성은 정부의 통제에 대하여 비공식적인 이주를 감행하거나 아니면 다른 이주 루트를 찾을 수밖에 없었다. 네팔여성의 한국이주는 가사이주노동자에 대한 국가의 통제를 피해 이주하는 하나의 방편이었다. 한국으로의 결혼이주는 네팔 정부의 이주정책과 한국의 경제성장이 맞물리면서 네팔여성의 비공식적인 이주의 주요 루트가 되었다.[28]

---

26 조희원, "국제이주와 한국의 다문화현상에 대한 고찰: 결혼이주여성을 중심으로," 『동서연구』 25권 3호(2013), p.15.

27 1998년 3월부터 정부는 걸프 국가로의 여성이주를 금지하는 법을 통해서 여성의 국제이주에 강제력을 행사하기 시작했다. 네팔 정부가 자국 여성의 가사노동을 목적으로 하는 이주에 대하여 실시한 법적인 통제에 관한 구체적인 내용에 대해서는 김정선의 글에서 자세히 설명하고 있다. 김정선, "귀환이주여성들의 '이주 안전망' 만들기" 네팔의 포우라키(Pourakhi) 액티비즘을 중심으로," 『한국여성학』 제29권 4호(2013), pp.201-202.

28 네팔 정부는 2010년 여성이주 금지를 해제하였으나 2012년 8월에 다시 30세 이하인 여성에 대해서 중동과 말레이시아로의 이주를 금지시켰다. 여성이주에 대한 제약이 심해지자 여성은 노동이주가 아닌 결혼이주를 통해서 국제이주를 하게 되는데 한국으로의 이주 역시 2012년 이전과 이후를 비교하면 그 전까지 해마다 50-60명씩 증가하던 네팔여성의 수가 2012년 약 160명으로, 전과 비교해서 150%정도 증가하였

사진 2-2 2015년 4월 19일, 첨단 어린이공원에서 열린 네팔 설날 행사에 참석하여 춤을 추고 있는 네팔 결혼이주여성과 네팔 이주노동자들. 이들 가운데에는 전남과 전북지역에 거주하고 있는 여성도 있다.

셋째, 네팔의 사회문화적 구조와 관련이 있다. 네팔은 엄격한 가부장제 사회구조 안에서 젠더 간의 사회적 위계가 분명하며 아들 선호 사상이 강하고 젠더역할의 의무가 분명히 구별된다.[29] 여성은 임금노동시장으로의 진출이 증가하면서 경제적 기여도가 커졌지만 젠더불평등은 여전히 네팔의 보편적인 전통으로 여겨진다. 특히 남아시아 같이 가부장적 사회 내에서 여성에 대한 억압과 통제가 심하고 남성

다(위의 <표 2-2> 참조).

29 Morgan, S. Philip, Bhanu B. Niraula, "Gender Inequality and Fertility in Two Nepali Villages," *Population and Development Review*, vol.21, no.3(1995), p.544; Bajracharya, Ashish and Sajeda Amin, "Poverty, Marriage Timing, and Transitions to Adulthood in Nepal," *Studies in Family Planning*, vol.43, no.2(2012), pp.81-82.

중심적인 가족 구조에서 여성은 남성의 폭력으로부터 벗어나기 위한 방법으로 국제 결혼이주를 선택하기도 한다.[30] 남아시아 여성의 국제 이주연구에서는 가부장적인 사회구조에서 젠더역할의 재협상을 여성 이주의 사회문화적 의미로 강조한다.[31] 이런 측면에서 네팔 결혼이주 여성의 한국이주는 가부장적인 사회로부터의 탈출과도 관련이 있다고 하겠다.

넷째, 국내 네팔인 이주노동자의 증가 역시 주된 이주의 요인이다. 국내 네팔 결혼이주여성의 유입증가는 2009년부터 두드러지는데 이 시기는 2008년 이후 국내 네팔 이주노동자가 합법적으로 이주하기 시작한 때이다.[32] 이주노동자의 국내유입과 국내 네팔 결혼이주여성의 유입의 상관성은 이주과정에서 공동체의 역할을 강조하는 남아시아 이주의 문화적 특수성에서 기인한다.[33] 네팔 이주노동자가 전하는 한국에 대한 정보는 네팔여성의 한국이주를 결정하는데 직접적인 영향

---

30 Chaudhuri, Soma, Merry Morash and Julie Yingling, "Marriage Migration, Patriarchal Bargains, and Wife Abuse: A Study of South Asian Women," *Violence Against Women,* vol.20, no.2(2014).

31 Afsar, Rita, "Contextualizing Gender and Migration in South Asia: Critical Insights," *Gender, Technology and Development,* vol.15, no.3(2011); Ismail, Munira, "Maids in Space: Gendered domestic labour from Sri Lanka to the Middle East," in Momsen, Janet Henshall(ed.), *Gender, Migration and Domestic Service* (London, 1999).

32 국내 네팔인 이주노동자의 유입현황과 이주과정에 관한 보다 자세한 내용은 김경학의 글을 참고하기 바란다. 김경학, "국내 네팔 이주노동자의 초국적 가족 유대,"『남아시아연구』 제20권 2호(2015), p.35.

33 Momsen, Janet Henshall, "Maids on the Move: Victim or Victor," in Momsen, Janet Henshall(ed.), *Gender, Migration and Domestic Service.*(London, 1999); Raghuram, Parvati, "Interlinking Trajectories: Migration and domestic work in India," in Momsen, Janet Henshall(ed.), *Gender, Migration and Domestic Service.*(London, 1999); Willis, Katie and Brenda Yeoh, *Gender and Migration, Cheltenham* (UK: An Elgar Reference Collection, 2000).

을 미친다. 2008년 이후 네팔 이주노동자가 합법적인 경로를 통하여 한국으로 이주하게 되면서 국내 네팔 결혼이주여성 역시 수적으로 증가한 점은 이러한 주장을 뒷받침한다.

다섯째, 국내 네팔 결혼이주여성의 유입은 한국 정부의 결혼이민자 정책과도 밀접한 관련이 있다. 한국은 고용허가제를 통한 이주노동자의 국내 유입만 허가하고 있기 때문에 네팔여성은 상대적으로 제약이 적은 결혼이주를 통한 국민배우자의 신분으로 한국으로 유입된다. 한국의 경제발전과 더불어 고령화와 저출산의 증가, 결혼시장의 성비 불균형 같은 문제는 결혼이주여성의 유입을 위한 정부의 정책으로 이어지는데 이는 네팔여성의 한국이주에도 영향을 미친다.[34] 1992년 4명에 불과하던 국내 네팔 결혼이주여성의 수가 2000년대 중반이후 이처럼 빠르게 증가한 것이 이를 방증한다.

광주광역시 네팔 결혼이주여성의 체류현황

2015년 6월 말을 기준으로 광주광역시에 등록된 여성 국민배우자는 2,910명이며 이 가운데 네팔 출신은 40명이다. 지역별 분포를 보면 광산구에 13명, 남구에 10명, 동구에 1명, 북구에 10명, 서구에 6명이 거주하고 있다.[35] 현재 국내 네팔 결혼이주여성의 약 5%가 광주광역시에 살고 있다. 네팔 결혼이주여성은 광주광역시 전체 결혼이주여성의 0.2%미만을 차지한다.[36] 광주광역시 네팔인 결혼이주여성이 증가

34 최호림(2015b), p.37.

35 법무부, "국민의 배우자 지역별 현황(2015년 6월말 현재)," http://www.moj.go.kr(검색일: 2015.08.04).

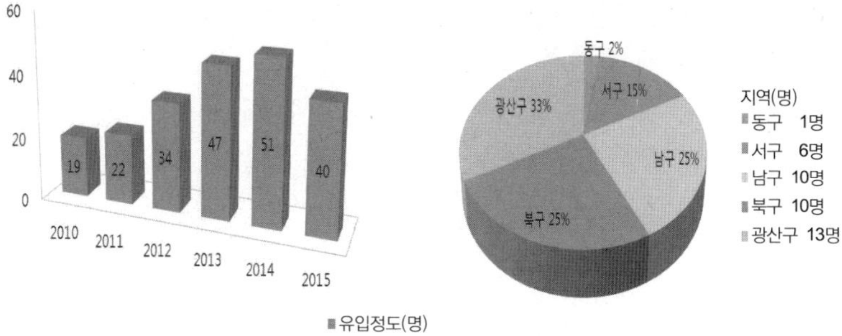

출처: 출입국·외국인정책본부(2015).

그림 2-1 광주광역시 네팔 결혼이주여성의 체류현황 및 거주분포도

한 것은 2012년 이후인데 이 연구의 전체 사례자 가운데 약 65%인 11명이 2012년과 2013년에 이주하였다.

광주광역시 네팔 결혼이주여성의 수는 2010년 19명, 2011년 22명, 2012년 34명, 2013년 47명, 2014년 51명, 2015년 6월까지 40명으로 집계되고 있다. 2010년 이후 증가하기 시작한 결혼이주여성의 수가 2014년 초에 51명으로 가장 많은 수를 차지하던 것이 2014년 말에 48명으로 소폭 감소하였으며 2015년에는 좀 더 감소하였다. 그 이유는 네팔과 한국 정부의 결혼이민자 정책의 영향으로 추정된다. 한국 정부의 결혼이민자 정책과 네팔여성의 한국이주와의 상관성은 지난 3년간의 국내 네팔여성 현황이 이를 대변하고 있다.[37]

---

36 법무부가 제공하는 동일 자료에 따르면 2015년 6월말을 기준으로 광주광역시에는 베트남과 중국 출신이 각각 749명과 1,035명으로 전체 결혼이주여성의 60%이상을 차지하고 있다. 전남과 전북을 통틀어서는 127명이 거주하고 있는데 지역별로는 광주가 40명, 전남이 42명 그리고 전북이 45명이다. 전체 네팔 결혼이주여성의 약 14% 정도가 전라도 지역에 거주하고 있다.

지금 우리나라에서 에이전시로 결혼이주 하는 거 불법이요. 한국인 남편한테 맞은 네팔 여자가 네팔에 알려졌어요. 그 여성은 3개월 간 병원에 있었어요. 신랑이 때리고 밖에 못나가도록 밖에서 문을 잠가 버렸어요. 네팔 사람들이 보는 코리아 뉴스 때문에 알려진 거요. 그런 일이 많아지니까 지금 불법이 된 거요.(2015년 6월 25일, A)

위의 내용이 네팔 정부에 보고되면서 네팔 정부가 한국으로의 결혼이주에 관여하게 되었다. 네팔 대사관은 이 여성에 관한 동영상을 상영하는 식으로 한국에 대한 결혼이주의 현실을 직시하도록 홍보하고 있다.[38] 이는 빠르게 증가하던 이주민의 수가 최근 들어 감소 추세를 보이는 것과 관련이 있어 보인다. A씨에 따르면 지금은 한국에 들어오려면 한국어 면접시험에 통과해야 한다고 한다. 따라서 결혼식을 해도 한국에 못 들어오는 사람도 많다고 한다. 네팔 정부의 정책은 2015년 국내 네팔 결혼이주여성의 감소와 관련된 것으로 추정된다. 한국으로의 이주절차가 까다로워지면서 여성들은 브로커를 통하여 불법적인 이주를 시도하기도 한다. 올해 9월에 한국에 온다는 A씨의 여동생은 언니를 통해 방문 비자를 받을 수 없게 되자 관광 비자를

---

37 2014년도 출입국 통계연보에 의하면 결혼이주여성은 국가이민 사증발급심사강화 및 국제결혼 안내프로그램 이수 의무화조치 등으로 최근 3년간 0.6% 증가하는데 그쳤다. 또한 2014년 4월 1일부터 시행된 결혼이민 비자 심사기준에서 외국인 배우자의 한국어 구사능력, 소득요건, 주거요건 등의 변경으로 비자발급 절차가 강화되었다. 이는 최근 국내 네팔 결혼이주여성의 유입 수 감소에 영향을 미친 것으로 사료된다.

38 H씨에 따르면 대사관에 가면 비디오가 상영되는데 내용은 아기를 시어머니와 남편이 데리고 가고 여자를 두고 가면 여자는 "내가 어떻게 해요, 어떻게 네팔로 돌아가요"하고 울면서 인터뷰하는 내용이다. 또 남편에게 맞아서 팔이나 다리, 허리를 다치고 인터뷰하는 것 등이 나온다. 현재는 정부에서 이런 내용을 토대로 네팔여성들에게 한국으로의 결혼이주를 결정하기 전에 심사숙고 할 것을 당부하고 있다고 한다.

받기 위하여 브로커에게 8백만 원을 주었다고 한다. 브로커는 비자를 받을 때 필요한 서류를 모두 준비해주고 이주할 때까지 뒤를 봐 주는 역할을 한다.

이주유형과 경로의 다양성

상업적인 중매결혼

국제 결혼이주의 대부분은 결혼중개소를 통해서 이루어진다. 이 연구의 전체 사례자 가운데 12명은 결혼중개소를 통해서 한국으로 왔다. 상업적인 중매결혼은 가장 보편적인 이주경로이다. 결혼중개소를 통한 결혼은 주로 마을에 떠도는 소문을 듣고 직접 찾아가기도 하지만 지인을 통해서 소개받기도 한다. 중개수수료는 개인마다 차이가 나는데 이 연구의 사례자들은 주로 40～50만 원의 수수료를 내고 한국으로 왔다. 결혼중개소는 한국인 남성에 대해서 훨씬 더 많은 돈을 받고 있다.[39] 결혼중개소는 한국과 네팔에 각각 사무실을 차리는데 사무실 운영상에는 몇 가지의 문제가 있다.

C씨의 남편은 연구자와 인터뷰하기 전까지 C씨의 학력을 대졸로 알고 있었다. 이처럼 결혼중개소에서 나이와 학력을 속이는 일은 매우 빈번하게 발생한다. 뿐만 아니라 결혼중개소에 지불하는 수수료 역시 정해진 바가 없다. 사례자 가운데 C씨는 40만원을, L씨는 100만원이 들었다고 한다. 문제는 단순히 학력과 나이를 속이고 수수료의

39 C씨의 남편은 중개소에 1,500만원을 냈다. 그 돈에는 항공료와 체류비용이 포함되어 있다고 한다. 일정은 전체 4박 5일로 정해져 있었으며 한 번에 성사되지 않으면 한 번 더 네팔에 갈 수 있다고 한다.

차이가 일정하지 않은 선에서 그치지 않는다는 점이다.

> 내 남편은 수급자라는 그거요. 결혼중개소에서 남편이 집 짓는 사람이고 돈도 많이 번다고 했어요. 네팔에 있던 사무실은 없어지고 한국인은 한국으로 들어왔고 네팔인은 우리 동네에서 도망갔대요...(중략)...결혼중개소에서 우리를 속였어요. 한 달에 200만원을 벌 수 있다고 하지, 남편이 잘해준다고 하지. 한국에 여자가 모자라서 우리가 결혼하는 거는 좋은 일 하는 거라고 말했어요.(2015년 8월 6일, H)

H씨처럼 결혼중개소에서 주는 한국인 남성에 대한 정보는 사실과 많이 다르다. 결혼중개소에서는 한국으로 시집가면 남편이 월급도 모두 맡기고 일자리도 많아서 잘 살 수 있다고 광고한다. 이러한 과대홍보는 나이가 어린 여성으로 하여금 한국으로의 이주를 선택하는 결과로 이어진다. 사례자 가운데에는 남편의 재혼 사실을 한국에 와서 알게 된 사례가 7건이며, 남성의 나이가 맞지 않는 것은 모든 사례자가 경험하였다. 여성들은 이주 초기에 한국어를 구사하지 못하므로 이러한 사실을 모르다가 1년 정도가 지나서야 알게 된다. 여성들은 남편의 재혼, 전처 자식과의 관계, 남편의 직업, 외국인 배우자 사이에서 자녀를 원하지 않는 남편과의 갈등을 경험하면서 한국으로의 이주에 대한 환상에서 깬다.

친인척 및 지인을 매개로 한 연쇄이주

친인척 및 지인을 매개로 하는 연쇄이주는 네팔과 인도 등 남아시아 국가의 이주에서 가장 강조되는 이주유형이다. 카스트에 기반 하는 사회적 네트워크는 이주동기에서 적응에 이르는 이주의 전 과정에서 이주의 안전성을 확보해 준다. 때문에 남아시아 이주에 관한 많은 연구가 남아시아 이주의 특징으로 카스트에 기반한 사회적 네트워크를 강조하고 있다.[40] 친인척과 지인 같은 사회적 네트워크를 통한 연쇄이주는 국내 네팔 결혼이주여성에게도 가장 안전한 이주유형이다. 이 연구에서 친인척과 지인을 통해서 결혼이주를 한 여성은 다섯 명으로 전체의 약 30%를 차지한다.

> 조카가 결혼중개소를 통해서 한국인과 결혼을 했어요. 나중에 남편이 사진을 보고 나를 소개해 달라고 했대요. 오빠가 조카부부에게 남편감에 대해서 조사해 보라고 했어요. 그때 조카 말고도 한국에는 오빠 친구들이 있었거든요. 가족과 친구 해서 친한 사람이 한국에 열 명은 있었기 때문에 적응하는데 쉬웠어요.(2015년 6월 22일, B)

친인척 및 지인을 매개로 하는 이주에서는 남성과 여성 구성원이 중매인의 역할을 한다. 연쇄이주에서 선이주민은 한국에서 이주노동자로 있는 가족이거나 먼저 결혼이주한 가족이나 지인이 보편적이다. 친인척을 매개로 연쇄이주 한 여성은 초기 정착에서도 어려움을 느끼지 않는다. 가족의 연쇄이주는 이주결정 및 이주과정 그리고 초기 정

40 Neetha, N., "Making of Female Breadwinners: Migration and Social Networking of Women Domestics in Delhi," *Economic and Political Weekly*, vol.39, no.17(2004), p.1685; Raghuram(1999), p.221.

착국가에서의 적응에서 매우 긍정적인 작용을 한다. 연쇄이주를 통해서 결혼이주를 한 여성은 이후 다른 가족구성원의 연쇄이주를 매개해주는 역할을 한다.

노동이주를 경유한 위장결혼

결혼이주여성의 이주유형 가운데에는 사실혼 관계에 있지만 실제 부부가 아닌 위장결혼의 성격을 띠는 유형이 있다. 이 연구에서는 한 사례에 불과하지만 A씨에 따르면 인천이나 경기도 같이 이주노동자가 밀집해 있는 곳에서는 흔한 일이라고 한다. A씨는 2010년에 이주노동자로 한국으로 왔다가 비자가 만기되면서 결혼이민자로 신분을 바꾸었다. 그녀는 결혼중개소에 수수료로 1,500만원을 지불했으며 가짜 남편에게는 비자를 연장할 때마다 100만원씩을 주기로 했다. 여성은 엄청난 비용을 치르고 한국에서 임금노동을 할 수 있게 되었지만 이들의 위치는 다른 결혼이주여성들과 비교해서 매우 불안정하다.

> 작년 10월에 영주권을 신청했어요. 출입국에서 서류를 검토하고 있었지요. 일주일 전에 출입국에서 연락이 왔어요. 남편에게 세 번 전화를 했는데 모두 받지 않아서 내 서류가 취소되었다고 했어요. 출입국에서는 남편과 함께 출입국을 방문하거나 시어머니 집에서 함께 살거나 아니면 비자 만기일 전에 네팔로 돌아가라고 했어요. 도대체 우리 남편은 어디에 있을까요? 누가 우리 남편 좀 찾아주세요.(2015년 8월 30일, A)

김현미는 상대적으로 용이한 이주방법으로 선택한 결혼이주가 위장결혼과 같이 변형된 결혼이주의 유형을 양산하기도 한다고 보았다.[41] A씨는 7월 초에 출입국에서 남편에게 전화를 걸었으나 남편과 통화가 되지 않아서 영주권 신청이 무효화된 상태다. 그녀는 내년 4월까지 비자문제를 해결하지 않으면 귀국을 하거나 아니면 불법체류자 신분이 될 처지에 놓여 있다. 이 유형의 여성은 임금노동자도 결혼이민자도 아닌 어중간한 위치이다. 이러한 유형의 이주여성은 사실상 불법체류자로 신분이 전환될 가능성이 매우 높다.

연애결혼

모든 결혼이주여성이 중매혼을 통해서 한국으로 이주하는 것은 아니다. 비록 극히 제한된 상황에서 발생하기는 하지만 결혼이주의 유형 가운데에는 연애결혼을 하는 여성이 있다. 이 연구에서는 한 사례자가 연애결혼을 하였다.

> 2007년에 오만에서 한국 건설회사의 식당일을 하면서 남편을 만났어요. 남편은 관리자였는데 매일 그 식당에서 밥을 먹었어요. 처음 만나고 2개월 지난 뒤에 남편이 "I like You" 했어요. 오만에서 4년 동안 일하면서 연애를 했지요. 그러다가 2011년에 남편은 파키스탄으로 가고 나는 네팔로 돌아왔어요. 2년간은 전화로만 연애했어요. 2013년에 네팔에서 결혼식을 올리고 한국으로 들어왔어요.(2015년 6월 28일, D)

41 김현미, "국제결혼의 전 지구적 젠더 정치학," 『경제와 사회』 통권 제70호(2006), p.15.

D씨는 광산구 평동산단의 형광등 제조공장에서 일하고 있다. 전처 아이들은 서울과 여수에서 따로 살고 있으며 자신을 엄마라고 부르지 않는다. D씨의 러브스토리는 여성들의 사적인 모임에서 종종 거론되면서 다른 이주여성들의 부러움을 사기도 한다. D씨의 사례는 다른 사례자에게 자주 거론되면서 결혼이주여성에게 가장 이상적인 결혼 유형으로 추천되고 있다.

결혼이주여성의 임금노동의 형태 및 사회문화적 의미

결혼이주여성과 임금/무임금노동의 상관성에 관심을 기울이는 연구들은 결혼이주여성과 이주노동자를 같은 맥락에서 바라본다.[42] 결혼이주여성의 이주동기에는 사실상 본국 가족에 대한 경제적 지원이 중요하게 작용하며 이는 이주 후 여성의 임금노동으로 직결된다. 최호림에 따르면 이주여성들은 가난을 면하고 가족을 돕기 위해 국제결혼을 선택한다고 한다.[43] 기존연구에서 지적하듯이 네팔 결혼이주여성 역시 정착지에서 임금노동 행위로 연결된다는 측면에서 결혼이주와 노동이주의 이주동기가 일치한다. 이 연구에서는 출산 및 육아로 인한 무직자 세 명과 남편의 일을 돕고 있는 여성 한 명, 그리고 구직중인

42 김민정·유명기·이혜경·정기선, "국제결혼 이주여성의 딜레마와 선택: 베트남과 필리핀 아내의 사례를 중심으로," 『한국문화인류학』 제39집 1호(2006); 오윤아·허재준·강대창·김유미·신민금, 『동남아 주요 국가들의 인력송출 현황과 한국의 대응방안』(서울: 대외경제정책연구원, 2012); 황정미, "'이주의 여성화' 현상과 한국 내 결혼이주에 대한 이론적 고찰," 『페미니즘연구』 제9권 2호(2009); Piper and Roces(2003).

43 최호림(2015a), p.160.

여성 한 명을 제외한 13명의 여성이 다양한 임금노동을 하고 있다.

임금노동의 형태

중소형의 공장노동자

광주광역시 네팔 결혼이주여성의 대부분은 학력과 무관하게 비공식 부문 노동에 집중해 있다. 여성들은 광산구의 하남공단과 평동공단에 밀집해 있는 중소형 공장에서 일한다. 여성들의 일은 포장이나 라벨 부착 작업, 스펀지 포장 같이 힘을 쓰는 일은 아니지만 장시간 동안 서서 해야 하는 일들이다. 힘을 쓰지 않는 단순노동은 급여가 적고 급여가 충분한 곳은 여성이 하기 힘든 일이 대부분이다. 전체 사례자 가운데 8명이 이처럼 중소형의 공장노동자로 일을 하고 있다. 이들은 월요일부터 금요일 오전 8시부터 저녁 5시까지 일을 하고 기본급여 90~100만원을 받는다. 여성의 노동시간은 유연하여 잔업이 있을 때에는 평일 밤 10시까지 일을 하거나 토요일에도 일을 한다. 기본급과 잔업수당을 합하면 평균 120~140만 원을 받을 수 있다.

이주여성들은 일을 하기 위하여 다른 지역에서 광산구로 이사를 하기도 한다. 여성들은 모두 회사 버스로 출퇴근을 하거나 지하철로 출퇴근이 가능한 거리에 산다. 대부분의 결혼이주여성이 평일과 주말의 잔업을 선호한다. 왜냐하면 기본급여가 적어 잔업이 없을 때에는 월 100만원을 벌기가 힘들기 때문이다. 많은 여성들이 사무직을 선호하고 있음에도 불구하고 대부분은 공장노동자로 일하고 있다. K씨는 공장에 다니다가 일을 그만두게 되면서 사무직 일을 찾기 시작했다.

하지만 한 달이 넘도록 일을 구하지 못하자 결국에는 다른 공장으로 일을 하러 갈 수 밖에 없었다. 시민권이 없는 결혼이주여성 대부분은 사실상 정규직원이 아니며 일이 없을 때에는 쉬어야 하는 식으로 매우 유동적인 노동자이다.

서비스업 종사자

결혼이주여성 가운데에는 자격증을 가지고 전문적인 일을 하는 여성이 있다. 이러한 사례자는 전체 3명인데 한 사람은 네팔에서 미용사 자격증을 따고 일을 하다가 한국에서 동일한 일을 하고 있고 두 사람은 한국에서 국비로 자격증을 따고 각각 바리스타와 자동차정비사로 일을 하고 있다.

> 대학에 다니다가 그만두고 미용을 배웠어요. 기술이 하나 있으면 언제 어디서든지 먹고 살 수 있다고 생각했어요. 손은 어디가나 따라가는 거니까요. 네팔에서 익힌 미용기술로 한국에서 취직을 빨리 할 수 있었어요. 지금 나가는 미용실은 한국에 와서 처음으로 일을 시작한 곳인데 사장님이 계속 나오라고 하세요.(2015년 6월 22일, B)

> 우리 외국인도 국가에서 자격증 딸 수 있도록 도와주는 게 있어요. 무료로 바리스타 자격증을 땄어요. 지금은 집 근처 카페테리아에서 일을 하고 있어요. 집에서 걸어서 출퇴근해요. 오전 9시 30분부터 밤 9시 30분까지 일을 하고 120만원 받아요. 동네 친구가 세 명 있는데 여기에 자주 놀러 와요.(2015년 7월 17일, G)

나는 자동차 거리에서 자동차정비사로 일을 하고 있어요. 한국에 와서 배웠어요. 다른 여성에 비해 급여는 더 높지만 일이 힘들어요. 그래도 나는 다른 여성들처럼 잔업이 없으면 어쩌나 하는 걱정은 없어요. 일이 너무 많아서 탈이지요.(2015년 7월 19일, R)

대부분의 결혼이주여성은 한국어를 일정 단계까지 배우고 나면 바로 일을 할 수 있는 곳을 찾는다. 여성은 한국 문화에 익숙하지 않고 의사소통이 힘들뿐만 아니라 한국 국적을 가지고 있지 않기 때문에 공장의 비정규직 노동자로 취업하는 것이 일반적이다. 하지만 소수의 사례에서는 B씨처럼 네팔에서 익힌 미용기술을 가지고 직업을 구하거나 G씨와 R씨 같이 전문적인 기술을 익힌 다음에 좀 더 안정적인 일자리를 구하기도 한다. 다른 임금노동과 비교해서 이 여성들의 일은 상대적으로 한국 경기에 영향을 받지 않고 벌이도 일정하다. 이 분야에서 일을 하는 여성들은 잔업을 걱정하거나 휴일에 다른 일을 해야 할 필요성을 느끼지 못하기 때문에 휴일이면 쇼핑이나 친구를 만나는 등으로 휴식시간을 보낸다.

시간제·임시직 노동자

전체 사례자 가운데 두 사례자는 전일제가 아닌 시간제 노동을 하고 있다. 이주여성의 시간제 임금노동은 특정한 기간에 한시적으로 발생하는 임시직의 성격을 띠기도 하지만 규칙적인 임금노동의 형태를 띠기도 한다. A씨는 영주권을 신청하고 면접을 기다리는 동안에 한국어를 배우면서 남는 시간에 시간제로 식당에 나가고 있다. 이 여성은 초복, 중복, 말복에 삼계탕 집의 일을 나갔는데 아침 10시부터 밤 10시까지 일을 해 주고 8만원을 받았다. 하지만 영주권 심사가 생각보다 길어지면서 이 여성은 임시직 형태가 아닌 매일 12시간 동안 나가는 식당일을 시작했다. 현재 A씨는 1주일 단위로 시급을 정산하고 있다. I씨 역시 매일 식당에서 일을 해 주면서 매달 말에 시급을 정산하고 있다. I씨는 6개월의 경력을 가지고 있고 180만원을 받는데 얼마 전부터 한국인이 210만원을 받는 것을 알게 되었다. I씨는 사장에게 그만 두겠다는 의사를 전달했으며 사장은 석 달 안에 사례자의 급여를 올려 주겠노라 약속을 하였다고 한다. 이처럼 결혼이주여성은 외국인이라는 신분 때문에 똑같은 일을 하고도 평가절하 되는 문제가 있다. 이러한 문제는 위의 세 유형의 임금노동 형태에서 공통적으로 문제제기 되는 부분이다.

임금노동의 사회문화적 의미 구성

초국적 가족 돌봄의 한시적 실천

국제이주에 관한 최근의 연구들은 이주민과 본국 가족과의 관계에 관심을 기울인다.[44] 이들 연구에서는 공통적으로 초국적 가족 돌봄의 실천이 송금을 통한 경제적 지원이나 정보통신기술을 매개로 하는 정서적지지 교환 그리고 모국 방문을 초국적 가족 유대의 실천으로 강조한다. 네팔 결혼이주여성 역시 기존 연구들과 마찬가지로 송금과 정보통신기술, 모국 방문이 초국적 가족 돌봄의 실천에서 중요하다.

---

44 김경학(2015); 단효홍·김경학(2015); 이은정(2015).

다만 송금이나 모국 방문과 같은 실천 방식에 있어서는 정도의 차이가 있다.

> 나는 장녀예요. 2남 2녀 동생들 공부시키기 위해서 국제결혼을 하기로 결정했어요. 매달 20~30만원씩 송금했어요. 동생들 모두 그 돈으로 공부시켰어요. 지금은 모두 대학을 졸업해서 규칙적으로 돈을 보내지는 않아요. 가끔 부모님께 20만원씩 송금하고 나머지는 모두 내 이름으로 저축하고 있어요.(2015년 5월 31일, F)

F씨 사례에서 보듯이 네팔 결혼이주여성의 송금을 통한 초국적 돌봄의 실천은 이주초기에만 한시적으로 이루어진다. 네팔여성 역시 이주의 주된 목적의 하나는 본국 가족에 대한 경제적 지원이다. 하지만 대부분의 여성은 이주초기에 규칙적인 송금을 하다가 주로 동생들이 졸업을 하면 송금을 중단한다. 이 연구에서는 친정집의 경제적 형편과 무관하게 현재까지 규칙적인 송금을 하고 있는 사례가 한 건도 없다. 여성들은 주로 명절이나 생일, 가족의 결혼과 같이 특정한 날에 송금을 하는데 온전히 여성이 임금노동으로 번 돈으로만 송금을 하고 있다.[45] 기존연구에서 결혼이주여성의 송금은 한국에서의 삶의 연속성, 한국 가정에 대한 책임감과 관련되기 때문에 한시적인 특징을 띤다고 보았다.[46] 이와 비교해서 네팔여성의 한시적인 송금은 한국 가정

---

45 2015년 4월 25일에 발생한 네팔 지진 때에도 시댁의 도움으로 송금을 한 사례자는 한 명에 불과했으며 나머지는 모두 여성이 번 돈을 송금했다.

46 임춘희, "결혼이주여성의 결혼만족도와 송금의무감이 결혼책임감에 미치는 영향," 『한국가족관계학회지』 제18권 2호(2013), p.190.

▌사진 2-3▌ 딸의 출산으로 가족초청 비자를 받아 한국을 방문하고 있는 네팔여성(오른쪽)과 결혼이주여성들(왼쪽).

에 대한 책임감보다는 오히려 네팔 사회구조 내에서의 아들과 딸의 의무와 관계가 있다.

> 네팔에서는 아들이 부모를 모시는 게 당연하다고 생각하지요. 딸만 있는 집은 부모만 따로 살아요. 사위가 허락하면 딸이 부모를 모시기도 하지만 딸에게 의지하면 동네 사람들에게 눈치를 받아요. 딸이 부모를 모시는 집은 부끄럽게 여겨요. 그래서 딸의 도움은 받고 싶어 하지 않아요.(2015년 6월 25일, A)

네팔은 엄격한 가부장제를 유지하면서 재산상속권 및 부모 부양의 의무가 아들에게 있다.[47] 출가한 딸은 친정과 분리되어 단절된 상태에 놓인다. 부모 돌봄에 있어서는 딸이 제외되기 때문에 부모는 결혼한 딸의 도움을 받는 것을 기피한다. 아들이 없는 집에서 딸과 사위에게 의지하는 것은 바람직하지 않을 뿐만 아니라 수치스럽게 생각한다. 따라서 부모는 결혼한 딸이 친정집과 거리를 두고 사는 것을 당연하다고 생각한다. 아들이 없다는 것은 늙어서 의지할 곳이 없다는 점을 넘어서 공동체 내에서도 불완전한 가정으로 여겨진다.[48]

> 결혼하고 5년 만에 처음으로 갔어요. 네팔에 가서는 가족 모두 데리고 언니가 있는 인도에도 다녀왔어요. 경비는 전부 내가 냈어요. 부모님이 너무 기뻐하셨지요. 딸이 돈 벌어서 부모님에게 맛난 거 사드리고 여행가고 하니 좋아하셨어요. 네팔에서 쓴 돈이 400만원 넘을 거예요. 모아 놓은 돈을 전부 쓰고 왔지요.(2015년 6월 22일, B)

위의 B씨 사례에서 보듯이 네팔 결혼이주여성의 초국적 가족 돌봄

47 Brunson, Jan, "Son Preference in the Context of Fertility Decline: Limits to New Constructions of Gender and Kinship in Nepal," *Studies in Family Planning*, vol.41, no.2 (2010); McHugh, Ernestine, "Moral Choices and Global Desires: Feminine Identity in a Transnational Realm," *Ethos*, vol.32, no.4 (2004). 역사적으로 네팔의 출산율 증가는 딸만 있는 가정에서 아들을 하나나 둘 얻기 위해서 출산을 멈추지 않은 데에서 비롯한다. 네팔 정부는 1960년대부터 두 자녀를 둔 가정을 "행복한 가정(happy family)"의 모델로 삼고 매체를 이용하여 적극적으로 홍보하였다. 예전보다는 여성과 딸의 가치가 높아지기고 있고 전체 출산율이 감소추세에 있기는 하나 여전히 아들을 얻고자 하는 기대는 가정 내에 팽배해 있으며 지역 공동체 내에서 아들은 여전히 중요한 가족구성원으로 인식되고 있다. Brunson (2010), pp.89-93.

48 하지만 미혼의 딸인 경우에는 부모와 가족을 돌보는 주체가 되어도 무방하다. 딸의 경제적 기여를 토대로 한 초국적 돌봄은 서아시아로 이주하는 네팔 가사노동자 사례에서 중요하게 언급되고 있다. O'Neill, Tom, "Our Nepali work is very good": Nepali Domestic Workers as Transnational Subjects," *Asian and Pacific Migration Journal*, vol.16, no.3 (2007). 이 연구에서 조사한 한 사례자 역시 딸이 보내는 규칙적인 송금이 본국에 있는 가족에게 기여하는 바가 매우 컸다.

은 모국 방문을 통해서도 실천된다. B씨는 결혼 후 5년 만에 처음으로 모국을 방문하였다. 그녀는 그때까지 모아둔 돈을 네팔에 가서 모두 쓰고 왔다고 한다. H씨는 시민권 신청에 필요한 서류를 받기 위해서 그리고 O씨는 네팔 지진 후 모국을 방문하고 왔다. 이들 역시 그동안 임금노동으로 모아 둔 돈을 모두 가족들과의 외식, 여행, 선물비로 쓰고 왔다고 한다.

네팔 결혼이주여성의 가장 이상적인 초국적 가족 돌봄의 실천은 가족의 연쇄이주를 매개하는 것이다. 결혼이주여성이 가족을 초청할 수 있는 유일한 방법은 자녀를 출산할 때이다. 사례자 가운데 B와 C, H, M, Q씨가 출산 경험이 있으며 이들 가운데 네 사람이 가족을 초청한 경험이 있다. 초청 가능한 대상은 나이든 여성으로 주로 친정 엄마가 1순위이다. 하지만 친정엄마가 돌아가셨거나 연로하거나 병중에 있는 경우에는 자매까지 초청 대상으로 허용된다. 초청된 가족이 형제자매인 경우에는 대부분 한국에서 단기간 노동을 하여 몇 백만 원정도 모아서 네팔로 돌아간다. 초청된 가족구성원의 단기간 임금벌이는 결혼이주여성의 초국적 가족 돌봄의 실천에서 가장 선호된다. 가족의 연쇄이주를 돕는 중재자로서의 역할은 결혼이주여성에게 중요한 일이다. 특히 출산을 마친 여성의 가족 초청은 매우 당연시되기 때문에 이것이 실천되지 않을 경우 부부 간의 갈등이나 의사소통의 부재를 초래하기도 한다. H씨의 경우 출산을 마쳤음에도 소득요건이 충족되지 않아 법적으로 가족을 초청하지 못하고 있다. 소득수준이 낮은 다문화가정의 H씨 사례에서 보듯이 결혼이주여성의 임금노동은 본국의 가족구성원 초청이라는 초국적 가족 돌봄의 실천을 위해서 매우 유의미하다.

소수자로서의 적응과 협상의 매개

한국의 다문화정책은 결혼이주여성을 소수자 시민으로 인정하고 이들 사회적 약자에 대한 권리 부여와 관련되기 보다는 결혼이주여성이 한국의 가부장적인 사회 내에서 재생산 역할에 기여하는 대상이라는 점에 치중해있다.[49] 이소영에 따르면 정책적으로 국내 결혼이주여성은 비시민으로 구분되어 있으면서 사회적으로 배제의 대상이라고 지적한다.[50] 결혼이주여성은 가난한 국가 출신이라는 점과 외국인이라는 두 가지의 약점을 가지고 한국에서 소수자의 위치에 놓인다. 이 여성들은 이주한 첫날부터 배우자와 그의 가족으로부터 가난하고 한국어도 모르는 바보와 같은 대상으로 취급받는다. 김민정 외의 연구에서 보듯이 이주여성들은 한국의 가부장적 사회에서 여성적인 노동을 강요당할 뿐만 아니라 가난한 아시아 국가 출신이라는 소수자의 위치성 때문에 가족 내에서 갈등을 경험한다.[51]

> 남편이 매일 돈 없다는 소리만 한데요. 친구들이 남편이 그 소리를 하면 "없다고 하면 누가 주는 거야?" 생각이 든대요. 맨날 돈 없다는 소리만 하니 달라고 하지 못하는 것 같아요. 모두들 그냥 내가 벌고 말지라는 생각을 똑같이 한다고 해요. 남편이 돈 없다고 하는데 "돈 달라", "도와 달라" 하고 싶겠어요?.(2015년 6월 22일, B)

49 조희원(2013), p.16.
50 이소영(2014), p.3.
51 김민정 외(2006).

B씨와 마찬가지로 이주여성들은 남편에게 금전적인 부탁을 하지 않는다. 여성들은 자신들이 가난한 국가 출신이기 때문에 남편에게 경제적 지원을 요구하는 행위 자체가 자신들이 얕보이는 것으로 여긴다. 사례자의 100%에서 남편의 급여 정도를 알지 못하고 있으며 남편이 매달 주는 대로 받아서 살림을 하고 있다고 한다. 여성들은 남편의 "돈 벌기가 힘들다", "돈이 없다"는 말을 벌이가 시원찮으니 자신이 임금노동을 해야 한다고 받아들이고 있었다. 금전적인 부분에 대한 대화 부족은 남편에 대한 불만 가운데 가장 큰 부분을 차지하며 남편에 대한 불신 역시 금전적인 불만에서 비롯한 의사소통과 관련이 있었다.

> 네팔에는 한 번 다녀왔어요. 친정엄마가 돌아 가셔서 네팔에 다녀와야 했는데 집에서 돈을 주지 않았어요. 그때는 내가 아기 낳고 얼마 지나지 않아서 돈을 벌지 않고 있었거든요. 내가 돈이 없으니 비행기 표만 끊어 달라고 했는데...결국 나는 엄마 장례식에 참석을 하지 못했죠. 그때부터 나는 남편을 믿지 않아요.(2015년 8월 6일, H)

여성들은 가정 내에서 소수자로서의 위치성을 느끼면서 임금노동의 필요성을 인식한다. 임금노동 여부는 가정에서 여성의 임파워먼트를 확보하는데 있어 중요한 역할을 한다. 여기서의 임파워먼트는 가정 내에서 여성의 경제적 독립과 자존감 향상과 관련이 있다.[52] 여성은 배우자로 하여금 후진국 출신의 가난한 여성이라는 이미지를 벗어나고 가정에서 주도적인 소비를 할 수 있는 것을 중요하게 여긴다. 즉

---

52 이동옥, "네팔의 생태여행과 여성들의 관계, 우정, 연대-'쓰리시스터즈'를 중심으로," 『젠더와 문화』 제5권 제1호(2012), pp.32-33.

여성의 임금노동은 다문화가정에서 발생할 수 있는 갈등을 줄이고 여성이 경제적으로 독립적인 주체가 되는데 필요하다고 하겠다.

> 언제든지 네팔에 갈 수 있어요. 곧 남동생이 결혼할 텐데 그때도 돈을 좀 보내려고 생각하고 있어요. 치사하게 남편에게 달라고 하겠어요? 나도 이제는 능력이 되요. 남편이 이혼하고 나와는 재혼인지 모르고 왔어요. 우리 둘은 사이가 나빠요. 말이 통하지 않지요. 나는 네팔 가족 이야기 하지 않아요. 남편이 딸 하나 낳자고 하는데 하는 거 봐서요. 지금은 그러고 싶지 않아요.(2015년 7월 19일, L)

가정 내에서의 자녀출산에 대한 계획과 결정은 여성의 위치에 따라서 유동적이다.[53] 여성의 경제적 지위가 높아질수록 가정 내에서 발생하는 문제에 대한 의사결정이 커지는데 이는 자녀계획에도 영향을 미친다. 이주여성 역시 경제적 지위와 가정 내에서의 출산결정권은 비례한다. H와 L씨 사례에서 보듯이 이주여성의 임금노동은 가정에서 여성의 경제적 자립심을 키워줄 뿐만 아니라 주체적인 의사결정에 대한 자신감으로 연결되고 있다.

여성은 임금노동으로 저축이 늘어날수록 본국을 방문하는 시기나 송금에 대한 자기의사가 분명하게 표출된다. 이주 초기에 여성은 가정 내에서 잘 적응하는데 관심을 가지지만 점차 시간이 지날수록 경제력을 확보하여 독립적인 주체가 되려는 열망이 강해진다. 사례자 대부분은 남편이 주는 생활비에 불만을 갖지 않는다. 규칙적이지 않

53 Morgan and Niraula(1995), p.545.

더라도 주는 돈 이외의 생활비는 본인이 벌어서 충당하겠다는 식이다. 여성들은 "내가 번 돈은 내가 저축하고 남편이 번 돈은 남편이 알아서 하고"라는 H씨의 말에 모두 공감하고 있다.

여성이주에 관한 연구에서는 집 안팎에서 임금/무임금노동을 병행하는 여성이 가정 내에서 경제적 지위가 상승하면서 젠더위계의 변화를 수반한다고 한다.54 이 연구들이 강조하는 것은 이주가정 내에서 여성의 경제적 기여에 따른 여성의 의사결정권과 소비결정권 같은 젠더역할에 관한 이데올로기의 변화이다. 네팔 결혼이주여성의 임금노동에 따른 경제적 독립은 가정 내에서의 젠더위계에 대한 협상과 함께 소수자 주체성의 확보에 긍정적인 영향을 미친다고 하겠다.

'금의환향'과 '코리아 드림'의 실천

여성은 임금노동을 하면서 모은 돈으로 고향에 목돈을 송금하기도 하는데 이 돈은 투자의 목적이 있다. 여성들은 노후에 언제든지 고향으로 돌아가서 살 수 있을 것이라는 희망을 가지고 있으며 이를 실천하기 위해서 임금노동을 지속해야 한다고 여긴다. 아시아 유동성은 여성이 초국적 가족과 사회 내에서 독립적인 개인이라는 새로운 주체성 형성에 영향을 미친다.55 네팔 결혼이주여성은 한국으로 이주한 직

---

54 Brettell, *Anthropology and Migration: Essays on Transnationalism, Ethnicity, and Identity* (Walnut Creek: Altamira Press, 2003); Gardner, Katy and Filippo Osella, "Migration, Modernity and Social Transformation in South Asia: An Introduction," in Gardner, Katy and Filippo Osella(eds.), *Migration, Modernity and Social Transformation in South Asia.*(New Delhi, 2004); Pappas-Deluca, Katina, "Transcending Gendered Boundaries: Migration for domestic labour in Chile," in Momsen, Janet Henshall(ed.), *Gender, Migration and Domestic Service.*(London, 1999).

후에 나이가 많고 재혼이며 가난한 남편과 마주하면서 결혼에 대한 환상으로부터 깬다. 여성은 이와 같은 환경에 적응하는 과정에서 이혼하기도 하지만 대부분은 스스로가 한국의 이주노동자로 신분을 바꾸어 인식한다.[56]

> 집에는 1,500만원을 줬고 나머지는 내 이름으로 저축하고 있어요. 그렇게 모은 돈이 6,000만원 넘었어요. 엄마는 내가 한국으로 나가는 것을 반대하셨어요. 그런데 지금은 동네에서 내 얘기를 하면서 자랑스러워한다고 해요. 딸이 한국으로 가더니 돈을 많이 벌어서 잘 살고 있다고 말하고 다닌대요. 그 돈으로 3층짜리 집을 지어서 한 층을 내가 쓸 거라는 꿈을 꾸고 있어요.(2015년 6월 25일, A)

L씨 역시 A씨와 마찬가지로 부자가 되어야겠다는 목표를 세워두고 무조건 돈을 버는 것이 자신의 꿈이자 목표라고 말한다. 결혼한 지 2년 내에 이혼한 사례자 2명과 결혼생활을 유지하고 있는 3명은 고향에 돌아갈 때를 생각하며 임금노동을 한다고 응답하였다. 여성들은 국민배우자라는 신분으로 비자걱정 없이 임금노동을 할 수 있게 된 것에 만족하면서 언젠가는 '금의환향' 할 때가 올 거라는 희망을 갖는다.

---

55 O'Neill(2007), p.303.

56 통계청에 따르면 2013년 다문화가정 내 이혼건수는 13,482건이며 이 가운데 결혼이주여성의 이혼건수는 7,588명이고 한국인귀화자의 이혼건수는 3,245건이다. 광주광역시에서는 2015년에 등록된 다문화가정 이혼건수가 300건이다. 통계청, "지역별 다문화 이혼," http://kostat.go.kr(검색일: 2015.10.11). 광주광역시에 등록된 네팔 결혼이주여성 가운데 약 50%를 차지하는 이 연구의 사례자 가운데에는 이혼건수가 2건이었는데 이 가운데 1건만 2015년에 이혼하였다. 통계청 자료에 의하면 매년 전국적으로 1만 건 이상의 이혼건수가 발생하는데 상대적으로 네팔 결혼이주여성의 가정 내에서의 이혼율은 낮은 편이다.

> 처음에는 한국에 가면 돈 벌어서 집에 보낼 수 있다는 꿈이 생기지요. 매우 좋은 미래가 있다고 생각해요. 막상 한국에 오면 생각만큼 돈을 보낼 수 없지만 네팔에서는 그게 환상인지 몰라요. 한국에 대해서 무조건 좋게 생각하는 거예요. 와서 보니 좋은 삶과는 무관하네요. 다 힘들고 우리 여자들 살기 어렵고 그러잖아요. 그러니 신랑과 바이바이 하기도 하고 불법 체류하기도 하고 그런 사람 많아요. 잘 사는 사람도 있지만 힘든 사람이 더 많아요. 하나님께 매일 "일하게 해 주세요, 일을 주세요." 이렇게 말해요. 일을 달라는 기도를 제일 많이 하고 있는 것 같아요.(2015년 6월 25일, A)

네팔여성이 느끼는 '코리아 드림'은 과거 한국인이 느낀 '아메리카 드림'과 같은 것이다. 여성들은 네팔에서 느낀 '코리아 드림'을 실천하기 위하여 임금노동을 지속한다. 여성들은 한국인 남성 배우자가 나이가 많고 건강하지 않고 직업이 변변치 않다는 이유로 네팔로 돌아가겠다는 결정을 내리지 않는다. 비록 좌절된 '코리아 드림'이라고 하더라도 결혼생활 유지 여부와 상관없이 여성은 스스로가 경제력을 확보해 나가면서 또 다른 식의 '코리아 드림'을 실천해 가고 있다. 이주여성에게 가장 가치 있는 삶이란 경제적 독립과 함께 경제력을 확보한 상태를 말한다. 여성들은 경제력 확보를 통한 '코리아 드림'을 실천하기 위하여 임금노동을 지속하고자 한다. 여성들은 잔업이 없는 상태를 가장 우려하면서 잔업이 없는 날이나 휴일에 할 만한 아르바이트를 찾기도 한다.

결 론

2000년대 중반부터 시작된 국내 결혼이주여성에 대한 학문적, 사회적 관심에도 불구하고 이들에 관한 연구는 연구대상의 다양성과 출신 국가의 문화적 특수성을 충분히 고려하고 있지 못하다는 아쉬움이 있다. 이 연구는 수적으로 전체 결혼이민자의 0.7%에 불과하지만 최근에 그 증가폭이 커진 네팔 결혼이주여성의 이주와 한국사회에서의 적응에 관하여 살펴보았다. 특히 국내 결혼이주여성의 다양성과 문화적 특수성에 천착하여 네팔여성이 한국으로 이주하는 과정과 함께 네팔 결혼이주여성의 임금노동을 행위성의 관점에서 분석하였다.

국내 네팔 결혼이주여성은 주로 타망족, 라이족, 구룽족 같은 몽골계 종족들로 구성되어 있기 때문에 한국사회에서 거부감 없이 수용될 수 있었다. 외적인 유사함과 종교적 친숙함 그리고 네팔 사회의 뚜렷한 젠더관념 같은 요소는 한국의 다문화가정에서 발생할 수 있는 갈등을 최소화시키는 요인이다. 네팔여성은 네팔과 한국 정부의 결혼이민자 정책과 아시아의 유동성 증대에 영향을 받으면서 한국으로 결혼이주하고 있다. 대부분은 결혼중개소를 통해서 이주하지만 사회적 네트워크를 통한 이주가 가장 안전한 정착을 제공한다는 측면은 남아시아의 다른 이주와 유사하다.

네팔 결혼이주여성 역시 다른 국가 출신의 결혼이주여성과 마찬가지로 이주노동자와 국민배우자의 성격을 모두 가지고 있다. 이주 초기에 여성은 국제이주 한 노동자와 마찬가지로 본국에 있는 가족에 대한 돌봄을 실천하기 위해서 송금을 한다. 하지만 송금이나 모국 방문을 통한 초국적 가족 돌봄의 실천은 이주노동자와는 달리 지속적이지는 않다. 이는 네팔 사회구조 내에서 딸과 아들의 부모 돌봄 의무에 관한 관념 같은 문화적 특수성과도 관련이 있다. 일정 기간이 지나면 임금노동의 목적은 송금이 아닌 자신의 삶과 좀 더 밀접해진다. 여성의 임금노동은 가정 내에서의 경제적 임파워먼트를 행세하는 것에 더 중요하게 의미부여가 된다. 여성의 임금노동은 스스로가 후진국 출신의 외국인이라는 위치에서 느끼는 한계를 극복하기 위한 수단으로 의미화된다. 네팔 결혼이주여성의 임금노동에는 송금이나 모국 방문, 가족구성원의 초청 같은 초국적 가족 돌봄의 실천을 넘어서 한국사회에서 소수자라는 위치성을 극복하기 위한 실천이라는 중첩적인 의미가 내포되어 있다.

결혼이주여성의 대부분은 비공식 부문의 노동에 종사하면서 시간제로 급여를 받고 있다. 네팔 결혼이주여성은 시민권을 받는 것을 정규직 직원이 될 자격이 되는 것으로 이해한다. 이러한 현실은 다문화사회로 진입해 있는 한국사회에서 국내 결혼이주여성의 불안정한 위치성을 드러내는 대목이다. 결혼이주여성에게 소수자로서의 지위를 확보해 주고 노동의 기회와 권리를 제공하는 것은 우리사회가 진정으로 다문화를 수용하고 다문화가족 구성원 모두를 국민으로 인식하는 일이 될 것으로 사료된다.

광주지역 화교의 초국가적 성격과 전망

김경학 (전남대학교 인류학과 교수)

1992년 한중 수교 이후 한국 정부의 중국과의 관계 개선과 활발한 경제 교류는 한국 화교의 초국가적 공간의 확대를 가져왔다. 중국과 같은 사회주의권 국가들까지 영향권을 넓힌 글로벌 경제의 위력이 한국사회 내에서 소수자로서 위축된 삶을 살아왔던 한국 화교의 활동공간을 크게 확장시킨 결과를 가져왔다.

머리말

1948년 남한 정권이 수립되면서 외국인 출입이 규제되어 그간 활발하였던 중국인의 한국으로의 이주가 중단되었다. 또한 1949년에 중국에 공산정부가 수립되면서 중국인의 외국 출국이 금지됨으로써 한국에 체류하던 중국인의 귀향이 불가능하게 되었다. 불가피하게 한국에 정착하게 된 한국 화교들은 공산화된 중국과의 연결을 단절당하고 당시 자유진영에 속하는 중화민국의 국적을 취득하게 되었다.

이들의 한국생활은 한국정부의 다양한 규제와 구조적인 차별 속에서 정치·경제적, 사회·문화적으로 한국사회의 주변적 지위에 머물러야 했다. 한국에서의 주변적 지위를 극복할 수 있는 하나의 탈출구는 대만, 일본, 미국 등으로 유학과 이민 목적의 재이주였다. 한국에서 고등교육을 받은 화교라 하더라도 화교에 대한 차별적 구조 때문에 기업이나 회사에 취업하는 대신 포목점, 식품대리점, 중화요리점에 종사하는 부모의 가업을 이을 수밖에 없었다. 자신들이 경험한 어려움을 대물림하지 않기 위해 여건이 되는 화교 부모들은 자녀를 대만 등으로 유학 보내고자 하였다. 경제적으로 형편이 좋은 소수의 화교는 자녀를 미국으로 유학을 보내거나, 아예 미국으로 이민을 갔다. 한국 화교의 대만과 미국 등으로의 이러한 재이주는 1970~1980년대에 대거 발생하였으며 이로 인한 화교의 인구수에도 큰 변화가 있었다.[1]

해외로 이주했던 한국 화교들은 '한국 화교 디아스포라'가 되었다. 1992년 한중 수교 이후 산동성의 옌타이(煙臺)와 위하이(威海)에서 활발히 진행되고 있는 보따리 장사와 소규모 무역거래 및 다양한 업종의 경제활동을 통해 한국 화교의 초국가적 공간은 확장되었다. 한국 화교의 고향방문으로 시작된 중국과의 교류는 한국 내에서 다양한 규제들로 인해 늘 주변화 되었던 한국 화교로 하여금 다시 한 번 경제적인 틈새를 찾을 수 있는 계기로 작용하고 있다.

국제적 이주자들은 지리적, 문화적, 정치적 경계를 넘나들며 모국과 정착국 간을 연결하며 사회적 장social fields을 만들어가고 있으며, 이러한 과정은 흔히 초국가주의로 정의되고 있다. 초국가적 이주자들은 국경을 넘나들며 가족과 친족, 경제, 사회, 종교, 정치 등의 영역에서 다중적인 관계를 발전시키고 있다.[2] 특히 인터넷과 같은 통신수단

1 예컨대 1970~1975년 사이에는 한국 화교 인구가 3만 2-3천 명을 유지하였다. 박은경, 『한국 화교의 種族性』, 한국연구원(1986), p.118. 그러나 1990년에는 약 1만 명이 줄어들어 2만 2천여 명 수준으로 크게 감소되었다. 박정동·박현옥, 『한국 화교(인천 화교)의 경제활동 및 사회적 지위에 관한 연구』 인천발전연구원(2003), p.20. 1970년~1979년 사이의 한국 화교의 대만 행 비자 발급 건수는 1970년 972건에서 1975년 2,473건, 1979년에는 4,312건으로 점차 증가추세였다. 또한 한국 화교의 대만 대학 및 전문학교 졸업생 수도 1955년 9명이었던 것이 1978년에 232명으로 증가하였다. 이효재·박은경, "한국 화교 및 화교 이동에 관한 연구", 『한국문화연구원논총』(1981), pp.235-236. 대만 국적자의 출입국 통계를 근거로 볼 때 1970~1980년대 사이에 미국으로 약 1만 5천명, 대만으로 1만 명, 일본으로 6천여 명 이주해 간 것으로 추정하는 주장도 있다. 미국으로의 이민은 한국에서 직접 이주자뿐만 아니라 대만으로 이주한 후 다시 미국으로 이주한 사례가 많기 때문에 이들을 포함한 것으로 추정된다.

의 발달은 초국가적으로 흩어져 살고 있는 국제 이주자들의 '거리의 종말'the death of distance[3]을 가져왔다. 혁신적인 통신수단의 발달과 이를 사용하는 사람들의 급증은 지구상에 널리 이산된 이주민들을 연결해주는 소위 '사회적 접착제'social glue 역할을 하고 있다.[4]

1970~1980년대에 걸쳐 이민과 유학 목적의 대규모의 해외 이주에도 불구하고 해외 거주 화교들은 한국 화교와의 초국가적 네트워크를 유지하였다. 1990년대 인터넷과 국제 항공 산업으로 대표되는 교통과 통신수단의 획기적인 발달로 한국 출신 화교들의 초국가적 성격은 한층 강화되었다. 한국과 해외에 정착한 화교들은 친인척과 지인들과 일상적인 내용을 전화, 이메일, 스카이프 화상통화, 카카오 톡 등 혁신적으로 발달한 통신수단을 통해 상호 교류를 하고 있다. 한국 출신 화교들은 이러한 통신수단을 통해 자신이 거주하고 있는 화교 사회의 새로운 소식과 정치·경제적 상황을 한국과 해외 다른 곳에 거주하는 친인척에게 전달하고 있다. 이들은 자녀 교육문제나 신변잡기적인 내용조차 친인척들과 면대면 관계가 아닌 정보통신기술을 이용해 공유하고 있다. 또한 이들은 항공 산업과 같은 교통수단의 발달로 과거에 비해 상대적으로 신속하고 편리하게 가족의 애경사, 성묘, 휴가 등을 위해 직접 상호 방문하고 있다.

한국 화교에 대한 대부분의 기존 연구들은 종족성ethnicity과 종족집

---

2 Basch, L. Glick Schiller et al. 1994, *National unbound: Transnational Projects, Postcolonial Predicaments and Deterritorialzed Nation-States* (Langhorne: Gordon and Breach, 1994).

3 Cairncross, F., *The death of distance* (London: Orion House, 1997).

4 Vertovec, S., "Cheap Calls: the social glue of migrant transnationalism", *Global Networks* vol.4, no.2(2004).

단ethnic group을 중심 개념으로 삼아 한국 화교가 차별적 구조로 인해 주변화 된 지위 속에서도 경제적 적소를 찾아가면서 중국인으로서의 정체성을 유지해 나가거나 적응하는 과정에 관한 연구[5], 정체성 관련 연구[6], 한국 화교의 차별과 인권실태 등에 관한 연구[7], 한국화교의 사회적 지위와 관계의 공간 등에 관한 연구[8] 등 다양한 주제로 그간 한국 화교에 대한 연구가 이루어졌다. 한국 화교의 초국가적 성격에 관한 대표적인 연구에는 초국가성과 이주민의 정체성을 다루고 있는 소수의 연구들[9]이 있다. 이 연구들은 1992년 한중수교 이후 한국 화교의 중국의 위하이와 옌타이로의 경제활동 영역의 확장에 따른 초국가성과 이주민 정체성 형성에 대해 주로 논의하고 있다.

본 연구는 한국 정부의 화교에 대한 차별적 정책이 심화되었던 1970~1980년도에 주로 대만과 미국 등지로 이주한 한국 화교의 국제

---

5 박은경, 1982, "화교의 종족 정체성과 이동의 관계", 『현상과 인식』 제6권 4호, pp. 180-216(1982); 박은경, 『한국 화교의 種族性』, 한국연구원(1986); 김기홍, 『재한화교의 Ethnicity에 관한 연구: 재한화교의 적응과정에 대한 사례를 중심으로』 고려대학교 대학원(1995).

6 윤영, 『한국 화교의 정체성 연구: 부산지역 화교사회에 대한 설문조사를 중심으로』 부경대학교 대학원(2008); 노혜진, 『차별과 타자화 속의 한국 화교의 정체성: 광주지역 화교를 중심으로』 전남대학교대학원(2012).

7 박경태, 2004, "한국사회에서 화교들이 느끼는 차별의 수준", 최협 외 편집 『한국의 소수자, 실태와 전망』 (한울아카데미, 2004); 이윤희, "인천 거주 화교의 인권실태 및 정체성" 최협 외 편집 『한국의 소수자, 실태와 전망』 (한울아카데미, 2004).

8 이창호, 『한국화교의 사회적 공간과 장소: 인천 차이나타운을 중심으로』한국학중앙연구원 한국학대학원 인류학전공 박사학위 논문(2007); 이창호, "한국 화교의 사회적 지위와 관계의 공간: 인천 화교의 관시와 후이를 중심으로", 『비교문화연구』 제14권 1호, pp.75-122(2012).

9 김기호, 『초국가 시대의 이주민 정체성: 한국 화교의 사례연구』서울대학교 대학원(2005); 장수현, "이산민의 초국가성과 다층적 정체성: 중국 위해의 한국 화교에 대한 사례연구", 『현대중국연구』 제11권 2호, pp.263-297(2010).

적인 이산(離散)과정, 초국가적 정체성 형성, 화교의 초국가적 성격을 강화시킨 통신수단의 발달, 혼인 관계 등에 대한 분석을 통해 화교의 초국가적 성격 규명과 전망을 그 목적으로 한다. 이를 위해 본 연구는 우선 광주의 화교 곡씨(曲氏)가와 강씨(姜氏)가가 보이는 초국가적 이주 과정과 이 과정에서 형성된 초국가적 정체성, 온라인·오프라인에서의 초국가적 네트워크 유지에 관해 논의하고 있다. 다음으로 경제적 상황에 따라 초국가적 이주가 모든 화교사회에 균질적이기 보다는 차이가 있음을 지적하고, 앞서 언급되었던 내용들을 토대로 화교의 초국가적 전망에 대한 논의가 이어질 것이다.

본 연구를 위해 2011~2012년에 걸쳐 약 6개월 동안 27명의 광주 화교들[10]에 대한 심층 인터뷰가 수행되었다. 이들은 세대별로 중국에서 출생하여 어린 시절에 온 1.5세대 2명, 한국에서 출생한 2세대 16명과 3세대 9명으로 구성되어 있다. 연구 대상 27명 가운데 12명은 광주에서, 8명은 광주를 제외한 호남지역에서 그리고 남은 7명은 산동성, 김해, 안동, 인천, 평택, 부산에서 출생하였다. 사실 광주지역에 거주하는 화교들 가운데는 광주에서 출생한 화교뿐만 아니라 국내 타 지역에서 출생하여 결혼과 경제적 활동을 이유로 광주에 정착한 화교들도 적지 않다[11]. 또한 1970~1980년대 화교의 해외 이주와 1992년 중국으로의 초국가적 관계의 확산 과정은 광주 화교에게도 유사하게

10 이 연구에서 '화교'로 지칭되는 사람들은 1992년 이후 한국에 유학 등으로 중국에서 입국하여 체류하는 소위 '신화교'가 아님을 밝혀둔다.

11 화교들의 종족 내혼의 관습으로 결혼으로 인해 국내 이주를 경험한 화교들의 수가 적지 않다. 따라서 광주에 거주하는 화교들 가운데 광주 출생이 아닌 국내 타 지역 출신 화교들의 수가 적지 않다.

경험되었을 것으로 추정된다.[12]

마커스Marcus[13]는 여러 개의 조합된 지역성이 보다 넓은 사회·문화적 상호관계 속에서 조명되는 양상을 규명해야 함을 강조하면서 '다중적 지역'multi-sited 현장연구를 제안한 바 있다. 사실 한국 화교의 초국가성을 규명하고자 한 본 연구가 대만과 미국 등에서도 현지조사를 수행함으로써, 국가적 경계를 초월하여 다양한 국면에서 상호작용하는 한국과 해외에 거주하는 화교들의 초국가적 활동에 대한 자료가 수집되었어야 하나 광주 지역 화교에 한하여 자료가 수집되었다는 기본적인 한계가 있음을 밝힌다.

광주 화교의 초국가적 이산(離散) 과정과 정체성

광주지역 화교 사회

1882년 임오군란 직후 조선이 일본세력을 견제하기 위한 목적으로

12 화교 자체가 이동성을 강하게 가지고 있는 종족 집단이며, 한국 사회 내에서 한정된 인적 물적 자원을 동원한 삶을 살아왔으며, 이들은 특정 지역의 화교라는 지역적 정체성보다는 한국 화교라는 보다 거시적 정체성을 지니고 있는 경향이 있다. 예컨대 1980년 5.18을 광주에서 경험한 일부 화교가 광주의 역사적 사건 경험으로 당시 광주 화교의 불안감이 다른 지역의 화교보다 더 컸을 가능성은 생각해 볼 수 있다. 그러나 당시 해외로의 이주가 광주의 역사적 사건으로 광주에서만 더욱 심했다는 객관적인 자료는 발견할 수 없었다. 사실 베트남의 공산화 이후 5.18 등 한국의 불안한 정치적 상황으로 인해 광주 화교뿐만 아니라 한국 화교 전반이 정치적 불안감을 적지 않게 경험하였을 것으로 짐작된다. 본 연구가 광주지역에 거주하는 화교를 대상으로 자료를 수집하였지만, 이들과의 인터뷰에서 광주지역의 화교에서만 드러나는 지역적 정체성을 발견하기란 쉽지 않았다.

13 Marcus, G.E., "Ethnography In/Of the World system: The Emergence of Multi-Sited Ethnography", *Annual Review of Anthropology*, vol.24, pp.95-117(1995).

청국 군대의 원조를 요청하면서 체결한 '조청상민수륙무역장정'(朝淸商民水陸貿易章程)에 의해 청국 군역상인의 입국이 한국 화교의 정착의 시작이었다.[14] 청국의 압력에 따라 조선은 부산, 인천, 원산, 군산, 목포 등을 개항하고, 이후 부산과 원산에 각각 청국의 조계지가 설치되었으며 이 과정에서 화상 상권이 점차 확대되었다. 그러나 1894년 청일전쟁 이후 군대와 공사관 직원뿐만 아니라 청국 상인들도 중국 산동성으로 돌아갔다.[15] 1921년 이후 중국공산당과 국민당 간의 내전으로 인한 정치·경제적 불안으로 산동성 출신의 중국인들이 만주와 한반도로 이주하였다.[16]

1920년대 일본 자본이 한반도로 본격적으로 진출하면서 시작된 일본 식민정부의 대규모 건축과 토목공사에 필요한 기술자들은 중국 산동성에서 충원되었으며, 이들과 함께 포목상, 이발사, 요리사들도 진출하였다. 지속적인 중국인의 유입으로 1920년에 2만 3천여 명이던 화교 수가 해방 이전인 1943년에는 7만 5천여 명으로 증가하였다. 그러나 1945년 해방과 남북분단으로 화교 인구가 감소하였으며, 1948년 남한정부의 외국인 출입규제와 1949년 중화인민공화국의 중국인에 대한 이주 억제책으로 1949년에는 한국에 2만 2천여 명 정도의 화교만이 있었다.[17]

이승만 정권의 '창고봉쇄조치'와 '외국인에 대한 외환규제법' 제정

14 담영성, 『조선말기의 청국상인에 관한 연구』단국대학교 대학원(1976), p.9.

15 박은경(1986), pp.44-47.

16 곽병곤, 2002, 『한중수교 이후 재한 화교사회의 변화에 관한 연구』고려대학교 대학원(2002), p.16.

17 박은경(1986), pp.71-72.

으로 많은 수가 무역업에 종사하던 화교들은 경제적 타격을 입었다.[18] 무역업 종사가 불가능한 상황에서 경제적 난관을 타개하기 위해 화교가 선택한 직종은 중화요리 요식업이었으며, 1960년대 말 무렵에는 전체 화교 인구의 약 70%가 요식업에 종사하였다.[19] 1968년 '외국인토지법'과 1970년 '외국인토지취득 및 관리에 관한 법'의 제정으로 화교들의 부동산 소유 제한이 이루어지자 대부분이 중국 음식점을 운영하던 화교들의 영업확장이 가로막혔다. 또한 자장면 값 동결과 중국 음식점의 '쌀밥 판매 금지법' 등의 조치와 영업세와 부과세 등의 세금의 증세는 화교들의 경제력 확대를 제한시켰다. 더구나 한국인이 중화요리 요식업에 종사하기 시작하면서 화교들의 독점적 경제영역이 크게 약화되었다.[20]

각종 차별적 규제와 독점적 경제영역의 약화로 화교들이 1970년대 들어 선택한 타개책은 해외, 특별히 대만으로의 이주였다. 당시 대만 정부의 화교 교육에 대한 정책적 지원과 간소한 이민절차로 유학과 이민을 목적으로 많은 수의 화교가 대만으로 이주하였다. 특히 대만에 친인척이 체류하는 화교는 대만으로 이주하는 일에 있어서 큰 도움을 받았다. 대만으로의 이주 외에도 경제적으로 형편이 나은 소수의 화교들은 일본과 미국으로 이민하였으며. 미국에 정착한 화교는 한국인이 다수 거주하는 로스엔젤리스에 정착하여 중화요리 요식업

18 박정동·박현옥(2003), p.73.

19 박은경(1982), pp.201-202.

20 한국인이 경영하는 고급 중화요리점은 중국인 주방장과 종업원을 고용하고 화려한 내부시설을 갖춤에 따라 명성 있던 화교 중화요리점이 폐업하는 일들이 속출하여 화교 중화요리점의 수가 크게 줄었다. 박은경(1982). pp.205-206.

과 식품대리점에 종사하였다. 화교를 포함한 외국인에 대한 법적 제도적인 차별이 완화되기 시작한 것은 1990년대 이후이며, 특히 1997년 한국 정부는 IMF로부터 구조조정을 요구받아 외국인 투자유치를 위해 외국인의 토지 등 재산소유에 대한 제한을 완화시키는 조치를 취했다. 또한 2002년 출입국 관리법의 개정으로 화교처럼 장기 체류하는 외국인에게 영주권이 부여됨으로써 화교의 법적 지위가 다소 개선되었다.

광주지역 거주 화교 수는 1911년 23명에서 1930년 388명으로 크게 증가하였으며 1965년에는 499명으로 증가하였다. 이러한 증가세는 화교가 대만 등 해외로 본격적인 이주가 시작되는 1970년대 중반인 1975년에 482명으로 감소세로 돌아섰다. 해외로의 이주 물결이 진정된 1995년에는 393명의 화교가 광주에 있었으며 2010년 현재 334명의 화교가 광주에 거주하고 있다.[21] 『광주출입국관리통계연보』에 따르면 2010년 현재 동구에 112명, 북구에 73명, 광산구에 56명, 남구에 53명, 서구에 40명의 광주 화교가 거주하고 있다.

사실 광주화교의 초기 정착지는 현재의 광주광역시 동구 일대에 속하는 계림동, 산수동, 충장로, 금남로 등이었다. 산수동 농장다리 인근 및 계림동에서 배추와 부추 등 채소재배가 이루어졌으며 계림동에는 화교학교가 위치해 있었다. 또한 일제 강점기 때부터 유명했던

---

21 1911~1942년의 광주화교 인구는 『조선총독부통계연보』, 1965~1978년 인구는 『광주통계연보』, 1994~2010년 인구는 『출입국관리통계연보』를 참조하였음. 그러나 광주화교협회의 자료에는 350명의 화교가 거주하고 있는 것으로 나타나는데, 이러한 통계치의 차이는 해외로 이주한 화교와 국내 다른 지역에 거주하는 일부 화교가 협회 자료에 여전히 포함되어 있는데서 기인한 것으로 사료된다.

그림 3-1 광주 화교 소학교 건물. 1948년 개교한 '광주 화교소학교'는 2016년 1월에 지역의 재개발사업으로 역사 속으로 사라질 예정이다.

화흥루(和興樓), 연빈루(宴賓), 아서원(雅敍園), 공화루(共和樓) 등의 중화요리점들과 '협원성', '덕생복' 등 포목점들은 금남로와 충장로에 위치했다.22 현재까지도 광주에서 '명성'을 유지하고 있는 화교 중화요리점인 '영안반점', '신락원', '대흥반점', '제일반점' 등은 충장로 일대에 위치해 있다. 이들 중화요리점은 '영안식품', '영홍식품' 등 식품도매점이었으나 한국인 식품도매점이 증가되자 업종을 변경한 것이다. 2012년 현재 광주지역 화교들의 경제활동 분야는 매우 단조롭다. 전국적으로 그렇듯이 광주에 가장 많은 수가 종사하는 화교의 업종은 중화요리점으로 2012년 현재 25곳이 운영되고 있으며, 한의원 3곳, 중국어학원 3곳, 주단점 2곳, 식품종합상사 2곳, 주물공장 2곳, 시계점과

22 박선홍, 1994, 『광주 1백년』, 금호문화(1994), p.81.

양과점 각각 1곳이 화교에 의해 운영되고 있다.

부산의 대만 대표부 관할 하에 있는 광주화교협회는 계림동에 위치한 광주화교소학교 내에 있다. 협회의 주요 업무에는 광주지역 화교들이 필요로 하는 다양한 증명서의 갱신 및 비자 발급, 출생과 사망 신고 접수, 국내외 이주 상황파악 등이 있다. 광주화교소학교는 1948년에 개교하였으며 1965년에 중학교와 1972년에 고등학교가 각각 신설되었다. 중고등학교 과정이 신설되기 이전에 광주화교들은 부산과 서울의 화교중등학교에 진학하였다. 화교수가 감소함에 따라 1976년에 고등학교가 그리고 1984년 중학교가 각각 폐교됨에 따라 광주지역 화교자녀들은 상급학교 진학을 위해 타지로 떠나야했다. 현재 화교소학교만이 운영되고 있지만 광주에 젊은 화교인구가 거의 없기 때문에, 2012년 현재 전체 172명의 소학교 학생 가운데 5명의 화교 학생을 제외한 나머지는 한국인 자녀들이다. 한국 학생들은 유치부부터 대략 3학년 정도까지 화교학교에 재학하면서 중국어를 습득하고 다시 한국학교로 전학하여 한국중학교 진학에 장애를 받지 않으려 하는 것이 일반적이다.

곡씨(曲氏)일가와 강씨(姜氏)일가의 초국가적 이산(離散)

곡○성씨[23] 일가

해방 이전에 한국과 산동의 고향 옌타이를 왕래하던 조부가 전북

23 곡씨가에 대한 인터뷰는 주로 곡○성(남, 55)과 4차례 이상 하였으며, 그의 형 곡○익(61)의 인터뷰는 2012년 6월에 행하였다.

신태인에 정착하면서 시작된 이주 2세 곡○성(남, 55)씨 일가의 한국에서의 삶과 그 가족들의 해외로의 재이주의 궤적은 한국 화교의 국제적 이동성과 이후 이들의 초국가적 성격의 단면을 고스란히 드러내고 있다. 곡○성의 부친인 곡○선은 3남 1녀 중 둘 째 아들이었다. 조부는 곡○성 아버지인 곡○선과 작은 아버지인 곡○가 둘만을 한국으로 데리고 들어와 포목점을 운영하였다. 곡○선의 자녀들은 4남 1녀이며, 셋 째 아들인 곡○성을 제외하고 2012년 현재 모두 미국과 대만에 거주하고 있다. 곡○선은 아버지의 가업인 포목업을 전북 신태인에서 운영하다 1985년 광주로 이사하여 동일 업종에 종사하다 1996년에 사망했으며, 그는 자신의 부모와 부인과 함께 신태인의 가족묘지에 매장되어 있다.

곡○선의 5명의 자녀들 모두 광주에서 화교소학교[24]를 마치고 서울의 한성화교중고등학교를 졸업하였으며, 부모를 모셨던 곡○성을 제외하고 1970년대에 모두 대만으로 유학 갔다. 포목업의 성업으로 경제적으로 여유가 있었으며 한국에서 경험한 차별을 대물림하지 않기 위해 곡○선은 화교학교에서 학업성적이 우수했던 자녀들을 대만으로 유학 보냈다. 큰 아들 곡○인(64)은 대만 해양대학을 졸업하고 원양어선 항해사로 근무하였으며, 미국에 거주하고 있던 동생의 초청으로 1980년대에 미국으로 재이주 하였다. 둘째 아들인 곡○익(61)은 대만 국립사범대학 미술학과를 졸업하고 프랑스로 유학하여 국립대

24 한국 화교학교는 화교의 민족적 정체성과 전통을 유지하는 중요한 기제였다. 화교가 있는 곳에는 최소한 화교 소학교는 있으며, 화교 학생 수의 부족으로 대부분 지역의 중고등학교는 폐교되었으나 서울을 비롯한 4개 지역에는 현재도 유지되고 있다. 화교학교의 중요성 때문에 대부분의 화교는 자녀를 화교학교에 보냈다.

만 예술대학교 미술학과 교수로 있다. 큰 아들과 둘째 아들 모두 서울의 한성화교중고등학교 재학시절에 알고 지냈던 한국 화교 여성과 결혼하였다. 셋째는 딸 곡○화(56)로서 그녀는 대만에 유학하였으며, 대만으로 유학 온 홍콩출신 화교와 혼인하여 대만에 살았다. 현재 그녀의 남편은 대만대학교 지리학과 교수로 재직 중이며, 그녀는 미국에 거주하는 막내 남동생 곡○훈(53)의 스폰서로 미국 그린카드green card를 취득한 후 미국과 대만을 왕래하고 있다. 네 번째인 삼남 곡○성(남, 55)은 한성화교고등학교 졸업 후 1977년에 대학특례입학[25]으로 원광대학교 한의대 졸업 후 1985년부터 광주에서 한의원을 운영하고 있다. 곡○성의 부인은 한성화교고등학교 졸업 후 대만으로 유학하였으며, 곡○성과의 결혼으로 한국으로 귀국하였다. 다섯 번째인 막내 아들 곡○훈(53)은 대만대학교에서 경제학을 전공한 후 석사과정을 위해 미국으로 유학 갔으나, 도중에 학업을 접고 미국 로스엔젤리스에서 중화요리점 '만리장성'을 운영하고 있다. 그의 부인은 한국에서 화교중학교를 마친 후 전체 가족이 미국으로 이민 간 한국 화교 출신이다. 이들 다섯 형제자매 가운데 셋째 아들인 곡○성만이 한국에 남아 부모님을 모신 바 있다.

한국 이민 2세대 화교인 곡○성의 형제자매들은 한국, 대만, 미국, 프랑스 등에서 대학과 대학원 과정을 마치고 한국, 대만, 미국에서 다

25 1970년대 후반부터 1980년대 초반까지 한국 내에 한의대가 신설되어 화교에 대한 특례입학제도가 실시된 것이 계기가 되어 한국 내 화교들의 한의대 진학이 급증하였다. 당시 한 과에 148명이었던 한의대 정원에 화교가 37명으로 약 1/3을 차지할 정도로 많았다고 한다. 이창호, "한국 화교의 공간인식과 이주성: 조상숭배관념과 자녀교육을 중심으로", 『e-Journal Homo Migrants』 제2집(2010), pp.129-130.

양한 분야에서 경제활동을 하고 있는 한국 화교 디아스포라이다. 이들은 평상시에도 국제전화와 스카이프 화상통화, 인터넷, 카카오 톡 등의 발달된 통신수단을 통해 사소한 일상생활까지 서로 연락을 하며 지내는 초국가적 연결을 유지하고 있다. 해외에 있는 형제들은 1996년 부모님 사망 이전에는 부모님을 만나기 위해 주로 설날 명절에 최소 1회 이상의 한국 방문을 하였다. 부모님 사망 후에도 조부모와 부모님이 모셔져 있는 신태인의 가족묘지 성묘를 위해 1년에 한 번 또는 2-3년에 한번은 반드시 한국을 방문하고, 이 기회에 흩어져 살고 있는 가족 구성원들을 직접 만나고 있다.

곡씨 일가의 이민 3세대들도 곡○성 형제자매들의 초국가적 성격을 보여주고 있다. 장남 곡○인의 두 아들 모두 대만에서 출생하여 대만국적으로 살았으나 미국으로 이민 간 후 모두 미국 현지의 화교와 혼인하여 미국시민으로 살고 있다. 차남인 곡○익의 아들은 영국에서 유학하였으며, 현재는 중국 상하이에서 근무하고 있으며 그의 국적은 여전히 대만이다. 곡○익의 딸은 대만 대학에서 철학을 전공한 후 프랑스에서 유학 중이며 그녀의 국적은 프랑스이다. 곡○성의 누나인 곡○화의 아들과 딸은 대만에서 대학과 고등학교에 각각 재학 중이며, 졸업 후 이들은 미국으로 유학 갈 계획이다. 그녀가 미국의 그린카드를 이용해 대만과 미국을 왕래하는 것은 향후 자녀들의 미국 유학생활을 위한 것이다. 유일하게 한국에서 대학을 나온 삼남 곡○성의 장녀 곡○우(29)는 광주화교소학교 졸업 후 큰 아버지와 이모가 살고 있는 대만으로 중학교 과정 조기 유학하였다.[26] 그녀는 대만에서 중학교 졸업 후 한국으로 돌아와 한성화교고등학교를 졸업하고 국내의 약대 졸업 후 현재 서울에서 약사생활을 하고 있다.[27] 차녀인 곡○심(25)은 광주 화교소학교 졸업 후 서울에 있는 외국인학교에서 중고등학교 졸업 후 영국에서 대학을 졸업하고 한국에서 통번역사 일을 하고 있다.

현재 논산에서 대형 식품점을 운영하고 있는 곡○성의 작은 아버지 곡○가(85) 자녀들도 곡○성의 형제자매들이 보이는 초국적 이동성을 보여주고 있다. 작은 집의 큰 아들은 한성화교고등학교 졸업 후 대학진학을 하지 않고 부친의 식품점 사업을 도와주고 있지만, 둘째인 딸은 대만 국립사범대학 미술학과 졸업 후 프랑스로 유학한 후 현재 대만에서 교사생활을 하며, 셋째인 아들은 대만에서 대학 졸업 후 현지에서 건축사로 활동 중이다. 넷째인 삼남은 원광대 한의대 졸업 후 국내에서 한의사이며, 다섯째인 막내딸은 대만 국립사범대학교 미대 졸업 후 프랑스로 유학 가서 프랑스 남자와 혼인하여 호주로 재이민 갔으며 그곳에서 이혼한 후 다시 대만으로 귀국하여 거주하고 있다.

---

26 곡○성이 장녀를 대만으로 조기 유학 보낸 것은 한국의 화교학교의 교육의 질이 낙후되어 자녀의 향후 경쟁력이 떨어진다는 판단과 현지에 친인척이 있는 점을 고려한 결정이었다.

27 곡○성의 장녀는 외국인 대학입학특례를 이용해 지방의 한의대에 두 번 지원했으나 불합격한 후 서울 소재 수의대에 특례입학 하였다. 그러나 적성이 맞지 않아 서울소재 사립대학교 약대에 편입한 후 현재는 약사로 근무 중이다. 사실 과거에는 외국인 특례입학에 지원하는 사람들은 대부분 화교출신이었기 때문에 경쟁이 심하지 않았다. 그러나 2000년대 중반부터 외국인 특례입학에 지원한 사람들에 조선족과 탈북자, 해외의 한국동포들도 적지 않게 포함되어 그 경쟁률이 크게 높아졌다.

강O본씨[28] 일가

강○본(남, 67)의 부친인 강○선의 고향은 중국 산동 옌타이로서 1940년대 초에 막내 남동생과 함께 인천을 통해 전남 장성에 정착하였다. 다른 형제자매는 모두 중국에 있기 때문에 한국과 중국의 왕래가 막히기 전까지는 왕래하였다. 장성에 정착한 강○선의 5남 2녀 모두 한국에서 출생하였다. 다섯 번째인 강○본이 6세 때인 1950년대 초에 광주로 이주한 강○선은 광주 충장로 4가에 '산동루'라는 음식점을 개업하였고 그 후 밀가루, 설탕, 조미료 등 식품 도매업인 'Y식품'을 운영하였다. 1960년대까지 광주 버스정류소가 충장로에 있었기 때문에 광주와 인근 지역에 거주하는 사람들을 대상으로 하는 'Y식품'은 성공적으로 운영되었다. 1970년대 초 무렵에 식품 등을 취급하는 한국인 소매업 종사자가 늘어가자 Y식품은 광주지역에 중화요리로 명성을 유지하고 있는 'Y반점'을 개업하여 현재까지 성공적으로 운영되고 있다.

강○선은 광주 화교소학교 설립 시 핵심적인 역할을 하는 등 광주지역 화교사회에서 주요한 인물이었다. 화교사회에 대한 다양한 차별 정책 때문에 강○선은 큰 아들(74)과 둘째 아들(71)을 대만으로 각각 유학을 보냈다. 큰 아들은 대만대학을 나와 귀국 후 광주 화교학교 교사, 조선대학교와 전남대학교 중국어과 시간강사를, 둘째 아들은 대만대학을 졸업하고 광주화교학교 음악교사를 하였다. 이들 두 형제는 1980년대 초반 미국으로 이민하여 개인 사업을 운영하고 있다. 셋째

28 강씨가에 대한 인터뷰는 충장로 Y반점 주인인 강○본(67)과 4차례 이루어졌다. 그의 아들 강○화(47)와도 인터뷰를 하였다.

와 넷째인 두 딸은 대만에서 유학한 후 현지에서 한국 화교 남성과 결혼 후 미국으로 재이민하여 현재 미국에서 살고 있다. 다섯째인 삼남 강○본(67)은 화교고등학교 졸업 후 아버지를 도와 Y반점에서 일하였으며, 현재 그는 충장로의 Y반점을 운영하고 있다. 여섯째인 사남 강자○(65)은 대만대학교 철학과 졸업 후 귀국하여 경희대학교 한의대에 편입학하여 현재 광주에서 한의원을 운영하고 있다. 일곱째인 강충○(53)은 20대 후반에 미국에 있는 형제자매의 후원으로 미국에서 10여년 중화요리점을 운영하였으나 다시 한국으로 귀국하였다. 귀국 후 Y반점에서 형인 강○본을 돕다가 현재 광주 H백화점 내 Y반점을 독립적으로 운영하고 있다. 현재 7명의 강○본 형제자매 가운데 4명은 미국에 살고 있다.

이민 3세대 가운데 미국에 거주하는 사람들을 제외하고 한국에 거주하는 강○본의 2남 2녀 가운데 큰 아들 강○화(47)는 미국으로 유학가 미국 시민권을 취득하였으나 한국으로 귀국하여 한국 여성과 결혼하여 광주 S백화점의 중화요리점을 운영하고 있다. 둘째 아들은 서울에서 개인 사업을 운영하고 셋째인 큰 딸은 광주소학교 졸업 후 미국으로 중학교를 진학하여 미국에서 대학을 졸업 후 상하이의 미국인학교 교사로 근무한다. 그녀가 미국으로 조기유학 할 수 있었던 것은 당시 큰 아버지들과 고모들이 미국에 있었기 때문이었다. 막내딸은 대학특례입학으로 동신대 한의대를 졸업한 후 서울에서 한의사로 일하고 있다. 강자○의 큰 아들은 대학특례입학으로 경희대 체육대학을 졸업하고 다시 중국으로 유학하여 중의학을 공부하였다. 그의 둘째 아들 대학특례입학으로 한의대를 졸업한 후 광주에서 한의사로 있다.

현재 미국에 거주하는 강○본의 형제자매들은 전남 남평면 소재 광주 지역 화교묘지에 모셔져 있는 강○선의 묘지성묘를 위해 정기적으로 한국을 방문하고 있다.

초국가적 정체성

곡○성과 강○본 가족 구성원들이 보이는 초국가적인 이동성은 일반 화교들 가운데 이동의 폭이 상대적으로 광범위하고 대학교육 이상의 학력을 토대로 이민 국가 현지에서 전문 직종에 종사하는 사람들이 많다는 공통점이 있다. 이들 가족 구성원이 드러내는 국가적 경계를 넘나드는 삶의 궤적에는 한국 화교 디아스포라의 초국가적 성격이 반영되어 있다. 초국가적인 이동 경험이 있는 이민 2세 곡○익과 이민 3세 곡○심의 다음 사례를 통해 국적, 출생지, 고향 등의 다양한 변수들의 상호 어긋남으로 인해 흔히 한국 화교들이 경험하는 정체성 문제가 어떤 식으로 이야기되고 있는지 살펴볼 필요가 있다.

국립대만 예술대학교 미술학과 교수이면서 대만 '관뚜미술관' 관장인 곡○익은 1970~1980년대에 한국을 떠나 대만과 미국 등 해외에 정착한 화교 2세대의 한 사람이다. 그는 국민국가의 경계를 넘나들며 활동하는 전형적인 초국가적 화교에 속한다. 곡○익은 대만 예술대학교 교수로 재직하면서 대만과 프랑스를 왕래하며 미술활동을 해왔다. 매년 부모와 조부모의 묘지를 찾기 위한 한국 방문 시, 특히 2000년 이후에는 광주와 서울 소재 시립미술관들과 대만 국립미술관과의 자매결연을 주선하였으며, 광주에서 활동하는 미술가들과는 현재까지 활발히 교류활동을 하고 있다.[29] 대만에서 유학생활을 시작한 이후 한국으로의 귀국을 단 한 번도 생각하지 않았지만,[30] 한국은 자신이 태어나서 성장했던 애증의 장소이며 현재는 선친이 모셔져 있는 곳이기도 하다. 그간 그의 초국가적 이동 과정에서 만난 '주요 타자들'significant others은 한국에서는 그를 외국인인 화교로, 대만에서는 외성인인 한국 화교로, 프랑스 유학시절에는 중국인으로 규정하였다. 정체성의 혼란을 경험하는 과정 속에서 그는 고향, 국적, 모국이란 무거운 짐을 벗어던지고 자신을 그저 '세계 국민'으로 인식하고 있다. 1992년 중국 개방화 이후에 가족들과 함께 중국의 산동성에 있는 고향을 방문하고 미술활동을 위해 중국을 방문하고 있지만, 그에게 중국 또는 중국의 산동성 옌타이는 한낱 '지리명사'(地理名詞)에 불과하다. 곡○익에게 의미 있는 장소들은 국가적 경계를 넘나들며 치열하게 살아갔던 삶의 흔적과 경험이 새겨진 한국, 대만, 프랑스이며, 자신은 이들 지역을 넘나들며 형성되는 '초국가적 공간'transnational space에서 예술 활동을 하는 사람이라고 생각하고 있다.

한편 곡○익의 조카인 화교 이민 3세 곡○심(25)이 경험한 초국가적 이동 과정과 이것이 그녀의 정체성 구성에 미친 영향은 둘째 큰아버지인 곡○익의 그것과 다소 차이가 있다. 곡○심의 부친인 곡○성은 해외로 유학가지 않고 부모님을 한국에서 모신 소위 '한국 국내파'이다. 곡○심은 광주화교소학교 졸업 후 서울 연희동 소재 외국인

29 2012년 6월 19일부터 27일까지 광주 소재 'E미술관'에서 초대전을 진행한 바 있다. 그의 미술전시회에는 광주에서 활동하고 있는 미술가들이 대거 방문하였으며, 전시 기간 동안 곡○익 교수는 서울과 여수 등의 다양한 예술의 장에 참여하였다.

30 대만에서 공부하고 한국으로 귀국을 생각해 본 적 있냐는 필자의 질문에 곡 교수는 "뭐하게요. 자장면 팔게요. 미안하지만 한국은 어려운 나라예요."라고 대답하면서 한국으로의 귀국에 대해 부정적으로 생각하였다.

학교에서 중고등학교를 마치고 영국 런던대학에서 학부를 졸업하였다. 그녀는 어린 시절에 조부모와 함께 살았기 때문에 화교소학교 시절에 본인이 중국인임을 꽤 뚜렷하게 교육받았다. 소학교를 마치고 중등학교 시절을 외국인 학교에서 보내면서 그곳에 소수의 화교가 있었지만 한국인 학생들과 더 많은 시간을 보냈다. 이로 인해 그녀의 말하는 능력은 한국어, 영어, 중국어 순이며, 쓰는 능력은 영어, 한국어, 중국어 순이다. 다시 말해 중국어는 말하기와 쓰기에서 가장 떨어진다.

서울 외국인학교에서는 대만 국적을 소지한 화교로 취급받았으며, 영국 유학시절에는 영국인들로부터 중국인으로 그리고 영국에 유학 온 중국 학생들로부터는 한국 화교로 취급받아 왔다. 곡○심은 어린 시절부터 자신이 중국인이라고 생각했기 때문에, 영국 유학시절 가장 먼저 접촉을 시도한 것은 중국 유학생 모임이었다. 곡○심은 자신이 스스로 중국인임을 확인하기 위해 모임에 참여했지만, 중국 유학생들은 곡○심을 한국 사람으로 취급하였다. 한편 그녀는 영국으로 유학가기 이전인 2006년도에 기독교인이 되었다. 영국에서 주로 영국인들이 다니는 교회에 참여하였으나, 그녀를 중국인으로 인식한 영국인들은 마음을 열어주지 않아 마음에 상처를 입었다. 그녀는 종착역으로 한국 교회를 다니면서 한국 유학생들과 친하게 지내게 되었고 이 과정에서 더욱 독실한 기독교인으로 거듭 태어났다.

곡○심은 영국에서 대학 졸업 후 현지의 OECD 사무실에 통번역 인턴을 지원했으나 국적이 대만이라는 이유로 거부당했다. 그러나 그녀에게 대만은 명목상 국적이었을 뿐 자신에게 특별한 의미가 있는 국가가 아니었다.

(OECD에서 거부당한 후) 조사해 보니 대만은 중국에 밀려 없어요. 저는 절대 대만인이라고 생각하지 않아요. 저는 중국 사람이라고 생각해요. 저는 어딜 가잖아요. 여행을 가든지 영국 유학을 가든지 그러면 패스포트의 대만 커버가가 너무 싫은 거예요. 제 것이 아닌데 남의 것 만지고 가는 것 같은 그런 느낌이 있는 거예요. 대만에 살아본 적도 없고 여행만 2개월씩 한 달, 두 달 왔다 갔다 한 것이 전부거든요. 그런데 2008년 중국 북경 올림픽 있을 때 중국에서 인턴을 3개월 할 기회가 있었는데, 딱 갔는데 난 중국인이 아니구나, 너무 문화충격[31]을 받은 거예요.(곡○심)

곡○심은 영국 유학 후 한국으로 귀국하여 한국에서 통번역 일을 잠시 하면서 한국에서 부모와 살 생각이라면 한국으로 귀화할 것을 고려해 보았다. 그러나 그녀는 국적을 바꾼다 하더라도 여전히 한국사회 내에서 화교취급을 받을 것을 불편하게 여겨 귀화생각을 접었다. 우선 성씨가 곡씨(曲氏)라는 희귀한 성씨이기 때문에 한국인들은 우선 그녀의 성씨를 통해 질문이 시작되어 결국 자신이 화교에서 귀화한 사람임이 드러나는 상황을 그녀가 원치 않기 때문이다. 또한 외국인 학교와 서양 문화를 경험한 자신이 한국의 직장문화, 예컨대 보스가 퇴근하지 않으면 퇴근 못하는 등 비효율적인 문화에서 살기 싫기 때문에 한국 국적 갖는 것을 아예 접어버렸다. 결국 자신은 국적을 토

31 자신이 구사하는 중국어를 통해 해외에서 왔음을 안 순간 식당과 택시 등에서 '푸대접'을 받았으며, 중국 또래들의 예의 없는 태도에 충격을 받았다. 자신은 한국에서 한국식 예의 교육을 받으며 자랐기 때문에 중국 젊은이들보다 예의가 바르다고 생각한다. 영국 유학을 마치고 한국으로 귀국한 뒤 취업을 하기 이전에 다시 중국을 방문했는데 중국이 너무 더럽고 불편해서 살고 싶은 생각이 없어졌다.

대로 사는 것보다 세계 어디에서나 하나님의 자녀로 취급받는 '기독교인'으로 인정받는 것에 만족하며, 만일 국적을 갖는다면 영국 국적을 갖고 싶어 한다.

> 이제 크리스천이 되고나서 가장 좋았던 것은 이 세상에서는 국적이런 게 다 중요하지만 비자도 받아야 되고 이런 것도 받아야 되는 게, 그래도 난 하늘의 시민(하나님의 시민)이라는 걸로 되게 위안이 되요. … 국적을 갖는다면 영국 국적을 갖고 싶어요. 영국국적을 가지면 취업도 잘되고 런던에 있으면, 런던 거리에는 열명이 다른 국적을 가진 사람이 왔다 갔다 해요. 저는 그것이 되게 편해요. 제가 튀지 않으니까. 누가 물어보지도 않고, 그래서 되게 마음이 편했던 거 같아요.(곡○심)

곡○익과 곡○심이 초국가적 경계를 넘나들게 된 직접적인 계기에는 다소 차이가 있다. 곡○익은 당시 한국의 차별적 구조가 그리고 곡○심은 한국의 화교중고등학교의 교육의 질과 시설이 낙후되어 글로벌 시대에 경쟁력이 없을 것이라는 부모의 판단이 이들의 초국가적 이동의 직접적인 계기가 되었다. 곡○익은 '세계 국민'(초국가적 국민)으로 그리고 곡○심은 특정 국가적 경계에 매여 있지 않는 '하나님의 시민'으로 자기규정 함으로써 출생지, 국적, 모국/고향 등의 상호 부조화로 발생되는 정체성의 문제를 풀어가고 있다.

사이버 동창회: '한고동학망'(韓高同學網)

한국과 해외의 오프라인에서 개최되는 한국 화교 총동창회에는 물리적인 한계로 인해 참여자의 수와 빈도 면에서 한계가 있을 수밖에 없다. 오프라인에서의 초국가적 활동을 뛰어넘고 이를 보완할 수 있는 한성화교고등학교 사이버 동창회가 운영될 수 있는 데는 인터넷과 같은 편리하고 신속한 정보통신기술의 혁신적인 발달이 중요하게 작용하였다. 사실 인터넷과 같은 정보통신기술의 발전은 영토성에 기반을 둔 공동체의 개념을 넘어 사이버 공간을 통한 상호연결을 가능하게 함으로써 오프라인에서의 사회·문화적 활동이 지닌 한계를 뛰어넘는 폭넓은 영향력을 행사하고 있다. 이러한 과학기술의 발전은 해외 거주 디아스포라 간의 긴밀한 연결을 가능하게 만드는 초국가주의 시대의 도래를 가져왔다. 앞서 살펴본 곡씨 일가인 곡○훈이 미국에서 거주하지만 주도적으로 활동하고 있는 다음의 한성화교고등학교 1977년 졸업생들이 운영하는 사이버 동창회에 대한 기술은 한국 출신 화교들이 해외로 이주 후에도 동창회를 중심으로 초국가적인 연결을 형성하고 유지하고 있는 양상의 단면을 보여주고 있다. 해외로의 이주에도 불구하고 한성화교고등학교 20회 동창생들은 사이버 동창회를 통해서 비록 한국, 대만, 미국 등 거주지를 달리하고 있지만, 한국에서 태어나 한성화교고등학교라는 동일한 학교에서 알게 되고 교육을 함께 받았다는 지역적이고 학연에 기반을 둔 화교 네트워크와 정체성을 유지하고 있다.32

32 한국화교의 사이버 동창회에 관한 국내 대표적인 연구에는 이창호(2012)의 연구가 있다. 이 연구는 화교 2세대에 속하는 부산 화교학교 동창생들이 초국가적 공간의 중심을 점차 동창회에 두고 있다는 점을 강조하고 있다. 또한 화교의 세대별 감정과 정서에 대한 이해에 집중함으로써 종족 정체성에 집중한 기존 연구 경향의 탈피의 필요성도 이 논문에서는 강조되고 있다.

미국 로스엔젤리스에서 대형 중화요리점 '만리장성'을 운영하고 있는 곡○훈이 적극 활동하고 있는 화교 동창 웹사이트는 한국 화교의 이동성과 초국가적 성격을 분명히 보여준다. 대만대학교에서 경제학을 공부하고 미국으로 유학 간 곡○훈은 재미 한인을 주요 고객으로 하는 중화요리점에 '만리장성'을 개업하여 현재 성업 중이다. 미국에 이민 온 한국인은 이국땅에서 한국식 중화요리점을 찾아가 한국식 중화요리를 맛봄으로써 '기억된 한국'을 느껴볼 수 있다. 또한 만리장성은 미국 로스엔젤리스에 관광 온 한국인들의 방문 코스의 하나로 일종의 관광 명소가 되었다. 곡○훈은 1년에 최소한 한번 이상은 한국을 방문한다. 청명(淸明) 무렵 한국에 모셔져 있는 부모와 조부모의 묘를 찾아보기 위해 한국을 방문하며, 매년 5월에 개최되는 한성화교중고등학교 총동창회 겸 체육대회에도 참석하고 있다. 곡○훈의 한국행 방문을 추동하는 요인은 사실 조상의 묘가 한국에 모셔져 있다는 점과 한성화교고등학교를 통해 맺어진 화교들의 초국가적 학연 네트워크이다.

한성화교고등학교 20회인 곡○훈이 적극적으로 참여하고 있는 '한고77동학망'(韓高七七同學網)이라는 사이버 동창회 웹사이트는 졸업 후 세계 곳곳에 흩어져 있는 한국 화교들이 인터넷과 같은 정보통신 기술을 통해 초국가적 네트워크를 형성·유지하는 하나의 사례를 보여주고 있다.[33] 1970~1980년대에 한국에서 화교고등학교를 졸업한 학

---

33 1970년대에 한성화교중고등학교는 일반적으로 학년별로 9반 정도 운영되었으며 한 반은 대략 60-70명 정도였으며, 대략적으로 학년별 학생 수는 550명-650여명 정도였다고 한다. 고등학교 과정이 지속적으로 운영되었던 곳은 서울의 한성화교고등학교와 부산의 부산화교고등학교였다. 광주지역의 화교고등학교는 1972년에 설립되

그림 3-2 광주 화교중학교 1977년 졸업생 기념촬영 사진

생들이 대학진학을 목적으로 유학 가는 경우 유학생의 약 90%가 대만의 대학으로 진학하였고 약 10%는 미국으로 유학하였다.

한국 화교고등학교 동창생들은 졸업 후 대만과 미국 등으로 유학가거나 이민을 하여 한국을 비롯한 다양한 국가들에서 생활하기 때문에 전 지구적으로 산재해 있는 디아스포라인 셈이다. 일반적으로 화교고등학교 동창생들은 입학이나 졸업 년도에 따라 별도의 '동학망'(同學網)을 조직하여 인터넷 웹사이트에서 사이버 동창회를 운영하고 있다. 현재 활발하게 사이버 동창회 조직이 운영되고 있는 동학망의

었으나 학생 수의 부족으로 1976년에 폐교되고 이어 1984년에 중학교도 폐교되었다. 따라서 광주지역 화교 학생들은 소학교를 광주에서 졸업한 후 서울이나 부산으로 중등과정을 위해 유학을 떠났다(곡○성과 광주 화교협회 총무 왕○공과의 인터뷰 자료임).

하나는 로스엔젤리스의 곡○훈이 적극 참여하고 있는 한성화교고등학교 20회 졸업생(1977년 졸업)의 '한고77동학망'(韓高七七同學網)이란 웹사이트 www.hangao.com이다. 2002년에 웹사이트를 통해 조직된 한성고등학교 77년도 졸업생의 사이버 동창회 '한고77동학망'에는 다양한 콘텐츠가 포함되어 있다. 동창회 조직, 주소와 핸드폰 번호 및 이메일 주소가 담긴 회원명단, 경조사 등을 위한 회원동향, 연락을 주고받을 수 있는 메일 시스템, 다양한 활동들 자료가 담긴 '역사자료고'(歷史資料庫) 등 다양한 콘텐츠가 웹사이트를 구성하고 있다. 이 웹사이트는 대만에 거주하는 20회 졸업생이 운영·관리하고 있지만 동창회 기수에 따라서는 다양하게 운영되고 있다.[34]

'韓高七七同學網' 내부에는 광주지역 동창들만을 위한 '광주동학회'(光州同學會)가 별도로 운영되고 있다. 이들은 광주에서 화교 중학교를 졸업하고 서울로 고등학교를 진학한 구성원들로서 중학교까지 함께 다닌 광주의 화교중학교 학연을 토대로 관계를 유지하고 있다. 사실 1976년에 광주의 화교고등학교가 폐교된 이후 중학교 과정을 마친 광주의 화교 학생들은 서울의 한성화교고등학교나 부산의 화교고등학교로 진학을 하였다. 부산과 대구처럼 화교 학생 수가 상대적으로 많은 지역에는 화교고등학교가 유지되었기 때문에 서울로 고등학교 과정에 진학한 학생들의 수는 광주보다 상대적으로 소수에 불과하였다. '韓高七七同學網' 내에 광주동학회가 있는 것은 광주 출신 화

34 예컨대 곡○성이 소속된 19회 졸업생들을 위한 사이버 동창회조직은 '싸이월드'(cyworld)의 카페를 이용해 웹사이트를 만들었으며 운영과 관리는 한국에 거주하는 화교에 의해 이루어지고 있다.

교들의 수가 다른 지역출신 학생들보다 상대적으로 많았기 때문이지만, 그렇다고 광주 사이버 동창회를 독자적으로 운영하기에는 소수이기 때문에 '韓高七七同學網'에 '기생'하고 있는 셈이다. 당시 한성화교고등학교를 졸업한 20회 졸업생들로 구성된 별도의 광주동학회에는 회장, 부회장, 감사, 총무, 오락, 해외대표 등의 임원진이 포함되어 있다.[35] 韓高七七同學網 회원 가운데 광주 출신 동창들 간에는 한 동안 자녀들의 결혼식 등에 참석하여 축하하는 등 오프라인에서의 만남이 유지되었으나 현재는 광주출신 화교 동창들 간의 관계는 약화되고 '韓高七七同學網'에 토대를 둔 상호작용만이 유지되고 있을 뿐이다.

2012년 6월 현재 '韓高七七同學網'의 회원 수는 256명이며, 대략 하루에 150회 정도의 방문자가 기록되어 있다. 본 웹사이트가 개통을 시작한 2002년 5월 30일부터 2012년 6월 18일 현재까지 759,207회의 방문이 있었던 것은 이 사이트가 활발하게 운영되고 있음을 말하고 있다. 한국, 대만, 중국, 미국, 브라질 등 다양한 국가들에 거주하고 있는 동창들은 웹 사이트를 방문하여 개인적인 동향이나 지역 동창들 간의 활동 소식을 한글과 한자를 병행하거나 한자만을 사용해 작성한 문서, 동영상, 사진을 '동향란'에 올려놓았다.

이 웹사이트 동향란에 올려놓은 글과 사진 및 동영상에는 동창생들이 한국과 해외에서 정례적으로 갖는 오프라인 모임 결과들도 적지

35 광주동학회 회장에는 광주 화교소학교를 나와 한의대를 나와 대전에서 한의사를 하고 있는 허○해, 부회장에는 광주의 H백화점 내 중화요리점을 운영하는 강충○(본 연구의 강○본 일가 구성원), 감사에는 서울에 거주하는 곽○희, 총무에는 광주에 거주하는 소○환(본 연구의 곡○성의 부인), 오락에는 광주에서 중화요리점을 운영하는 왕○빈, 해외대표 2명은 모두 대만에 거주하고 있다.

않게 올라와 있다. 이를 통해 화교고등학교 동창들이 가상공간의 만남뿐만 아니라 오프라인에서도 정례적인 만남이 있음을 짐작할 수 있다. 한성화교고등학교 동창들의 정례적 오프라인 모임은 매년 5월 서울의 한성화교중고등학교에서 열리는 총동창회 겸 체육대회이다. 이 행사에는 졸업 기수별로 별도의 팀이 구성되어 다양한 운동경기와 행사들이 포함되는데, 이 행사에 참여하기 위해 해외에서 많은 수의 동창들이 한국을 방문한다.

한고 20회 동창생들은 매년 열리는 정례적인 총동창회에 참석하는 일뿐만 아니라 2-3년에 한 번씩 한국, 대만, 미국, 중국 등 해외에서 '全球同學會'(전구동학회)라는 이름의 오프라인 모임을 개최해 왔다. 이 행사는 전 지구적인global 동창회 모임으로 2012년 5월에는 중국 북경에서 동창들이 모임을 가졌다. 북경 모임에는 66명의 동창들이 참석하였는데 한국에서 33명, 미국에서 16명, 대만에서 5명, 홍콩에서 2명, 브라질에서 1명, 중국 현지에서 6명이 참여하였다. 이들은 4박 5일 동안 북경에 머물면서 북경의 관광지를 방문하면서 우의를 다졌다. 이 행사의 비용은 참여자들의 찬조금으로 충당되는데, 한국 참여자 20명은 30만원을 나머지 13명은 최고 300만원까지 찬조하였다. 미국에서 참여한 회원들은 최고 미화 2,500불을 찬조하는 등 전체 미화 15,734불을 찬조하였으며, 대만 동창들은 8천 대만 달러 그리고 중국 동창들은 11,302 위안을 찬조하였다.

불균질적인 초국가적 이동성

한국 화교의 대부분의 가족들은 곡○성과 강○본의 형제자매들만큼 많은 수는 아니더라도 가족 구성원 중 최소 한 명 이상은 해외에 정착하고 있다. 화교가 해외로 이주하게 된 가장 중요한 요인은 화교사회에 대한 한국정부의 다양한 차별정책이었음은 앞서 언급하였다. 또한 1960년 말부터 해외 화교의 이민과 교육을 위한 대만정부의 적극적인 지원과 1970년대 중반 이후 아시아 인구에 대해 이민을 개방하는 미국의 이민정책의 변화도 화교의 해외 이주에 중요한 요인으로 작용하였다.

화교들은 한의대, 의대, 약대 등 소위 전문 직종 자격증을 취득할 수 있는 분야로 외국인 대학입학특례를 이용하여 큰 경쟁 없이 진학할 수 있었다. 일반적으로 중학교나 고등학교만 졸업한 화교들은 중화요리 식당 등 부모의 가업을 도울 수밖에 없었다. 한국의 부모를 모실 형제가 없기 때문에 불가피하게 한국으로 귀국한 소수의 대만 유학생도 있었다. 이들 중 일부는 화교학교에서 교편을 잡았지만 귀국 화교의 대다수는 부모의 직업에 합류하였다. 한편 졸업 후 해외 현지에서 직장을 잡거나 결혼한 한국 화교 유학생들은 대만에서 생활기반을 잡았으며, 이 가운데 소수는 미국 등 다른 국가로 재이주 하였다.

화교사회의 초국가적 이동성에 차이가 있는 것은 화교 사회 내부적 변수, 특히 개별 가정의 경제력과 관계있음에 주목할 필요가 있다. 특히 미국으로 유학 보내는 부모의 경제력은 상대적으로 경제적 여유가 있어야 했다. 당시 대만으로의 유학이 지배적이었던 것은 대만정부가 화교 학생들의 자국 유치를 위해 화교들에 대해 적극적으로 지원하였기 때문이었다.[36] 그러나 대만으로 유학 간 후 생활비와 용돈 등을 지원할 수 없는 화교 집안이 자녀를 해외로 보내기는 쉬운 일이 아니었다. 부모의 경제력이 넉넉지 않더라도 대만 현지에 친인척이 체류하고 있다면 유학을 떠날 수 있었던 것 같다. 2010년에 광주 소재 사립대학교 한문학과를 퇴임한 왕○덕(남, 67) 교수 역시 어려운 경제적 형편에도 1964년에 대만대학교로 유학을 떠났다. 공과대학에서 화학공학을 전공한 왕 교수가 무사히 졸업할 수 있었던 것은 대만정부의 지원뿐만 아니라 대만에서 의학 공부를 하고 있는 친형이 있었기 때문이었다.[37]

그러나 화교고등학교에서 학업성적이 좋았지만 경제적 형편이 좋지 않아 유학을 떠날 수 없었던 화교는 대만 유학조차 포기해야 했다. 당시 이러한 처지에 있었던 주○화(여, 55)는 가정 형편 때문에 유학 가지 못한 것을 지금에 와서도 아쉬워한다. 화교고등학교를 마치고 광주 화교소학교에서 교사로 있다가 최근 3-4년 전부터 광주에서 중국어 사설학원을 운영하고 있는 그녀는 당시 상황을 아래와 같이 기

36 대만정부는 화교 학생들에게 학비의 1/3과 기숙사비를 면제해주었으며, 특히 사범대학과 같은 경우 학비와 기숙사비 면제 외에 소액의 생활비도 지원되었다. 박은경(1982), p.207.

37 왕○덕 교수의 친형은 대만에 의학공부를 한 후 미국으로 유학 가서 현재는 존스홉킨스 의과대학 교수로 있다. 왕 교수에 따르면 1960년대 당시에도 한국의 화교학교 교육의 질적 수준이 대만 소재 학교와 비교할 수 없이 낮았기 때문에 한국 화교 출신 학생들 가운데 대만에서 대학을 다니면서 두각을 나타낼 수 있는 학생의 수는 매우 제한적이었다고 한다. 왕 교수가 다닌 대만대학교 공과대학은 '미국대학의 선수(選授)반'이라 불릴 정도로 학생들이 우수했고 이들 가운데 많은 수가 졸업 후 장학금이나 자비로 미국 유학길을 떠났다고 기억한다. 그러나 이러한 길에 합류할 수 있을 만큼 우수하거나 부유한 한국 화교 졸업생 수는 매우 제한적이었다.

억하고 있다.

> 저는 성적이 어느 정도 되는데도 집안이 가난해서, 가정 형편이 무척 안 좋았어. 그래서 공부(해외에서) 했으면 나 여기 안 있는다고. … 그 때만해도 대만 가서 공부할 형편 안 되었어. 그래서 우리 어렸을 때만해도 생활이 안 돼서 밖에서 공부를 못 한 사람이 많았어요.

광주에서 중화요리식당에 보급되는 식재료를 전문으로 판매하고 있는 성공한 식품점 주인인 초○ 의(남, 60) 역시 화교고등학교 졸업 후 집이 가난하여 곧 바로 화교가 운영하는 식품대리점에 종업원으로 8년간 일해야 했다. 1980년대 말에 독립하여 본인이 식품점을 운영하여 현재 광주에서 경제적으로 성공한 화교인 그는, "박정희 정권 때 화교에 대한 차별이 극심하여 '있는 사람'은 집 팔고 다 가버리고 우리처럼 가난한 사람은 가도 못하고 여기서 정착했다."고 당시를 술회하고 있다. 광주지역 중화요리식당을 운영하고 있는 상당수의 한국 화교들은 당시 집안형편이 되지 않아 해외로 대학을 진학하지 않았으며, 한의대 등 특례입학을 하지 못할 바에 진학을 포기하고 부모의 가게에서 일을 시작하였다.[38]

광주지역 2세대 화교들이 지난날을 회상하며 "쓸 만한 사람들은

38 예외적으로 대만에서 무역학을 전공하였으나 귀국하여 가업인 중화요리 '왕자관'을 운영한 왕○만(53), 대만 유학도중 귀국하여 '부흥반점'을 운영하고 있는 왕○덕(48)처럼 중화요리식당 주인들이 대만 유학 경험이 있는 경우도 있지만, 광주의 '야래향', '동홍루, '제일반점', '동보성' 등 중화요리점을 운영하는 대부분은 화교중고등학교만 졸업하고 일찍이 부모의 가업을 도와주기 시작하였다.

다 빠져나갔다.”라고 말하는데, 이는 한국 정부의 차별정책이 심할 때 경제적 능력이 닿는 화교들은 이민이나 유학 등의 목적으로 이미 해외로 떠났음을 말한다. 당시 경제적으로 어려웠지만 후일 경제적으로 성공한 일부 화교들, 예컨대 광주의 대형 식품점, 주물공장, 일부 중화요리점 등을 운영하는 소수의 화교들의 재력은 현재 화교사회에 잘 알려진 사실이다. 그러나 광주 화교사회에서 1980년대부터 현재까지 엘리트 집단으로 인정받는 직업은 한의사[39]이며, 이들의 경제적 형편은 대학 입학 당시에도 양호한 편이었다. 예컨대 ‘중화한의원’ 강자○ 원장은 대만대학교에서 철학을 전공하고 귀국하여 국내 한의대에 편입학한 화교이며, 그의 형제자매들의 다수가 현재 대만과 미국에 거주하고 있다.

1990년대 이후 한국정부의 외국인에 대한 정책적 차별구조가 점차 개선되어 왔다. 그럼에도 불구하고 화교가 공기업과 사기업에 취업하기도 어려울뿐더러 승진 등에서의 차별은 여전하다. 따라서 한국사회에 살면서 차별을 받지 않고 전문직으로 존경을 받을 수 있는 분야 예컨대 한의대를 외국인 대학특례입학으로 진학할 수 없는 경우, 경제력이 되는 화교 자녀는 대만과 중국 또는 서구로 유학을 떠나는 사례들이 있다. 그러나 경제력이 어느 정도 뒷받침될 수 있는 화교 자녀에게만 이러한 기회는 열려있다. 즉 이들 자녀들만이 유학을 통해 초국가적 경계를 넘나들 수 있는 기회를 누릴 수 있다.

---

39 현재 광주에서 한의원을 운영하는 화교는 3명이 있다. 7-8명의 화교소학교 교사가 있지만 이들의 월 급여 역시 150여만 수준이기 때문에 경제적으로 윤택할 수가 없었다.

한국 내 화교인구의 감소와 화교학교에 대한 한국정부의 지원이 전혀 없는 상황에서 대만정부의 화교학교에 대한 지원의 축소는 지방의 화교학교의 연쇄적인 폐교와 교육의 질과 교실환경 수준의 하락으로 이어졌다. 교육과 환경의 질적 저하는 서울의 한성화교중고등학교도 예외가 아니었다. 이 때문에 광주에서 한의원을 운영하는 곡○성은 차녀 곡○심을 화교중등학교에 보내는 대신 서울 소재 외국인학교에 보냈다. 비싼 학비에도 불구하고 딸을 외국인학교에 보낸 것은 그의 경제력이 뒷받침될 수 있었기 때문이며, 현재의 화교중등학교의 낙후된 환경을 고려한 결과였다.[40] 곡○심이 다닌 외국인 학교 같은 반 부모들은 경제력이 있는 한국인과 화교들이었다. 예컨대 곡○심 학년에는 8명의 화교가 재학했는데, 3명의 부친은 대형 식품점 주인이고 5명의 부친은 한의사였다. 곡○심은 서울 소재 외국인 학교를 졸업하고 영국의 런던대학교에서 유학하였으며, 그녀의 화교출신 동창들 가운데 많은 수가 해외로 유학을 떠났다.

곡○성의 장녀 곡○우(29)는 광주화교소학교 졸업 후 대만으로 중학교 과정 조기유학을 갔다. 대만에 이모와 큰 아버지가 있기 때문에 안심하고 보낼 수 있었다. 사춘기의 딸을 위해 곡씨 부인은 일 년에 수개월씩 대만에서 딸과 생활함으로써 곡○성씨는 '기러기 가족' 생활을 하였다. '기러기 가족' 생활은 한국과 대만을 수시로 왕래하는

---

40 대체로 중화요리점을 운영하는 화교의 경우 하루 종일 부부가 식당 일에 얽매이기 때문에 자녀 교육에 신경을 써줄 시간이 없다. 그러나 한의사 곡○성의 부인은 전업주부로서 딸들이 광주화교소학교를 다니던 시절부터 화교학교 방과 후에 '웅진 Q' 등 한국식 학습지 과외를 시키는 등 자녀 교육에 지대한 관심을 보였다. 초등학교 때부터 한국식 교육에도 관심을 보인 것으로 판단할 때 한국에서 한의대 등의 특례입학도 고려한 것은 아닌가 짐작된다.

초국가적 활동이기 때문에 경제력 없이는 거의 불가능한 일이다. 한의사 곡○성 외에 광주에서 한의원을 운영하는 강자○(65), 손○길(남, 55), 광주에 4개의 중화요리 지점을 운영할 만큼 경제적으로 성공한 'S반점' 경영주인 손○선(남, 54) 등은 3-4세대 화교 자녀들을 해외로 유학 보내거나 보내기 위한 조건을 마련하고 있다.[41]

초국가적 성격의 전망

1992년 한중 수교 이후 한국 정부의 중국과의 관계 개선과 활발한 경제 교류는 한국 화교의 초국가적 공간의 확대를 가져왔다. 중국과 같은 사회주의권 국가들까지 영향권을 넓힌 글로벌 경제의 위력이 한국사회 내에서 소수자로서 위축된 삶을 살아왔던 한국 화교의 활동공간을 크게 확장시킨 결과를 가져왔다.[42] 특히 1990년대 중반 이래 한국 화교 대부분의 고향인 산동성의 위하이나 옌타이로 진출하여 보따리 무역이나 옷가게, 의류공장, 음식점, 식품도매점 등에 종사하는 화교들과 1970~1980년대 대만과 미국 등지로 이주한 화교들[43]은 새로

41 한의사 손○길의 장남은 동신대 한의대를 나온 한의사이며, 차녀는 서울 소재 외국인학교를 졸업한 후 연세대학교 국제학부 졸업반이다. 강자○의 장남은 중국에서 중의학으로 유학하였고 차남은 우석대 한의대를 졸업 한 한의사이다. 광주에서 'Y반점'을 운영하는 앞서 살펴본 강○본 가족만큼 광주지역 중화요리점 가운데 경제적으로 성공한 'S반점'의 손○선 장녀는 대학원에 재학 중이며, 차녀는 광주에 있는 외국인학교에 재학 중이다.

42 장수현(2010), p.65.

43 한국 화교의 보따리 무역은 1992년 한중수교를 계기로 중국과의 무역이 시작되기 이전인 1970~1980년대 대만을 오고가는 유학생들이 여행경비 일부를 충당하였으며, 한국과 대만을 오고가며 다양한 품목의 보따리 무역을 하는 전문 종사자들도

운 가능성과 기회의 포착을 위해 초국가적 이주를 선택하였다는 점에서 유사하다고 인식된다. 즉 화교는 자신들의 삶을 규정짓는 환경적 상황에 따라 얼마든지 다른 곳으로 초국가적 이주를 하는 사람들인 셈이다.[44] 화교들이 산동성을 중심으로 중국에서 새로운 사업을 하고 그곳에서 노년생활을 보내거나 자녀 교육을 시키기 위해 새로운 이주에 참여하는 추세가 두드러지고 있다.[45]

광주화교 협회 총무 왕○공(남, 67)에 따르면 광주지역 소수의 화교들이 인천 등 서울 경기로 국내 이주하여 중국을 왕래하며 보따리 장사에 종사하거나 고향에 가까운 산동성 옌타이에서 노후를 보내기 위해 떠난 소수의 광주 화교 노부부도 있다고 한다. 이들이 실제 거주지와 관계없이 광주 화교협회에 적을 두고 있기 때문에 광주에 실제로 거주하는 화교 인구는 점차 감소할 것으로 생각된다. 실제로 왕○덕 교수의 부인은 중국에서 결혼한 자녀의 뒷바라지를 위해 광주와 중국 산동성을 왕래하고 있다. 왕 교수의 아들은 한국에서 화교고등학교 졸업 후 대만대학교에서 경영학을 전공하였다. 대만에서 '뿌리를 내리기' 위해 2년간의 군복무를 마치고 시민권을 취득한 왕 교수 아들은 중국에 있는 한국기업에 근무하면서 중국 '소주대학' 출신 중국 여성과 혼인하여 현재 소주에서 결혼생활하고 있다. 왕 교수의 부인은 아들 부부가 직장생활을 하기 때문에 손자를 돌보기 위해 1년에 수개월 씩 한국과 중국을 왕래하는 초국가적 활동을 하고 있는

있었다. 1970~1980년대 외화유출이 어려웠기 때문에 유학생들은 보따리 무역으로 남긴 돈으로 한국과 대만을 왕래하는 항공비의 일부를 충당하였다.

44 장수현(2010), pp.275~277.

45 김기호(2005), p.96.

셈이다.[46]

경제활동, 유학, 관광 등을 이유로 상당수의 광주지역 화교들이 중국 방문을 지속하고 있는 것은 현실이다. 그러나 과거 대만 이주 모두가 화교의 애국심으로 인한 것이 아닌 것처럼, 최근 중국으로의 초국가적 이동 역시 모국과 고향에 대한 향수 때문만은 아니다. 중국으로의 유학이 향후 세계무대에서 유리할 것이며 유학경비가 저렴하다는 이유로 자녀를 중국으로 유학 보내거나, 중국을 다녀온 후 중국에 대한 이질감이 더욱 커졌지만 식재료의 수입 때문에 중국을 계속 방문하는 광주지역 화교도 있기 때문이다. 이와 관련하여 국내의 일부 기존 연구들[47]에 따르면 일부 한국 화교가 중국으로 초국가적 이동을 하는 것은 국가 간 경계를 이동하면서 주어진 삶의 조건에 적응하기 위한 경제적 판단 때문이라고 해석된다. 즉 한국 화교들이 자신들의 한국에서의 '애매모호한' 삶의 조건들 때문에 가장 적합한 경제적 적소를 찾아 1970~1980년대 국제 이주하였으며, 1992년 이후에는 경제활동, 유학, 결혼 등을 토대로 초국가적 공간이 중국까지 확대된 것으로 이해된다.

한편 한국 화교의 내혼endogamy 관습과 초국가적인 혼인transnational marriage[48] 네트워크는 화교의 국제이주와 초국가적 관계의 형성과 유

46 왕 교수의 아들은 대만국적과 한국의 영주권을 유지하고 있다. 왕 교수는 손자가 중국에서 태어날 경우 화교 신분이 상실되고 중국 국적이 부여되기 때문에 며느리를 한국으로 불러 출산시켰다. 손자가 대만 국적을 보유하는 것이 향후 한국과 대만을 근거지로 더 유리한 교육 기회를 잡을 수 있고, 외국에서 출산한 자녀는 중국정부의 '한 자녀' 정책에서 예외로 취급되기 때문에 최소한 두 명의 손자를 볼 수 있다는 계산이 반영된 결정이었다.

47 김기호(2005); 장수현(2010).

지에 중요한 역할을 하였다. 특히 이민 1-2세대는 화교끼리 혼인하는 것이 일반적이었고 한국인과의 혼인은 예외적[49]으로 일어나는 일이었다. 이러한 화교의 배타적 혼인관습은 화교사회 인적 규모가 작다는 점을 고려할 때 불가피한 선택이었다고 사료된다. 따라서 화교학교 재학 시에 안면이 있던 동기나 선후배 간에 연애나 중매에 의해 화교의 결혼이 성사되는 사례는 매우 흔하다.[50] 화교가 여전히 한국 화교 또는 다른 지역출신의 화교나 심지어 중국 본토 출신과의 혼인을 여전히 선호하고 있지만, 과거와는 달리 화교 남성과 한국 여성과의 혼인 사례의 빈도는 점차 늘어나고 있다. 어머니가 한국인일 경우 아버지의 국적을 따라 대만국적을 유지하는 것이 일반적이지만, 드물게 어머니를 따라 자녀를 한국 국적으로 귀화시키는 경우도 있다. 어머니가 한국인인 자녀는 한국어와 한국문화에 더욱 빈번히 노출되고 한국 학교에 진학하는 경향이 있다.[51] 해외로의 유학이나 이민을 소망하

48 곡○성의 세 번째 처형은 대만으로 유학 가서 1970년대에 대만으로 이민 온 수원 출신 화교와 혼인하고, 곡원장 부인도 대만 유학 후 혼인을 위해 귀국했다. 곡○성의 사촌의 부인도 혼인을 위해 로스엔젤리스에서 한국으로 이주했다. 역으로 한국에 거주하던 많은 화교 여성들이 대만과 미국 등지로 혼인을 위해 초국가적으로 이동하였다.

49 광주지역 화교 2세대 가운데 한국 여성과 혼인한 사례들, 심지어 화교 여성이 한국 남성과 혼인한 사례가 있는데, 이들의 공통점은 이들이 부모 사망 후에 결혼하였다는 점이다. 부모가 살아있을 때는 이런 결혼은 거의 불가능했을 것이라고 이들은 생각한다.

50 곡씨 일가에서만 보아도 화교학교 지인들과의 결혼이 일반적이다. 장남 곡○인의 부인은 차남 곡○익 교수의 동창이고, 삼남 곡○성의 부인은 미국에 있는 막내 동생 곡○훈의 화교학교 동창이고, 곡○성의 손위 동서인 'D반점'의 임○성의 부인과 곡○성의 부인은 친자매 사이이다.

51 갈○(여, 24)의 아버지는 화교이며 어머니는 한국인이다. 갈○는 초등학교부터 한국인 학교를 다녔기 때문에 중국어는 유창한 편이 아니다. 고등학교 졸업반 입시를 두고 본인이 화교임을 절실하게 느꼈다. 대만 국적인 갈○는 광주 소재 국립대학교

는 소수를 제외한 많은 수의 화교 3-4세대들, 특히 부모의 한 쪽이 한국인이 경우 이들 대부분은 한국 대학진학을 계획하고 이에 따라 한국에 정착할 가능성을 높이고 있다. 최근 들어 화교사회의 내혼과 초국가적 혼인 관습이 약화되고 있기 때문에, 화교들 간의 초국가적 결혼을 위한 초국가적 이동 경향도 점차 약화되리라 전망된다.

2010년 현재 한국에 거주하고 있는 약 2만 1천명 이상의 화교에 대한 제도적 차별구조가 여전히 남아 있지만, 1990년대 이후 한국사회에서 화교를 포함한 외국인에 대한 정책적 차별도 점차 개선되고 있는 것도 사실이다. 따라서 과거와 같이 단기간 내의 대규모의 화교 '엑서더스'는 재현되지 않을 것으로 사료된다. 한편 한국에 친인척이 없는 해외 화교 그리고 대만과 미국 등지에서 출생한 화교 3세대들은 자신들의 초국가적 공간에서 한국을 중요한 '네트워크의 마디'network node로 더 이상 생각하지 않을 수도 있다. 그럼에도 불구하고 한국 화교의 초국가적인 사회·문화적 공간과 네트워크의 형성과 유지에 '중심된 근거지'central point of reference로서의 한국이 차지하는 역할의 중요성은 지속될 것으로 전망된다.

한국 출신 화교들은 형제자매의 사망이나 이들 자녀의 혼인 등 경조사에 참여하기 위해 한국이 아닌 대만이나 미국을 방문하고 있다. 그러나 한국 화교 2-3세대 디아스포라는 성묘와 동창회와 같은 혈연과 학연 네트워크 유지를 위해 매년 또는 2-3년에 한 번씩은 한국을

영문학과에 입학을 소망했으나 어머니가 한국인이라 '외국인특례입학' 대상에서 배제되어 자신의 성적에 맞는 전남 소재 D사립대학교 스튜어디스 학과에 진학하게 되었음을 아쉬워한다. 2000년대 중반에 '외국인특례입학' 자격이 양부모가 외국인인 경우에 한하도록 변경되었다.

방문하고 있다. 부모의 가업을 이어가면서 부모를 봉양했고, 조상의 묘지관리와 제사준비 등을 책임지고 있는 일부 형제자매가 한국에 살고 있는 화교 가정이 여전히 많기 때문이다. 또한 1990년대 이후 중국 시장에 새로운 기대를 걸고 초국가적 활동을 하고 있는 일부 화교들에게도 한국은 여전히 중심된 근거지가 되고 있기 때문에 중국으로의 귀환을 계획하고 있는 화교는 거의 없다. 이들 화교들은 20세기 후반 이래 가속화되고 있는 자본주의 시장 통합과 국제적 분업체계의 확대가 가져온[52] 초국가적 공간 속에서 한국을 근거지로 삼아 중국 시장에서의 경제적 이익을 추구하고 있고, 이러한 그들의 초국가적 활동은 중국의 정치적, 경제적 상황이 악화되지 않는 한 지속될 것으로 전망되기 때문이다.

52 장수현(2010), p.290.

광주광역시 거주 북한이탈주민의 문화접변 성향

김나경 (전남대학교 디아스포라학협동과정 강사)
선봉규 (전남대학교 세계한상문화연구단 연구교수)

오늘날의 이주는 세계적으로 정치, 경제, 사회, 문화 영역의 변화를 추동하는 요인이 되고 있다. 특히 국가의 역할 변화도 예외는 아니다. 이주의 시대 국가의 주요한 역할 중 하나는 이주민과 선주민간의 사회적 통합을 실현하는 것이다. 이주민들은 국가의 사회 배제 정책과 선주민의 차별 및 선입견으로 공동체에 적응하지 못하고, 자신들의 고유한 문화와 종교를 유지하려는 태도를 견지하기 때문에 통합에 어려움을 겪고 있다. 이러한 맥락에서 다문화사회에 진입한 한국사회는 이주민들의 안정적인 정착과 사회통합을 실현하기 위해 효율적인 정책을 추진해야 할 때이다.

서 론

오늘날의 이주는 세계적으로 정치, 경제, 사회, 문화 영역의 변화를 추동하는 요인이 되고 있다.[1] 특히 국가의 역할 변화도 예외는 아니다. 이주의 시대 국가의 주요한 역할 중 하나는 이주민과 선주민간의 사회적 통합을 실현하는 것이다. 이주민들은 국가의 사회 배제 정책과 선주민의 차별 및 선입견으로 공동체에 적응하지 못하고, 자신들의 고유한 문화와 종교를 유지하려는 태도를 견지하기 때문에 통합에 어려움을 겪고 있다.[2] 이러한 맥락에서 다문화사회에 진입한 한국사회는 이주민들의 안정적인 정착과 사회통합을 실현하기 위해 효율적인 정책을 추진해야 할 때이다.

북한이탈주민은 현재 한국사회에 거주하고 있는 이주민들과 좀 더 다른 특수한 위치에 놓여 있다. 북한이탈주민은 분단이라는 상황에서 한편으로는 통일의 디딤돌 역할을 수행할 수 있으며, 다른 한편으로는

---

1 스티븐 카슬·마크 J. 밀러 지음, 한국이민학회 옮김, 『이주의 시대』 (서울: 일조각, 2013), p.33.

2 스티븐 카슬·마크 J. 밀러 지음, 한국이민학회 옮김(2013), p.24.

한국사회에서 안정적으로 정착하지 못하면 오히려 통일의 장애요인이 될 수 있다. 남북한 통일은 정치적, 경제적, 사회적, 그리고 지리적 측면 모두 중요한 사안이다. 그러나 무엇보다 중요한 것은 북한사람과 남한사람 간의 통일이다. 통일은 단순히 국가가 하나 되는 것이 아닌 사람이 하나가 되어야 하는 것이다. 사람 간의 통일이 제대로 이루어진다면, 정치, 경제, 사회, 지리 등 모든 분야에서 통일은 더욱 탄력적으로 이루어질 수 있다.[3] 반면, 사람 간의 통일이 제대로 이루어지지 못하면 갈등이 발생할 수 있으며, 이는 물리적인 통일이 이루어진다고 하더라도 사람 간의 차별, 갈등 문제로 또 다시 분단되는 상황 하에 놓일 수 있다.[4] 그러므로 이를 대비하기 위해 남한사회에 거주하고 있는 북한이탈주민의 문화충격 혹은 적응에 관한 학문적 탐구는 통일을 준비하는 과정에서 매우 중요한 사안이 되고 있음은 부인할 수 없다.

북한이탈주민에 관한 연구는 대부분 정치적 특성에 주목하여 '탈북'의 측면에서 논의되고 있으며, '이주'의 관점에서 이루어진 연구는 아직은 부족한 편이다.[5] 특히 거대 담론인 분단, 체제, 민족주의 등 거시적 접근은 남한사회에서 북한이탈주민을 위계화 시키고, 부적응을 당연시 하는 결과로 도출하게 한다.[6] 정신분석학적 접근에서 북한이

3 Sung Kil, Min, "Divided Countries, Divided Mind 1: Psycho-Social Issues in Adaptation Problems of North Korean Defectors," *Psychiatry Invest,* vol.5 (2010), p.1.

4 이러한 현상은 독일 통일 이후에 나타나고 있는 '베씨(Wessi, 서독인)'와 '오씨(Ossi, 동독인)'의 논란에서 확인할 수 있다.

5 이희영, "탈북-결혼이주-이주노동의 교차적 경험과 정체성의 변위: 북한 여성의 생애사 분석을 중심으로," 『현대사회와 다문화』 12권 1호 (2012), p.6.

6 박경숙, "탈북이주자 생애사에 투영된 집단적 상흔과 거시 권력구조: 지속된 한인 디아스포라, 가부장제, 위계적 시민권," 『경제와 사회』 95 (2012), pp.288-332.

탈주민은 체제가 다른 남한사회에 거주하면서 겪게 되는 문화적 이질감 또는 사회적 차별로 인해 외상성 경험, 스트레스, 우울증 등을 경험한다고 강조한다. 이러한 부적응 행태는 남한사회에서 다양한 사회문제를 발생시키는 요인으로 보고 있다.[7]

이 연구의 목적은 반세기 이상 다른 체제에서 살다가 남한사회로 이주한 북한이탈주민이 일상생활에서 겪고 있는 문화접변 성향이 어떠한지 분석하는 것이다. 분석척도는 미국사회에서 동아시아인들의 문화접변을 측정한 대표적인 도구인 배리Barry의 '동아시아인의 문화접변 척도The East Asian Acculturation Measure, EAAM'을 활용하였다. 이 연구는 통일을 준비하는 과정에서 남한사람과 북한사람 간의 문화적 차이와 문제점을 미리 진단할 수 있다는 점과 상호간의 문화적 차이 극복, 사회의 안정적 통합을 위한 정책적 방향을 제시한다는 점에서 의의가 있다.

이론적 논의

북한이탈주민의 용어 및 지원정책

2015년 10월 현재, 남한사회에 거주하고 있는 북한이탈주민은 28,495명이다. 이 중 남성은 8,442명, 여성은 20,053명으로 여성이 전

---

7 한진숙, "북한이탈주민의 한국 내 문화적응," 『한국산학기술학회논문지』 12권 11호 (2011); 엄태완, "남북주민 통합을 위한 정신건강전략: 남한 내 북한이탈주민, 저소득주민, 일반주민의 비교를 통하여," 『통일정책연구』 제14권 1호 (2005), pp.297-324. 한 연구결과에 의하면, 한국사회에 거주하고 있는 이주민들은 일상생활에서 차별을 많이 당할수록 범죄를 저지를 가능성이 높은 것으로 나타났다. 김정규, "외국인 이주자와 범죄: 상징적 폭력과 차별," 『형사정책연구』 제26권 제2호 (2015), pp.305-333.

체의 70%를 차지하고 있다.[8] 통일부에 따르면, 이들은 2005년 이후 지속적으로 증가하다가 2012년 이후부터 연간 1,500명대로 축소되었으며, 2014년도에는 1,397명이 입국하였다.[9] 연도별 입국 현황을 살펴보면 <그림 4-1>과 같다.

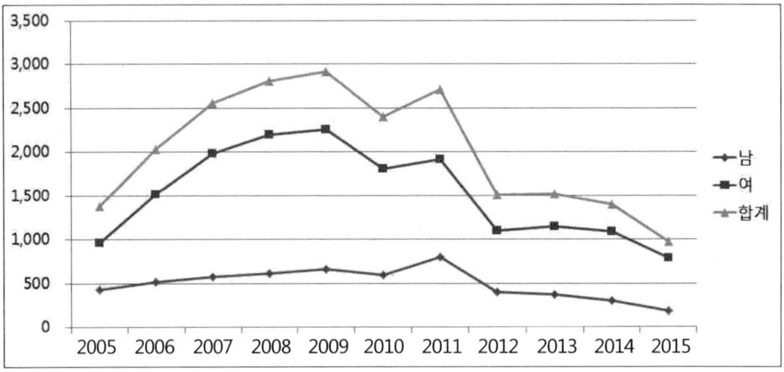

그림 4-1 북한이탈주민의 연도별 입국 추이[10]

북한이탈주민의 지역별 거주 현황을 보면, 서울에 6,748명, 경기도에 7,497명, 인천에 2,450명, 부산에 967명, 경북에 987명, 경남에 982명, 대구에 694명, 충북에 993명, 충남 및 세종에 1,120명, 광주에 578명, 강원에 656명, 대전에 525명, 전남에 581명, 전북에 514명, 울산에 508명, 제주에 220명이다.[11] 이러한 사실에서 볼 때, 북한이탈주민은

8 통일부, http://www.unikorea.go.kr/content.do?cmsid=1440 (검색일: 2015.12.03).

9 통일부, 『2015 북한이탈주민 거주지 정착지원 매뉴얼』 (서울: 통일부 정착지원과, 2015), p.8.

10 통일부, http://www.unikorea.go.kr/content.do?cmsid=1440 (검색일: 2015.12.03).

11 남북하나재단, http://www.koreahana.or.kr/eGovHanaStat.do (검색일: 2015.12.03).

수도권지역에 절반이상이 집중 거주하고 있다.

1994년을 전후로 정치적 요인에서 경제적 요인으로 탈북의 동기가 변화하면서 이들은 과거 월남귀순자에서 귀순용사, 귀순동포, 탈북자, 새터민, 북한이탈주민에 이르기까지 다양하게 용어 변경이 이루어져 왔다. 이러한 용어 변경은 그들에 대한 남한사회의 인식이 정치적 의미가 강한 탈주자라는 신분에서 다문화적 상황을 고려하여 이주민으로 바라보는 관점으로 변화되고 있음을 반영한 것이다.[12] 이에 따라 그들의 정착과 지원을 위한 관련 법도 시대적 상황에 맞게 내용의 변화가 이루어졌다. 우선, 북한이탈주민에 관한 주요 용어들을 정리해보면 <표 4-1>과 같다.[13]

표 4-1 북한이탈주민에 관한 용어 정의

용 어	주요 개념	비 고
월남귀순자 (귀순용사)	반항하거나 반역하는 마음을 버리고 스스로 돌아서서 따라오거나 복종한다는 의미	남북간의 체제경쟁 상황 반영
탈북자	북한을 탈출한 사람	1994년에 처음 사용됨. 그러나 일부에서 탈북자라는 용어에서 받는 부정적인 어감 때문에 다른 용어로 변경해야 한다는 의견이 제기됨.

12 Sung Mi, Han, *The Role of Online Social Media in the Acculturation Process of North Korean Refugee Young Adults in South Korea*, Wayne State University Dissertations (2013).

13 한국사회에서 북한을 탈출하여 한국에 정착하고 있는 사람들에 대하여 다양하게 불리고 있는데, 이 글에서는 현재 법적, 공식적 용어인 북한이탈주민을 그대로 사용하고자 한다.

용 어	주요 개념	비 고
새터민	새로운 곳에서 터전을 잡고 살아가는 사람들	2005년에 탈북자가 부정적 의미를 강조한다는 점에서 변경됨. 상대적으로 정치적 색채가 약하다 해서 사용됨. 그러나 2008년 이후 사용하지 않음
북한이탈주민	군사분계선 이북지역에 주소, 직계가족, 배우자, 직장 등을 두고 있는 사람으로서 북한을 벗어난 후 외국 국적을 취득하지 아니한 사람	현재 법률 용어로 사용되고 있음

출처: 이우영 외, 『북한이탈주민 문제의 종합적 정책방안 연구』 (서울: 통일연구원, 2000), p.3; International Crisis Group, "모국의 이방인: 남한의 북한이탈주민," 『Asia Report』 N°208 (2011), p.2; 이경희·배성우, "북한이탈주민의 남한사회 정착에 영향을 미치는 요인," 『통일정책연구』 15권 2호 (2006), p.2; 위키피디아의 자료를 토대로 재구성함.

북한이탈주민은 남한사회에 적응, 정착하는데 필요한 법·제도적 차원에서 다양한 지원을 받고 있다. 북한이탈주민에 관한 정부의 지원정책의 변천과정을 간략히 요약하면 <표 4-2>와 같다. 1960년대 이후 현재에 이르기까지 남한사회에 거주하고 있는 북한출신 이주자에 관한 지원정책은 법률의 목적, 적용대상, 지원내용 등에서 점진적으로 체계적이고 확대되어 왔다. 1962년에 제정된 '국가유공자및월남귀순자특별원호법'은 북한 출신 이주자에 대한 최초의 지원정책으로써 의의를 가지지만 국가유공자와 함께 지원되었다는 점에서 일정한 한계를 가지고 있다. 1978년에 제정된 '월남귀순용사특별보상법'은 국가유공자와 통합 관리했던 기존의 법률과는 달리 하나의 법률로 독립시켜 보다 체계적인 지원을 위한 토대를 마련하였다.[14] 이 두 개의 법은 당시 남북 간의 체제경쟁이라는 특수한 상황에서 월남귀순자 및 귀순용사를 영웅시 하는 사회적 분위기와 밀접히 연관되어 있다. 1993년에 제정된 '귀순북한동포보호법'은 귀순자를 국가유공자에서 생활능력이 결여된 생활보호대상자로 전환시켰으며, 정착금의 하향조정 등 지원규모를 대폭 축소하였다.[15]

표 4-2 북한이탈주민 지원정책의 변천과정

법률명	주요 내용
국가유공자 및 월남귀순자 특별원호법	- 제정년도: 1962년 - 목적: 국가와 민족을 수호하기 위하여 활동한 자와 그 유족에 대한 특별원호에 관한 사항 규정 - 적용대상: 애국지사 및 그 유족, 4·19의거 상이자 및 사망자의 유족, 재일학도의용군참가자, 반공포로상이자, 월남귀순자[16], 공상공무원 및 순직공무원의 유족 - 지원내용: 연금및수당, 직장알선, 자녀의 교육보호, 양로및양육, 주택알선, 수송시설의 이용 등
월남귀순용사 특별보상법	- 제정년도: 1978년 - 목적: 조국의 평화적 통일이 달성될 때까지 배한괴뢰집단에 항거하여 귀순한 동포의 안주를 돕는 한편, 자유롭게 생업에 종사할 수 있도록 하기 위하여 필요한 보상과 원호에 관한 사항 규정

14 오원환, "탈북자에 대한 미디어의 담론적 구성," 전규찬·이희은, 『한국 사회 미디어와 소수자 문화 정치』(서울: 커뮤니케이션북스, 2011), p.218.

15 통일부, http://www.unikorea.go.kr/content.do?cmsid=1439 (검색일: 2015.07.25).

16 이 법률에서 월남귀순자는 다음 각 호의 1에 해당하는 자 중 월남귀순자원호심사위원회에서 결정된 자를 말한다. 1. 북한괴뢰집단의 군인으로 복무 중 그 집단에 항거하여 대한민국에 귀순한 자; 2. 북한괴뢰집단 및 그 소속단체의 간부로 재직 중 그 집단에 항거하여 대한민국에 귀순한 자; 3. 북한괴뢰집단의 민간인으로서 그 집단의 중대한 기밀을 가지고 대한민국에 귀순한 자

법률명	주요 내용
월남귀순용사 특별보상법	- 적용대상: 1. 배한괴뢰집단의 군인(군무원을 포함한다)으로서 복무 중 그 집단에 항거하여 귀순한 자; 2. 배한괴뢰집단 또는 그 소속 단체의 직원으로서 재직 중 그 집단에 항거하여 귀순한 자; 3. 제1호 및 제2호 이외의 민간인으로서 그 집단에 항거하여 귀순한 자; 4. 배한괴뢰집단에 의하여 밀파된 간첩으로서 자수·전향한 자 - 지원내용: 보상금 지급, 특별임용, 연금 및 구호수당 지급, 주택제공, 직장알선, 교육보호, 의료보호, 양로·양육보호, 월남귀순용사후원회 설립 등
귀순북한동포보호법	- 제정년도: 1993년 - 목적: 조국의 평화적 통일이 달성될 때까지 군사분계선 이북지역에서 대한민국으로 귀순한 동포의 정착을 돕는 한편, 이들이 자유롭게 생업에 종사할 수 있도록 하기 위하여 필요한 보호에 관한 사항 규정 - 적용대상: 배한에서 대한민국으로 귀순한 동포 - 지원내용: 정착금 지급, 특별임용, 생활보호, 주거지원, 취업알선, 교육보호, 의료보호, 귀순배한동포후원회 설립 등
북한이탈주민의보호및정착지원에관한법률	- 제정년도: 1997년 - 목적: 군사분계선 이북지역에서 벗어나 대한민국의 보호를 받으려는 군사분계선 이북지역의 주민이 정치, 경제, 사회, 문화 등 모든 생활 영역에서 신속히 적응·정착하는 데 필요한 보호 및 지원에 관한 사항 규정 - 적용대상: 대한민국의 보호를 받으려는 의사를 표시한 북한이탈주민 - 지원내용: 정착지원시설의 설치 및 보호, 직업훈련 및 취업보호, 영농정착지원, 정착금지원, 주거지원, 교육지원, 의료급여, 생활보호, 국민연금지원, 생업지원, 북한이탈주민지원재단 설립 등

출처: 국가법령정보센터, http://www.law.go.kr/LSW/main.html (검색일: 2015.07.25).

1997년 1월 14일에 제정된 '북한이탈주민의보호및정착지원에관한 법률'은 기존의 법률들과는 달리 인도적 관점에서 접근하고 있다.[17] 법률 명칭에서 드러나듯, 정부는 북한이탈주민의 보호뿐만 아니라 남한사회에 안정적으로 적응, 정착할 수 있는 다양한 형태의 지원정책을 시행하고 있다. 정착지원정책은 북한이탈주민의 입국 및 정착과정에 따라 진행되며, 주요 내용은 크게 정착지원 체계와 정착지원 제도로 구분할 수 있다.

첫째, 정착지원 체계의 경우, 정착지원 정책은 정부, 지자체, 민간기관이 상호 협력하여 추진하고 있다. 중앙정부는 통일부가 「북한이탈주민대책협의회」를 통해 북한이탈주민 정책을 협의·조정한다. 지방자치단체 차원에서는 지역적응센터와 함께 북한이탈주민 특성과 지역실정을 고려하여 정착지원 서비스를 제공한다. 민간기관에서는 지역의료기관, 종교단체, 자원봉사자 등이 북한이탈주민지원재단 및 지역적응센터와 연계하여 지원한다. 이를 도식화하면 <그림 4-2>와 같다.

둘째, 북한이탈주민의 지원제도는 사회적응교육, 정착금, 주거, 취업, 사회보장, 교육, 상담 등이다. 사회적응교육은 기본 교육(하나원)과 지역적응교육(하나센터)에서 이루어지고 있다. 정착금은 기본금, 지방거주 장려금, 취약계층 보호 가산금 등으로 구분되며, 그 중 기본금은 1인 세대 기준 700만원이 지급된다. 주거는 주택알선, 주거지원금 등에 관한 것이며, 취업의 경우에는 직업훈련비 및 훈련수당, 직업훈련장려금 및 자격취득 장려금, 취업 장려금, 고용지원금, 자산형성제도

17 이 법은 1997년에 제정된 이래 북한이탈주민의 자립·자활능력을 배양시키고 생활안정 및 교육지원, 취업지원을 강화하는 방향으로 열네 차례 개정되었다.

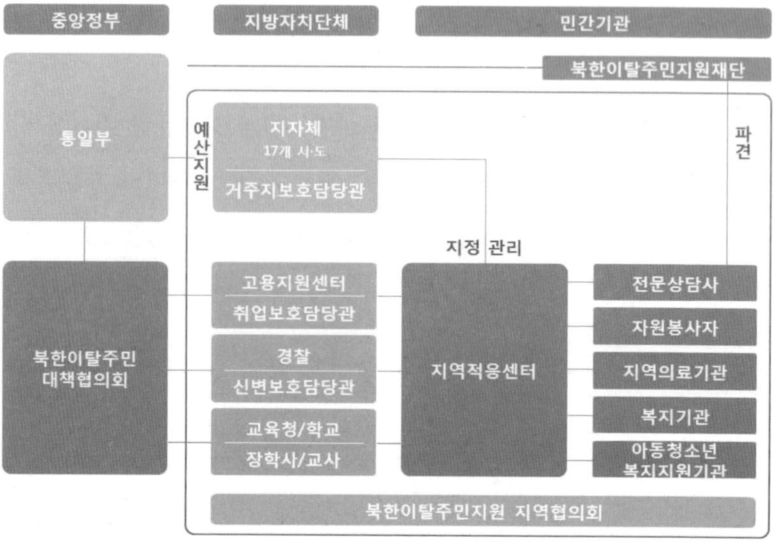

그림 4-2 북한이탈주민의 정착지원 체계[18]

(미래행복통장), 기타 취업지원센터 운영, 사회적 기업 설립 지원 등이다. 사회보장은 생계급여, 의료보호, 연금특례 등에 관한 것이며, 교육은 특례 편·입학, 학비 지원 등이다. 상담은 하나센터, 전문상담사, 정착도우미 등을 통해 사후 지원한다.[19]

문화접변의 개념 및 측정지수

문화접변의 개념

문화접변acculturation은 한 집단의 개인들이 다른 문화적 배경을 가

18 통일부, 『2015 북한이탈주민 거주지 정착지원 매뉴얼』 (서울: 통일부 정착지원과, 2015), p.93.

19 통일부(2015), pp.15-16.

진 집단과 접촉할 때 나타나는 변화과정을 의미한다.[20] 이주민의 문화접변은 개인의 이주로 인해 낯선 사회의 새로운 문화를 접하게 되면서 문화적으로 변화해가는 과정이다.[21] 이때 문화는 정체성, 가치관, 관습, 생활양식, 태도 등을 의미한다. 북한이탈주민은 공통된 문화유산을 가지고 있음에도 불구하고, 서로 다른 체제 하에 60년 이상을 살아왔기 때문에 그들의 경험, 성격, 정신적 가치 등이 서로 다르다.[22] 이러한 맥락에서 북한이탈주민은 한민족 또는 동포의 관점을 넘어 이주민으로 접근할 필요가 있다.[23] 따라서 북한이탈주민의 문화접변은 남한사회로 이주한 후 새로운 남한 문화를 접하게 되면서 그들의 정체성, 가치관, 관습, 생활양식, 태도 등이 변화되어 가는 과정이다.

문화접변은 적응과는 별개의 개념이다. 문화접변은 문화적으로 변화해 가는 과정을 의미하는 데 반해, 적응은 문화접변의 경험으로 인해 나타나는 결과를 의미한다.[24] 이때 문화접변은 통합, 동화, 분리,

---

20 Sam, D, "Acculturation: Conceptual Background and Core Components," in D. L. Sam and J. W. Berry(eds), *Cambridge Handbook of Acculturation Psychology*. (MA: Cambridge University Press, 2006), pp.97-112.

21 Berry, John W, "Immigration, Acculturation, and Adaptation," *An International Review*, vol.46, no.1 (1997), pp.5-68.

22 Sung Kil, Min (2008), pp.1-13.

23 윤인진, "북한이주민의 문화변용과 사회적응,"『한국학연구』 41집 (2012), pp.37-61; 이희영(2012), pp.1-45; 김성경, "북한이탈주민 일상연구와 이주연구 패러다임 신고찰,"『아태연구』 18집 3호 (2011), pp.1-21.

24 최명민·이기영·최현미·김정진,『문화적 다양성과 사회복지』(서울: 학지사, 2009); Berry, J. W. and Sam, D. L, "Acculturation and Adaptation," in John W. Berry, Marshall H. Segall and Cigdem Kagitcibasi(eds) *Handbook of Cross-Cultural Psychology*. (MA: Allyn and Bacon, 1997), pp.291-326. 국내 다문화, 이주민 관련 연구에서는 문화접변을 문화적응의 개념으로 적용하는 경우가 대부분이다. 이에 대한 논의는 추후 더 논의될 필요가 있다.

주변화 등 네 가지 성향으로 구분할 수 있으며, 그 중에서도 통합이 이주민의 가장 성공적인 적응과 관련이 있다. 분리는 이 네 성향 중 가장 낮은 수준의 적응과 관련된다.[25] 워드 외Ward and Rana-Deuba는 이주민의 적응이 문화접변 성향과 관련이 있음을 입증하기 위하여 이주민의 문화접변 성향에 따라 적응 양상이 어떻게 달라지는지를 분석하였다. 분석 결과, 통합적 성향을 가진 이주민은 심리적 적응에 있어 동화적 성향을 가진 이주민 보다 어려움 수준이 더 낮으며, 분리적 성향을 가진 이주민은 사회문화적 적응에 있어 어려움을 겪는 것으로 나타났다. 또한 동화 및 통합적 성향을 가진 이주민은 사회적 적응에 있어 어려움 수준이 낮다는 것을 알 수 있다.[26]

기존의 북한이탈주민의 남한사회 적응에 관한 연구는 대부분 경제적 열악, 언어적·문화적 이질감, 남한주민의 인식 부재, 차별 및 배제 등의 부정적인 관점에서 논의되고 있으며, 이를 통해 정책적 지원의 필요성을 강조하고 있다.[27] 그러나 오늘날 북한이탈주민은 이주배경

---

25 문화접변의 4가지 성향 중 통합은 북한문화를 그대로 유지하면서 남한문화를 수용하는 것을 의미한다. 동화는 북한문화는 유지하지 않으면서, 남한문화를 수용하려는 것이다. 분리는 북한문화만을 유지하려 하고, 남한문화를 수용하려 하지 않는 것이다. 주변화는 북한문화와 남한문화를 모두 수용하지 않는 것을 의미한다. Berry, J. W., Kim, U., Minde, T., and Mok, D, "Comparative Studies of Acculturative Stress." *International Migration Review,* vol.21, no.3 (1997); Berry, J. W., Kim, U., Power, S., Young, M., and Bujaki, M, "Acculturation Studies in Plural Societies." *Applied Psychology.* vol.138, no.2 (1989).

26 문화접변 성향은 이주민의 적응에 영향을 미친다. 문화접변은 과정이며, 적응은 결과로써 작용하기 때문이다. 따라서 문화접변 성향을 분석하는 것은 추후 이주민의 적응을 가늠할 수 있으며, 보다 긍정적인 적응을 위한 기준을 제시한다. Ward, Colleen and Rana-Deuba, Arzu, "Acculturation and Adaptation Revisited," *Journal of Cross-Cultural psychology,* vol.30 (1999), pp.422-442; Berry, John W(1997), pp.24-25.

27 Dong bae, Lee, "The Influence of North Korean Political Ideologies on the Integration of North Korean Defectors in South Korea," *Studia Orientalia Electronica,* vol.1 (2013), pp.

및 동기, 남한사회에서의 생활환경, 그리고 무엇보다 남한문화를 접하면서 취하는 태도 등의 변화에 따라 그들의 적응 행태가 달라지고 있다.[28] 채나리는 북한이탈주민 1차년도 패널자료를 통해 북한이탈주민의 문화접변 성향과 적응과의 관계를 분석한 결과, 통합형과 동화형에 속한 북한이탈주민이 남한사회 적응에 있어 더 높은 수준을 보인 반면, 분리형과 주변화형에 속한 북한이탈주민은 남한사회 적응에 있어 더 낮은 수준을 보였다고 밝혔다.[29] 이를 통해 남한문화를 수용하려는 북한이탈주민이 적응에 있어 더 긍정적이라는 것을 알 수 있다.

이처럼 문화접변은 적응 정도를 알 수 있는 기준이 된다. 그러므로 북한이탈주민의 남한사회 적응 수준을 파악하기 위해서 문화접변 성향을 분석하는 것이 중요하다. 기존의 채나리의 연구에서 문화접변과 남한사회 적응 간 영향 관계가 논의된 바 있으나, 문화접변을 측정하는 척도의 객관성 및 인구사회학적 특성과의 관계 등에 대한 연구가 추가로 이루어짐으로써 북한이탈주민의 문화접변 양상에 대한 이해가 충분히 이루어질 필요가 있다. 따라서 이 연구는 동아시아 이주민을 대상으로 문화접변 성향을 측정하는 데 널리 활용되고 있는 배리의 EAAM을 통해 북한이탈주민의 문화접변 성향을 분석하였다.[30] 구체적으로 북한이탈주민의 인구사회학적 특성별로 문화접변 성향이

1-20; 박경숙(2012); Min(2008).

28 윤인진(2012); 김성경(2011); 채나리, "북한이탈주민의 문화변용과 남한사회 적응에 관한 연구," 『사회복지실천』 10집 (2011), pp.165-184.; 한진숙(2011).

29 채나리(2011).

30 Barry, Declan T, "Development of a New Scale for Measuring Acculturation: The East Asian Acculturation Measure (EAAM)," *Journal of Immigrant Health,* vol.3, no.4 (2001), pp. 193-197.

어떻게 차이가 나타나는지 차이분석을 실시하였다. 이를 통해 북한이탈주민이 남한사회에 안정적으로 정착하고, 적응하는데 필요한 정책적 시사점을 제시하였다.

문화접변의 측정지수

일찍이 미국에서는 이주민의 문화접변에 대한 일련의 연구가 진행되어왔으며, 이를 측정하기 위한 척도가 개발되었다.[31] 이주민의 출신 국가별로 살펴보면, 멕시코, 푸에르토리코, 쿠바 등 라틴 아메리카 출신 이주민의 문화접변을 측정하기 위한 척도가 가장 많이 개발되었으며, 그 이외 아프리카, 아시아 출신 이주민에 관한 척도도 개발되어 왔다. 그 중에서도 아시아 이주민의 문화접변을 측정하는 척도는 SL-ASIA[The Suinn-Lew Asian Self-Identity Scale]가 시초라 할 수 있다.[32] 총 26문항으로 구성된 이 척도는 1-5까지의 범위를 통해 문화접변 수준을 측정하는 것으로 1에 가까울수록 문화접변 수준이 낮고, 5에 가까울수록 문화접변 수준이 높다. 문화접변 수준이 낮다는 것은 아시아 문화 정체성을 유지한다는 것을 의미한다. 문화접변 수준이 높다는 것은 미국 문화에 동화되는 경향이 높다는 것을 의미한다. 즉, '아시안'이라는 문화정체성이 높으면 미국의 문화정체성은 그만큼 낮아진다는 것이다.[33] 그러나 이 연구는 문화접변을 단일차원으로 접근한 결

---

31 Taras, Vas, *Instruments for Measuring Acculturation.*(Available from http://ucalgary.ca/~taras/_private/Acculturation_Survey_Catalogue.pdf. Internet; accessed April 9, 2015).

32 Suinn, R. M., Rickard-Figueroa, K., and Lew, S., and Vigil, P, "The Suinn-Lew Asian Self-Identity Acculturation Scale: An initial report," *Educational and Psychological Measurement,* vol.47, no.2 (1987), pp.401-407.

과, 문화접변을 하나의 제로섬 관계로 보고 있다.[34]

이에 따라 아시안 아메리칸의 다차원적인 문화접변 수준을 측정하기 위하여 AAMASAsian American Multidimensional Acculturation Scale이 개발되었다. 이 척도는 문화적 범위를 'Culture of Origin', 'Asian American', 'European American'으로 구분하고, 요인분석을 통해 세 범위 간의 관련성을 밝혔다. 또한 문화접변의 영역을 범민족적pan-ethnic 성격을 가지는 것으로 설계함으로써 다양한 아시아계 민족에게 적용될 수 있도록 하였다. 구체적인 측정지수는 문화적 정체성 8문항, 언어 4문항, 문화지식 3문항, 음식 소비 2문항 등 총 17문항으로 구성되어 있으며, 요인분석과 신뢰도 분석을 통해 타당도와 신뢰도를 입증하였다. 그러나 측정된 문항들이 SL-ASIA를 재구성하여 활용한 결과, 문화접변과 문화적 정체성 개념이 혼합되어 사용되었으며, 이는 기존의 연구에서 나타난 개념의 모호성을 그대로 반영한 한계가 있다.[35]

주지하다시피 문화접변은 서로 다른 문화를 접하는 상황에서 태도, 사고방식, 가치 등이 변화하는 과정을 의미한다.[36] 그러므로 정체성은

---

33 Suinn, Richard. M., Ahuna, C. and Khoo, G, "Suinn-Lew Asian Self-Identity Acculturation Scale: Concurrent and factorial validation." *Educational and Psychological Measurement*. vol.52 (1992), pp.1041-1046.

34 Sodowsky, Gargi. R., Lai, Edward W. M., Plake, Barbara S. "Moderating Effects of Sociocultural Variables on Acculturation Attitudes of Hispanics and Asian Americans." *Journal of Counseling & Development*. vol.70, no.1, (1991) pp.194-204.

35 Gim, Chung, Ruth, H., Kim, Bryan S. K. and Abreu, Jose M, "Asian American Multidimensional Acculturation Scale: Development, Factor Analysis, Reliability, and Validity," *Cultural Diversity and Ethnic Minority Psychology*, vol.10, no.1 (2004), pp.66-80.

36 Anderson, J., Moeschberger, M., Chen, M. S., Kunn, P., Wewers, M. E. and Guthrie, R, "An Acculturation Scale for Southeast Asians," *Social Psychiatry and Psychiatric Epidemiology*, vol.28, no.3 (1993), pp.134-141; Berry(1997).

문화접변에서 나타나는 하나의 요소라 할 수 있으며, 이때 문화접변은 개인뿐만 아니라 집단에서도 나타날 수 있다. 또한 문화접변은 본래의 문화에서 새로운 문화로만 변화하는 단방향적unidirectional 차원이 아니라 서로 영향을 주고받는 다방향적multidirectional 차원으로 접근할 필요가 있다.[37] 이에 따라 베리는 문화접변 성향을 통합integration, 동화assimilation, 분리separation, 주변화marginalization 등 네가지로 범주화하였다.[38] 이러한 다차원적인 문화접변 성향은 앞서 언급한 SL-ASIA 또는 AAMAS를 통해 측정하기에는 한계가 있다.

한편, 배리는 동아시아 이주민의 다차원적인 문화접변 성향을 측정하기 위하여 EAAMThe East Asian Acculturation Measure을 개발하였다. 이를 위해 베리의 문화접변 성향을 기준으로 측정 범위를 구분하고, 언어 선호, 사회적 상호작용에서 나타나는 사고방식과 행동측면, 의사소통 방식 등을 측정하기 위한 문항을 설계하였다. 총 29문항으로 구성된 이 척도의 구체적인 지수는 <표 4-3>과 같다.

---

37 Lakey, Paul N., "Acculturation: a Review of the literature." *Intercultural Communication Studies*. vol.12, no.2 (2003), p.108

38 통합은 기존의 문화를 유지하면서도 새로운 문화도 수용하는 태도를 의미한다. 동화는 기존의 문화보다는 새로운 문화를 더 수용하는 태도를 의미하며, 반대로 분리는 기존의 문화를 더 고수하려는 태도를 뜻한다. 주변화는 본래의 문화를 수용하지 않을 뿐만 아니라 새로운 문화를 수용하려 하지 않는 태도를 의미한다. Berry(1997), pp.9-12.

표 4-3 배리의 EAAM 측정 지수

구분	내 용
동화 (8)	나는 모국어(중국어, 일본어, 한국어) 보다 영어로 글쓰기를 더 잘한다. 나는 집에서 주로 영어를 사용한다. 나는 시를 쓴다면 영어로 쓰는 것을 더 선호한다. 나는 아시아 사람들 보다 미국 사람들과 더 잘 어울린다. 나는 아시아 사람들 보다 미국 사람들이 나를 더 잘 이해하는 것 같다. 나는 아시아 사람들 보다 미국 사람들에게 내 감정을 잘 전달할 수 있다. 나는 아시아 사람들 보다 미국 사람들과 교제하는 것이 더 편하다고 느낀다. 직장이나 학교에서 내 친구의 대부분은 미국 사람이다.
분리 (7)	나는 주로 아시아 음악을 듣는다. 나의 친한 친구들은 아시아 사람들이다. 나는 아시아 사람들이 구성원인 사교 모임에 가기를 좋아한다. 나는 미국 사람들 보다 아시아 사람들이 더 평등하게 대해 준다고 느낀다. 나는 미국 사람들 보다 아시아 사람들과 만나는 것을 더 좋아한다. 나는 미국 사람들과 함께 있는 것 보다 아시아 사람들과 함께 있을 때 편안함을 느낀다. 아시아 사람들은 비 아시아 사람들과 교제하면 안된다.
통합 (5)	나는 영어와 모국어(중국어, 일본어, 한국어)로 농담을 할 수 있다. 나는 모국어로 생각한 것처럼 영어로도 생각할 수 있다. 나는 미국 친구와 아시아 친구 모두 있다. 나는 미국 사람이나 아시아 사람 둘 다 나를 소중하게 여기는 것을 느낀다. 나는 내 주변의 미국 사람이나 아시아 사람들에게 다 편안함을 느낀다.
주변화 (9)	일반적으로 나는 아시아 사람이든 미국사람이든 누군가와 교제하는 것 자체에 어려움을 느낀다. 나는 가끔 미국사람이든 아시아 사람이든 나를 좋아하지 않는다고 느낀다. 나는 아무도 나를 이해하지 않는다고 생각할 때가 여러 번 있다. 나는 가끔 사람들과 소통하는 것이 어렵다고 생각한다. 나는 가끔 친구 사귀는 것이 어렵다고 생각한다. 나는 가끔 아시아 사람과 미국 사람이 나를 받아주지 않는다고 느낀다. 나는 미국 사람이나 아시아 사람들을 신뢰하기 어렵다고 생각한다. 나는 아시아 사람들이나 미국 사람들이 나를 이해하는데 어려움을 가지고 있다는 것을 알았다. 나는 다른 사람들과 함께 있을 때 편안함을 느끼지 못한다는 것을 알았다.

출처: Barry, Declan T, "Development of a New Scale for Measuring Acculturation: The East Asian Acculturation Measure (EAAM)," *Journal of Immigrant Health*, vol.3, no.4 (2001), p.195.

이 척도는 신뢰도 분석을 통해 내적일관성을 가짐을 입증하였고, 각 문화접변 성향별 상관관계 분석을 통해 변수 간 상호 관련성을 파악하였다. 또한 거주기간, 성별 등 인구사회학적 특성과 문화접변 성향과의 상관관계를 분석하였다. 분석 결과, 거주기간과 문화접변의 경우에는 동화와 통합, 주변화와 상관관계를 보이는 것으로 나타났다. 성별은 문화접변 성향과의 상관관계가 유의미하지 않았다.

배리의 EAAM은 기존에 나타난 SL-ASIA의 한계 즉, 단일차원에서의 문화접변 수준을 측정하였다는 점, 그리고 연구대상에 있어 아시아 내 민족 집단의 차이를 구별하지 않았다는 점, 문화접변의 태도 및 상황에 대한 범위를 평가하지 않았다는 점 등을 극복하였다는 점에서 동아시아 이주민의 문화접변 성향을 측정하는 데 유용성을 지니고 있다. 또한 아시아 지역 내 민족을 중국, 일본, 한국으로 구분함으로써 북한이탈주민의 문화접변 성향을 측정하는 데 적용될 수 있으며, 인구사회학적 특성과 문화접변 성향과의 상관관계 분석을 시도함으로써 추후 집단 간 문화접변 성향에 대한 차이분석을 실시할 수 있는 기반을 마련하였다. 이러한 맥락에서 이 연구는 남한사회에 거주하고 있는 북한이탈주민의 문화접변 성향을 분석하기 위해 배리의 EAAM을 원용하였다.

연구대상 및 방법

연구대상

이 연구는 북한이탈주민의 문화접변 성향을 분석하기 위해 광주광역시에 거주하고 있는 북한이탈주민을 대상으로, 2013년 11월 19일부터 12월 20일까지 실시되었다. 회수된 설문지 180부 중 인구사회학적 특성에 무응답 하였거나 자료로써 불성실하게 기입된 설문지 29부를 제외한 151부를 통계분석에 활용하였다. 연구대상의 인구사회학적 특성은 <표 4-4>와 같다.

| 표 4-4 | 연구대상의 인구사회학적 특성

구분	내 용	빈도 (명)	비율 (%)	구분	내 용	빈도 (명)	비율 (%)
성별	남	35	23.2	학력	인민학교	13	8.6
	여	116	76.8		고등중학교	110	72.8
연령	10대	1	0.7		전문학교	15	9.9
	20대	16	10.6		대졸이상	13	8.6
	30대	58	38.4	북송 경험	있음	31	20.5
	40대	56	37.1		없음	120	79.5
	50대	13	8.6	남한 교육 경험	있음	39	25.8
	60대 이상	7	4.6		없음	112	74.2
결혼	기혼	124	82.1	직업	있음	72	47.7
	미혼	27	17.9		없음	79	52.3
종교	있음	57	37.7	월 평균 소득	없음	15	9.9
	없음	94	62.3		50만원미만	25	16.6
입국 년도	1996-2000년	1	0.7		50-100만원미만	39	25.8
	2001-2005년	7	4.6		100-150만원미만	38	25.2
	2006-2010년	93	61.6		150-200만원미만	21	13.9
	2011년 이후	50	33.1		200만원 이상	13	8.6
합계	151(100%)						

설문조사 응답자의 성별은 남성 35명(23.2%), 여성 116명(76.8%)이다.[39] 연령은 10대 1명(0.7%), 20대 16명(10.6%), 30대 58명(38.4%), 40대 56명(37.1%), 50대 13명(8.6%), 60대 이상 7명(4.6%)이다. 결혼은 기혼자 124명(82.1%), 미혼자 27명(17.9%)이다. 학력은 인민학교 13명(8.6%), 고등중학교 110명(72.8%), 전문학교 15명(9.9%), 대졸이상 13명(8.6%)으로 나타났다. 종교 유무에 있어서는 종교 '있음'이 57명(37.7%), '없음'이 94명(62.3%)이며, 북송경험에 있어서는 '있음' 31명(20.5%), '없음' 120명(79.5%)으로 나타났다. 입국년도에 따른 응답자 현황은 '1995-2000년' 1명(0.7%), '2001-2005년' 7명(4.6%), '2006-2010년' 93명(61.6%), '2011년 이후' 50명(33.1%)이다. 남한에서의 교육 경험 유무를 살펴보면, '있음'이 39명(25.8%), '없음'이 112명(74.2%)로 나타났다. 현재 직업 유무에 있어서는 '있음' 72명(47.7%), '없음' 79명(52.3%)이다. 월 평균 소득은 '50만원 미만' 25명(16.6%), '50-100만원 미만' 39명(25.8%), '100-150만원 미만' 38명(25.2%), '150-200만원 미만' 21명(13.9%), '200만 원 이상' 13명(8.6%)이다.

측정도구 및 분석방법

이 연구의 측정도구는 배리의 문화접변 척도를 통해 북한이탈주민의 특성에 맞게 재구성하였으며, 타당도와 신뢰도를 검증하기 위하여 요인분석과 신뢰도분석을 실시하였다. 요인분석은 문화접변 성향인 주변화, 동화, 분리, 통합에 관한 것이며, 분석 결과는 <표 4-5>와 같다.

---

39 2015년 5월 현재 광주에 거주하고 있는 북한이탈주민은 579명이며, 그 중에서 남성이 143명, 여성이 436명으로 여성이 75%를 차지하고 있다. 통일부(2015).

표 4-5 북한이탈주민의 문화접변 성향에 대한 탐색적 요인분석

	문 항	요인1	요인2	요인3	요인4	공통성
주변화	나는 가끔 친구 삼기가 어렵다는 것을 알았다.	**.836**	-.058	.094	-.033	.713
	나는 아무도 나를 이해하지 않는다고 생각할 때가 여러 번 있었다.	**.830**	-.217	.192	-.066	.777
	나는 가끔 북한사람이나 남한사람이 나를 인정해주지 않는다는 것을 느낀다.	**.826**	-.013	.052	-.077	.690
	나는 가끔 사람들과 소통하는 것이 어렵다는 것을 알았다.	**.811**	-.242	.103	.018	.727
	나는 가끔 북한사람이든 남한사람이든 나를 좋아하지 않는다고 느낀다.	**.809**	-.084	.188	-.083	.703
	나는 북한사람이든 남한사람이든 누군가와 교제하는 것 자체에 어려움을 느낀다.	**.702**	-.233	.233	-.117	.615
동화	나는 북한사람들보다 남한사람들이 나를 잘 이해하는 것 같다.	-.128	**.877**	-.003	.050	.788
	나는 북한사람들보다 남한사람들에게 내 감정을 잘 전달할 수 있다.	-.047	**.871**	-.016	.099	.771
	나는 북한사람들보다 남한사람들과 교제하는 것이 더 편하다고 느낀다.	-.116	**.823**	-.180	.173	.753
	나는 북한사람들보다 남한사람들과 더 잘 어울린다.	-.251	**.815**	-.062	.112	.744
	직장이나 학교에서 내 친구의 대부분은 남한사람들이다.	-.165	**.705**	-.023	.211	.569
분리	나는 남한사람들보다 북한사람들이 더 평등하게 대해 준다고 느낀다.	.037	-.029	**.809**	.238	.713
	나는 남한사람들보다 북한사람들과 만나는 것을 더 좋아한다.	.250	-.113	**.807**	.141	.746
	나는 남한사람들과 함께 있는 것보다 북한사람들과 함께 있을 때 편안함을 느낀다.	.275	-.137	**.757**	.167	.695
	나는 북한사람들이 구성원인 사교모임에 가기를 좋아한다.	.167	.010	**.741**	.121	.592
통합	나는 북한 친구와 남한 친구가 모두 있다.	-.038	.120	.068	**.845**	.735
	나는 북한사람이나 남한사람 둘 다 나를 소중하게 여기는 것으로 느낀다.	-.104	.265	.274	**.803**	.801
	나는 북한말로 생각한 것처럼 남한말로도 생각할 수 있다.	-.097	.055	.211	**.735**	.597
	나는 내 주변의 북한사람이나 남한사람에게 다 편안함을 느낀다.	-.044	.161	.124	**.725**	.569
초기고유값		5.928	3.920	2.285	1.164	
분산백분율 (%)		31.202	20.631	12.026	6.129	
누적백분율 (%)		31.202	51.833	63.859	69.987	
표준형성 적절성의 Kaiser-Meyer-Olkin 측도		.827				
Bartlett의 구형성 검정		근사카이제곱=1744.058 df=171 유의확률=.000				

주변화 관련 질문 총 9문항 중 6문항, 동화 관련 질문 총 8문항 중 5문항, 분리 관련 질문 총 7문항 중 4문항, 통합 관련 질문 총 5문항 중 4문항이 적합한 것으로 나타났다.

신뢰도분석은 추출된 요인별 신뢰성계수(Cronbach's Coefficient α)를 통해 분석하였으며, 분석결과는 <표 4-6>과 같다. 주변화, 동화, 분리, 통합에 대한 각각의 신뢰성계수는 0.911, 0.895, 0.837, 0.831로 나타나 내적 일관성을 가지고 있다.

표 4-6 북한이탈주민의 문화접변 성향에 대한 신뢰도 분석

범위	변수	설문문항	신뢰성계수(Cronbach's Alpha)	
문화접변 성향	주변화	6	.911	.762
	동화	5	.895	
	분리	4	.837	
	통합	4	.831	

북한이탈주민의 문화접변 성향

문화접변 성향

북한이탈주민의 문화접변 성향에 대한 응답자의 전반적인 경향을 파악하기 위하여 기술통계 분석을 실시하였으며, 분석 결과는 <표 4-7>과 같다.

네 가지 성향의 전체 평균을 보면, 통합이 3.15(±0.739)로 가장 높았고, 그 다음으로 동화가 3.11(±0.824), 분리가 2.79(±0.793), 주변화

| 표 4-7 | 북한이탈주민의 문화접변 성향에 대한 기술통계 분석

	측정항목	평균	표준편차
주변화	나는 가끔 친구 삼기가 어렵다는 것을 알았다.	2.64	.783
	나는 아무도 나를 이해하지 않는다고 생각할 때가 여러 번 있었다.	2.55	1.001
	나는 가끔 북한사람이나 남한사람이 나를 인정해주지 않는다는 것을 느낀다.	2.65	.955
	나는 가끔 사람들과 소통하는 것이 어렵다는 것을 알았다.	2.72	.883
	나는 가끔 북한사람이든 남한사람이든 나를 좋아하지 않는다고 느낀다.	2.53	.953
	나는 북한사람이든 남한사람이든 누군가와 교제하는 것 자체에 어려움을 느낀다.	2.72	.984
전체(주변화)		**2.64**	**.783**
동화	나는 북한사람들보다 남한사람들이 나를 잘 이해하는 것 같다.	2.93	.949
	나는 북한사람들보다 남한사람들에게 내 감정을 잘 전달할 수 있다.	3.07	.920
	나는 북한사람들보다 남한사람들과 교제하는 것이 더 편하다고 느낀다.	3.14	1.004
	나는 북한사람들보다 남한사람들과 더 잘 어울린다.	3.16	.916
	직장이나 학교에서 내 친구의 대부분은 남한사람들이다.	3.07	.920
전체(동화)		**3.11**	**.824**
분리	나는 남한사람들보다 북한사람들이 더 평등하게 대해 준다고 느낀다.	2.77	.986
	나는 남한사람들보다 북한사람들과 만나는 것을 더 좋아한다.	2.78	.858
	나는 남한사람들과 함께 있는 것 보다 북한사람들과 함께 있을 때 편안함을 느낀다.	2.89	.977
	나는 북한사람들이 구성원인 사교 모임에 가기를 좋아한다.	2.70	1.041
전체(분리)		**2.79**	**.793**
통합	나는 북한 친구와 남한 친구가 모두 있다.	3.17	.944
	나는 북한사람이나 남한사람 둘 다 나를 소중하게 여기는 것으로 느낀다.	3.21	.929
	나는 북한말로 생각한 것처럼 남한말로도 생각할 수 있다.	3.09	.859
	나는 내 주변의 북한사람이나 남한사람에게 다 편안함을 느낀다.	3.15	.895
전체(통합)		**3.15**	**.739**

가 2.64(±0.783) 순으로 나타났다. 그 중에서도 통합과 동화는 보통 이상으로 나타났고, 분리와 주변화는 보통 이하 수준으로 나타났다. 이는 문화접변 성향 중에서도 북한이탈주민은 통합과 동화 성향이 보다 우세하게 나타나고 있음을 보여준다.

하위 항목별 평균을 살펴보면, 첫째, 주변화 성향에 있어 '나는 가끔 사람들과 소통하는 것이 어렵다는 것을 알았다.'와 '나는 북한사람이든 남한사람이든 누군가와 교제하는 것 자체에 어려움을 느낀다.' 항목의 평균이 2.72로 가장 높게 나타났으며, '나는 가끔 북한사람이든 남한사람이든 나를 좋아하지 않는다고 느낀다.' 항목의 평균이 2.53으로 가장 낮게 나타났다. 둘째, 동화 성향에 있어 '나는 북한사람들보다 남한사람들과 더 잘 어울린다.' 항목의 평균이 3.16으로 가장 높았고, '나는 북한사람들보다 남한사람들이 나를 잘 이해하는 것 같다.'의 평균이 2.93으로 가장 낮았다. 셋째, 분리 성향에 있어 '나는 남한사람들과 함께 있는 것 보다 북한사람들과 함께 있을 때 편안함을 느낀다.' 항목의 평균이 2.89로 가장 높았고, '나는 북한사람들이 구성원인 사교 모임에 가기를 좋아한다.' 항목의 평균이 2.70으로 가장 낮았다. 넷째, 통합 성향에 있어서 '나는 북한사람이나 남한사람 둘 다 나를 소중하게 여기는 것으로 느낀다.' 항목의 평균이 3.21로 가장 높게 나타났으며, '나는 북한말로 생각한 것처럼 남한말로도 생각할 수 있다.' 항목의 평균이 3.09로 가장 낮게 나타났다.

이와 같이 광주광역시에 거주하고 있는 북한이탈주민은 비교적 남한 사회에 통합되는 경향을 보인다. 기존 연구에서 북한이탈주민은 대부분 차별과 배제로 인해 스트레스, 소외감 등으로 남한 사회에 적응하는데 어려움을 느끼며, 이를 문화접변과의 관계에서 살펴보면 분리, 주변화 경향이 강하다는 것을 의미한다. 반면, 이 연구에서 북한이탈주민은 분리와 주변화 경향이 상대적으로 통합과 동화에 비해 낮게 나타남을 알 수 있다. 워드 외(Ward et al.)의 연구 결과에서도 밝혔듯이, 문화접변 성향은 적응에 영향을 미친다고 할 때, 문화접변 성향은 추후 북한이탈주민의 적응을 가늠해보는 기준이 될 수 있다. 따라서 북한이탈주민의 분리, 주변화 성향 보다 상대적으로 통합, 동화 되는 경향이 높다는 것은 점차 남한 사회에 적응하는 데 긍정적인 영향을 미칠 것을 미루어 짐작할 수 있다.

북한이탈주민들은 지난 2015년 8월에 광복 70주년을 기념하여 광산구 송광복지관에서 북한 음식 나눔 축제를 개최하였다<사진 4-1>. 이 축제에서는 북한이탈주민들이 자신들의 고향 음식을 만들어 지역

사진 4-1 북한 음식 나눔 축제

에 거주하고 있는 독거노인과 사회적 취약계층을 초청하여 북한 음식을 나누어 먹었다. 이러한 행사는 북한이탈주민에 대한 사회적 인식 제고 및 자긍심을 함양하는데 기여하고 지역사회 구성원들이 북한의 생활문화를 이해하는 계기가 되고 있다.

<사진 4-2>는 북한이탈주민의 봉사단체인 백두산통일봉사회와 한마음봉사단40이 죽림공원과 광주천에서 환경캠페인을 펼치고 있는 모습이다. 이 캠페인은 <2015 광주하계유니버시아드대회>의 성공적 개최를 기원하는 북한이탈주민들과 시민, 대학생들이 공동으로 진행되었다. 이외에도 북한이탈주민의 봉사단체는 지역사회에 거주하고 있는 독거노인들의 도시락 배달과 점심식사 봉사, 그리고 멘토링 등

사진 4-2 북한이탈주민 봉사단체의 환경캠페인 활동

40 한마음봉사단은 2014년 11월 30일에 결성되었다. 주요 활동 내용은 독거노인 및 사회적 취약계층에 대한 음식 봉사 및 도시락 배달, 탈북청소년들에 대한 멘토 활동, 언어교정 프로그램 진행, 북한음식 나눔 봉사 활동 등이다.

지역공동체의 당당한 구성원으로 살아가기 위해 노력하고 있다.[41]

문화접변 성향의 차이분석

북한이탈주민의 인구사회학적 특성에 따라 문화접변 성향이 다르게 나타나는지 검증하기 위하여 차이분석을 실시하였으며, 통계적으로 유의미한 결과만을 정리하면 다음과 같다. 첫째, 주변화 성향은 월평균 소득, 직업유무, 남한교육 경험 유무에 따라 집단 간의 차이가 존재하는 것으로 나타났다. 우선, 분산분석을 통해 월평균 소득에 따른 집단 간의 차이 결과를 살펴보면, <표 4-8>과 같다.

'50만원 미만'의 소득을 가진 북한이탈주민이 '200만 원 이상'의 소득을 가진 북한이탈주민보다 주변화 성향에 가까운 것으로 나타났

표 4-8 북한이탈주민의 인구사회학적 특성에 따른 주변화 성향 분산분석 결과

구분	변수	빈도	주변화 분석결과 ($\overline{x}$±S.D.)	F(p)	사후검증 (Scheffe test)
월 평균 소득	소득 없음	15	2.28±.717	5.318 (.000)*	a>c b>c
	50만원미만(a)	24	3.01±.628		
	50-100만원미만(b)	39	2.93±.750		
	100-150만원미만	38	2.57±.793		
	150-200만원미만	21	2.48±.695		
	200만원 이상(c)	13	2.01±.734		

*: $p<.001$

41 광주일등뉴스, 2015년 7월 2일.

다. 또한 '50-100만원 미만'의 소득을 가진 북한이탈주민도 '200만 원 이상'의 소득을 가진 북한이탈주민 보다 주변화에 가까운 경향을 보이는 것으로 나타났다.

다음으로, 직업유무와 남한교육 경험 유무에 따른 집단 간의 평균 차이 검증을 위하여 t-검정을 실시하였으며, 분석 결과는 <표 4-9>와 같다.

직업 유무에 있어 주변화 성향은 직업이 '없는' 북한이탈주민이 직업이 '있는' 북한이탈주민 보다 주변화 성향이 더 높은 것으로 나타났다. 남한교육 경험에 있어서는 경험이 '없는' 북한이탈주민이 경험이 '있는' 북한이탈주민 보다 주변화 성향이 더 높게 나타났다.

표 4-9 북한이탈주민의 인구사회학적 특성에 따른 주변화 성향 차이검증 결과

구분	변수	빈도	주변화 분석결과 ($\bar{x}$ ±S.D.)	t(p)
직업	없음	78	2.80±.756	2.623 (.010)*
	있음	72	2.47±.780	
남한교육 경험	없음	111	2.82±.710	5.124 (.000)**
	있음	39	2.13±.763	

*: $p<.05$, **: $p<.001$

둘째, 동화 성향은 월 평균 소득, 북송경험 유무, 결혼, 남한교육 경험 유무에 따라 집단 간의 차이가 존재하는 것으로 나타났다. 우선, 분산분석을 통해 월평균 소득에 따른 집단 간의 차이 결과를 살펴보면, <표 4-10>과 같다.

| 표 4-10 | 북한이탈주민의 인구사회학적 특성에 따른 동화 성향 분산분석 결과

구분	변수	빈도	동화 분석결과 ($\bar{x}$±S.D.)	F(p)	사후검증 (Scheffe test)
월 평균 소득	소득 없음(a)	15	4.01±.927	8.083 (.000)*	a>b a>c a>d b<e
	50만원 미만	24	3.20±.725		
	50-100만원 미만(b)	39	2.80±.617		
	100-150만원 미만(c)	37	3.01±.698		
	150-200만원 미만(d)	21	2.80±.610		
	200만원 이상(e)	13	3.63±1.107		

*: p<.001

'소득이 없는' 북한이탈주민이 '50-100만원 미만', '100-150만원 미만', '150-200만원 미만'의 소득을 가진 북한이탈주민보다 동화 성향을 보이는 것으로 나타났다. 또한 '200만 원 이상'의 소득을 가진 북한이탈주민이 '50-100만원 미만'의 소득을 가진 북한이탈주민 보다 동화에 가까운 경향을 보이는 것으로 나타났다.

다음으로, 북송경험 유무, 결혼, 남한교육 경험 유무에 따른 집단 간의 평균차이 검증을 위하여 t-검정을 실시하였으며, 분석 결과는 <표 4-11>과 같다.

북송경험 유무에 있어 동화 성향은 북송경험이 '없는' 북한이탈주민이 북송경험이 '있는' 북한이탈주민 보다 동화 성향이 더 높은 것으로 나타났다. 결혼에 있어서는 '기혼'인 북한이탈주민이 '미혼'인 북한이탈주민보다 동화 성향이 더 높게 나타났다. 남한교육 경험에 있어서는 경험이 '있는' 북한이탈주민이 경험이 '없는' 북한이탈주민 보다 동화 성향이 더 높게 나타났다.

표 4-11 북한이탈주민의 인구사회학적 특성에 따른 동화 성향 차이검증 결과

구분	변수	빈도	동화	t(p)
			분석결과 ($\bar{x}$±S.D.)	
북송 경험	없음	118	3.22±.830	3.184 (.002)*
	있음	31	2.70±.669	
결혼	미혼	27	2.72±.481	-2.791 (.006)*
	기혼	122	3.20±.859	
남한교육 경험	없음	110	2.97±.766	-3.600 (.000)**
	있음	39	3.50±.864	

*: p<.01, **p<.001

셋째, 분리 성향은 월 평균 소득, 직업 유무, 남한교육 경험 유무에 따라 집단 간의 차이가 존재하는 것으로 나타났다. 우선, 분산분석을 통해 월 평균 소득에 따른 집단 간의 차이 결과를 살펴보면, <표 4-12>와 같다.

표 4-12 북한이탈주민의 인구사회학적 특성에 따른 분리 성향 분산분석 결과

구분	변수	빈도	분리	F(p)	사후검증 (Scheffe test)
			분석결과 ($\bar{x}$±S.D.)		
월 평균 소득	소득없음	15	2.33±.976	2.459 (.039)*	N/A
	50만원미만	24	3.06±.673		
	50-100만원미만	39	2.99±.750		
	100-150만원미만	38	2.70±.812		
	150-200만원미만	21	2.65±.700		
	200만 원 이상	13	2.65±.767		

*: p<.05

분리 성향의 경우에는 월 평균 소득에 따라 통계적으로 집단 간의 차이가 존재하는 것으로 나타났으나, 사후검증에서는 유의하지 않은 것으로 조사되었다.

다음으로, 직업 유무와 남한교육 경험 유무에 따른 집단 간의 평균 차이 검증을 위하여 t-검정을 실시하였으며, 분석 결과는 <표 4-13> 과 같다.

표 4-13 북한이탈주민의 인구사회학적 특성에 따른 분리 성향 차이검증 결과

구분	변수	빈도	분리	t(p)
			분석결과 ($\bar{x}$±S.D.)	
직업	없음	78	2.93±.758	2.412 (.017)*
	있음	72	2.63±.705	
남한교육 경험	없음	111	2.89±.722	2.787 (.006)**
	있음	39	2.49±.914	

*: p<.05, **: p<.01

직업 유무에 있어 분리 성향은 직업이 '없는' 북한이탈주민이 직업이 '있는' 북한이탈주민 보다 분리 성향이 더 높은 것으로 나타났다. 남한교육 경험에 있어서는 경험이 '없는' 북한이탈주민이 경험이 '있는' 북한이탈주민 보다 분리 성향이 더 높게 나타났다.

넷째, 통합 성향은 인구사회학적 특성에 따른 집단 간의 차이가 존재하지 않은 것으로 나타났다.

이와 같이 북한이탈주민의 문화접변 성향 중 분리, 동화, 주변화에 있어서는 월 평균 소득, 직업, 북송경험, 결혼, 남한교육 경험 등에 따라 집단 간 차이가 있다고 나타났다. 그 중에서도 월 평균 소득과 남

한교육 경험은 이 세 가지 성향에 공통적으로 유의미하였다. 반면, 통합 성향에 있어서는 인구사회학적 특성별 집단 간 차이가 나타나지 않았다. 이를 통해 확인할 수 있는 것은 월 평균 소득이 낮은 집단이 비교적 높은 집단 보다 분리, 주변화 성향에 가까우며, 남한교육 경험이 없는 집단이 있는 집단 보다 분리, 주변화 성향이 더 높다는 사실이다. 따라서 월 평균 소득이 높거나 남한교육 경험이 있는 북한이탈주민의 경우에는 상대적으로 통합, 동화될 경향이 높으며, 적응에 있어서도 긍정적일 것이라고 예측할 수 있다.

결 론

이 연구는 광주광역시에 거주하고 있는 북한이탈주민을 대상으로 문화접변 성향을 분석하였다. 이를 위해 측정도구는 배리의 EAAM을 활용하여 설문조사를 실시하였다. 총 151명의 북한이탈주민의 문화접변 성향에 대한 연구결과를 요약하면 다음과 같다.

첫째, 북한이탈주민의 전반적인 문화접변 성향은 통합, 동화, 분리, 주변화 순으로 나타났다. 그 중에서도 통합과 동화는 각각 평균이 3.15, 3.11로 나타나 보통 이상의 수준을 보이고 있는 반면, 분리, 주변화는 각각 평균이 2.79, 2.64로 나타나 보통 이하의 수준을 보이고 있다. 즉, 북한이탈주민의 문화접변 성향이 상대적으로 통합과 동화가 우세한 것으로 나타남으로써 점차 남한사회에 안정적으로 정착, 적응하는데 긍정적인 것으로 이해할 수 있다.

둘째, 북한이탈주민의 인구사회학적 특성 중 월 평균 소득과 남한 교육경험 여부에 따라 통합 성향을 제외한 세 가지의 문화접변 성향에 차이가 나타났다. 월 평균 소득이 낮은 집단이 비교적 높은 집단보다 분리, 주변화 성향에 가까웠으며, 남한교육 경험이 없는 집단이 있는 집단 보다 분리, 주변화 성향이 더 높게 나타났다.

이러한 연구 결과를 토대로 북한이탈주민이 남한사회에 안정적으로 정착, 적응하는데 필요한 정책적 시사점을 제시하면 다음과 같다.

첫째, 다양한 직업 개발과 취업 기회의 확대를 통해 안정적인 소득체계를 마련해야 한다. 현재 남한사회에 거주하고 있는 북한이탈주민의 전반적인 경제활동(경제활동 참가율, 실업률, 고용률 등)은 일반국민과 비교해서 매우 낮은 수준에 있으며, 취업 직종 또한 북한에서의 학력이나 취업경력과는 무관하게 특별한 기술이 요구되지 않는 단순노무직에 취업이 이루어지고 있다.[42] 경제활동의 제약은 한국사회 적응에 있어서도 부정적 영향을 미치게 된다. 따라서 북한이탈주민의 안정적인 경제기반을 구축하기 위한 정책이 체계적으로 수립되어야 하며, 정부와 지자체, 그리고 민간기업의 역할이 중요하다. 현재 시행 중인 직업교육훈련은 북한이탈주민의 취업에 가장 중요하게 영향을 미치는 요인이라고 할 때,[43] 북한이탈주민의 인구사회학적 특성을 고려한 맞춤훈련이 이루어질 필요가 있다.

둘째, 북한사람과 남한사람 간 인식 제고 및 개선을 위한 상호 교

42 이용화, "국내 정착 북한이탈주민의 경제활동 실태와 개선방안," 『통일경제』 1호 (2012), pp.33-36.

43 김창권, "북한이탈주민의 남한노동시장에서의 취업 결정요인 연구," 『경상논총』 제25권 2호 (2007), p.27.

육 프로그램을 개발할 필요가 있다. 북한이탈주민과 남한주민 간 상호 인식에 대한 기존의 연구결과를 보면, 북한이탈주민의 남한주민에 대한 인식은 91.4%가 친근하게 느껴진다고 응답한 반면, 남한주민의 북한이탈주민에 대한 인식은 41.1%만이 친근하게 느껴진다고 나타났다.[44] 북한이탈주민이 남한사회 정착을 위해 가장 필요한 것은 남한주민의 '편견과 차별의식 해소' 라고 나타났다.[45] 또한 북한이탈주민의 삶의 질 수준을 향상시키는데 영향을 미치는 요인 중 남한에서의 교육 경험이 중요한 것으로 밝혀졌다.[46] 이러한 점을 고려해볼 때, 정부와 지자체, 그리고 언론 및 NGO에서는 남한주민과 북한이탈주민 간의 상호 이해 제고 및 접촉, 교류를 활성화하는 다양한 프로그램들을 개발해야 한다.

이 연구는 광주광역시에 거주하고 있는 북한이탈주민을 대상으로 설문조사를 진행했다는 점에서 표본의 대표성 문제 등으로 인해 결과에 대한 해석이 제한적일 수밖에 없음을 밝혀둔다. 향후 북한이탈주민의 심리적, 사회문화적 적응에 대한 척도를 개발하고, 문화접변 성향과의 영향관계를 분석하는 등 관련 연구가 지속적으로 이루어질 필요가 있다. 이를 통해 남한주민과 북한이탈주민 간의 문화적 차이에 대한 충분한 이해를 도모하는 한편, 통일 후 나타날 상호 갈등에 대비한 정책적 기반을 마련해야 할 것이다.

---

44 정은미·송영훈, "북한주민의 통일의식과 남한사회의 수용성," 『통일문제연구』 57집 (2012), p.243.

45 박종철 외, 『2014 남북통합에 대한 국민의식조사』 (서울: 통일연구원, 2014), p.62.

46 이선미, "북한이탈주민의 삶의 질에 영향을 미치는 변인," 『디아스포라연구』 제9권 제1호 (2015), p.177.

'광주외국인노동자건강센터'에 관한 민족지적 연구

임선진 (전남대학교 인류학과 박사과정 수료)
김경학 (전남대학교 인류학과 교수)

'건강센터'는 무료진료 봉사활동이 전개되고 있는 단순한 의료봉사 공간을 넘어 '건강센터'에 참여하는 의료 서비스 제공자와 의료 서비스 수혜자가 각자의 입장에서 의미를 부여하고 인식하는 과정이 실천되는 사회·문화적 현장이다. 의료전문인, 행정지원인, 자원봉사 고등학생과 대학생 등 '건강센터' 활동에 참여하는 사람들의 '건강센터'에 부여하는 의미와 전망은 의료 사각지대 외국인에게 최소한의 건강권을 제공하고 이러한 실천 활동이 지속되어야 한다는 것이다. 의료 지원 대상의 확장을 둘러싼 입장차가 있음에도 불구하고 '건강센터'의 이주자의 의료 인권을 위한 민간차원의 지원기관으로서의 역할에는 이견이 없다.

들어가며

2014년 8월 기준 국내 체류 외국인 주민은 약 171만을 넘었다. 이들은 외국인 이주노동자, 재외동포, 결혼이주자 등으로 구성된다. 이주는 한 개인이 국경을 넘는 물리적 행위가 아닌 장기간 다른 문화와 사회에서 생활하기 위해 새로운 사회·문화적, 정치·경제적인 환경에 적응해야 하는 과정이다. 따라서 이주자는 정서적이고 신체적인 긴장 상태를 한동안 경험할 수밖에 없다. 게다가 정착사회의 구성원이 기피하는 최하위 노동현장인 소위 '3D' 업종에서 근무하는 대부분의 외국인 이주노동자는 저임금에 장시간 노동을 해야 하며, 정신적이고 육체적인 건강을 유지하지 못할 정도의 의식주 환경에 처해 있는 경우도 있다.

고용허가제로 입국한 E-9비자 소유자 약 26만 명과 방문취업제로 모국에 입국한 H-2비자 소유 조선족과 고려인 약 28만 명 대부분은 등록 외국인 노동자다. E-9비자 소유 외국인 노동자의 대다수는 제조업체에 근무하고 있으며 영세한 제조업체를 제외하고 대부분의 사업장이 국민건강보험에 가입해 있다. 따라서 건강보험 직장가입 업체에 근무하는 이주노동자는 의료기관에 접근할 수 있는 법적 권리가 주어져 있다. 방문취업제로 입국한 조선족과 고려인은 고용허가제 입국자보다 일부 권리가 허용되지만 이들의 많은 수가 건설업, 서비스업, 가사도우미 등 직장의료보험 대상 업체에 종사하지 않기 때문에 지역보험에 가입해야 하지만 그렇지 않는 이들이 많기 때문에 이들은 일반적으로 의료사각지대에 놓여 있다. 특히 방문취업제로 입국한 재외동포가 초청한 가족은 의료혜택을 입을 수 없기 때문에[1] 일반 의료기관이 아닌 민간지원 의료시설을 이용하는 경우가 많다.

한국사회에서 의료권이 가장 심각하게 제외된 대상은 미등록 외국인 노동자다. 의도적 또는 비의도적인 다양한 이유로 미등록 신분에 처한 이들은 보건복지부의 2000년 8월 '외국인 근로자(불법체류자) 건강관리지침' 마련으로 신분에 관계없이 보건소를 이용할 수 있는 권리가 부여되었다. 그러나 일과시간 중 진료받기 힘든 상황뿐만 아니라 특히 보건소가 국가기관이기 때문에 불법의 신분이 노출될까 두려워 보건소의 이용을 꺼리는 경향이 있다.[2] 따라서 이들 미등록 이주노동자는 질환발생 시 일반 의료기관을 이용할 수 없어 민간차원에서 의료지원을 하는 기관에 의존할 수밖에 없다. 한편 등록 외국인 노동

1 '광주 고려인센터'의 주장에 따르면 광주시 광산구에 약 2천여 명의 고려인이 거주하고 있으며 이 가운데 적지 않은 수가 자녀와 부모를 동반하고 있다. 많은 수의 고려인이 직장의료보험에 가입된 업체에 근무하지만 영세 업체에 근무하는 고려인과 고려인이 초청한 가족원의 의료혜택은 정상적으로 받을 수 없다. 따라서 고려인센터는 주로 광주시 광산구의 소수의 병원과 의원과 MOU를 체결하여, 의료보험이 없는 고려인이 치료비의 50% 이하로 혜택을 입을 수 있도록 의료문제를 해결해 가고 있다.

2 부종식, "이주노동자의 의료인권," 『생명윤리정책연구』 제6권 제1호 (20012), pp.77-78.

자라 할지라도 근무지의 위치나 고용주에 따라 당연히 누려야 할 진료혜택을 입을 수 없는 경우도 있다. 특히 고용허가제로 입국하여 농어업에 종사하는 이주자는 의료시설 접근성도 떨어지고 고용주가 일과 중 의료기관 가는 것을 허용하지 않는 사례가 빈번하기 때문이다.[3]

이주노동자의 제도권 내에서의 의료혜택을 누리지 못한 어려움 속에서, 이 부분을 민간 차원의 의료지원기관이 상당 부분을 감당하고 있다. 이주노동자의 건강문제는 이주노동자 지원 단체들을 중심으로 한 무료진료 제공이 주를 이루었다. 1992년 '갈릴리교회 외국인노동자 상담소'는 최초로 이주노동자 무료진료를 시작했으며, 이후 다수의 주말 무료진료소 혹은 이주노동자 지원단체 부설 진료소들이 생겨났다.[4] 1995년 최초의 이주노동자 의료공제회인 '희년의료공제회'가 설립되었다. 희년의료공제회는 기존 이주노동자 지원조직인 '희년선교회'와 기독의사회 소속 의료인들이 함께 조직한 것이다. 희년선교회와 희년의료공제회는 공제회 운영, 무료진료소 운영, 건강검진 등의 사업을 지속적으로 전개하다가 두 조직의 사업이 확대되고 공신력을 필요로 하는 상황을 맞이하자 조직을 법인화하기로 결정했다. 여러 과정 끝에 2003년 외교통상부 소관법인인 '(사)국제민간교류협회'를 설립했

---

3 2014년 10월 국제앰네스티는 한국정부의 고용허가제가 이주노동자의 노동력을 착취한다고 비판한 바 있다. 특히 농어업부분에 종사하는 이주노동자의 노동착취는 심각한데, 이주노동자를 다른 농장에 파견 보내 일을 시킨다거나 질병 발생 시 정상적인 치료를 받을 수 있는 기회를 주지 않는다는 것이다. 예컨대 농업부분에 종사하는 캄보디아 출신 여성이주노동자인 미치 테이는 가슴에 멍울이 있어 의료기관에서 정밀진단을 받고자 하였으나 농장주가 이를 허용치 않아 결국 일요일에 '외국인근로자 쉼터'라는 민간 의료시설에서 치료를 받을 수 있었다(realtime, 2014년 10월 21일).

4 설동훈, "외국인 근로자의 산업재해 실태와 예방을 위한 정책제언," 『안전보건』 2003(6) (2003), pp.16-23.

다.[5] 이러한 민간차원의 의료지원은 수도권과 지방[6]에서도 진행되었다.

국내거주 이주노동자의 건강문제와 관련된 연구는 1991년 정부의 '외국인연수생제도' 도입 이후부터 나타난 이주노동자의 인권침해 문제와 차별이 전제된 노동조건과 열악한 노동환경 등을 규명한데서부터 시작되었다. 이후 2004년 '고용허가제'가 전면 실시되면서 이주노동자의 건강권이나 의료권, 보건의료 현황, 건강상태, 민간차원의 의료지원 등을 중심으로 연구가 진행되어왔다. 초기 연구들은 주로 산업재해 및 직업병의 실태[7]와 그 해결을 위한 정책대안[8]에 관한 것이

5 원영희·최선희, "외국인 근로자의 의료서비스 지원 효과-사회적응을 중심으로," (사)국제민간교류협회 희년의료공제회 (2008); 윤환철, "이주노동자 의료권 보호 실태와 NGO 지원활동에 관한 연구," 성공회대학교 NGO대학원 석사학위 논문(2009), p.35 재인용.

6 2002년 '경북 외국인이주노동자 의료지원센터', 2004년 서울 가리봉동에 무료진료를 제공하는 '외국인노동자 전용의원'이 생겨났으며(외국인노동자의집/중국동포의집, 2005; 김철효·설동훈·홍승권, "인권으로서의 이주노동자 건강권에 관한 연구," 『지역사회학』 제7권 제2호(2006), p.95 재인용), 현재는 사단법인 지구촌사랑나눔(http://www.g4w.net/) 산하 이주민의료센터로 운영되고 있다(부종식, 2012, p. 79 참조). 2005년에는 정부가 직접 공공기금을 활용하여 무료진료사업을 추진하기에 이르렀다(보건복지부, "외국인근로자 등을 위한 무료진료사업 최초 실시," 보건복지부 보도자료, 2005.5.18). 이외에도 '경북 외국인이주노동자 의료지원센터(2002년 설립)', '광주외국인노동자건강센터(2005년 설립)' 등 2009년 현재 전국 무료 진료 기관은 서울(21개), 경기와 인천(18개), 부산과 대구, 경상도(8개), 광주와 전라도(1개), 대전과 충청도(2개) 등 약 50여개로 파악되고 있다. 이는 이유미, "이주민노동자 의료서비스 제공실태: 안산시 원곡동을 대상으로," 경희대학교 행정대학원 석사학위 논문(2009), p.63-74의 '부록-3' 참조. 이처럼 경인 지역에 무료진료 기관이 집중적으로 분포된 것은 이 지역 거주 이주노동자 인구수가 많기 때문으로 보인다. 실제 한국의 체류외국인의 약 68%가 경인 지역에 거주하는 것으로 나타났다. 이에 대해서는 최지원 외, "외국인 이주자 건강관련 연구 동향: 최근 10년간(2000~2009년) 연구에 대한 고찰," 『보건교육건강증진학회지』 제28권 제3호(2011), p.119 참조.

7 김정순 외, "한국에서의 외국인노동자들의 보건상태 및 사회적 문제의 현황에 관한 연구," 『외국인노동자 보건·복지 향상을 위한 토론회 자료집』, 대한적십자사·외국인노동자 의료공제회·국제이주기구(2001.5.22), pp.3-24; 김창엽·김명희, "경제·사회·문화적 권리 국가인권정책 기본계획 수립을 위한 건강권 기초현황조사," 국가인권위원회(2004); 전수경, "범인은 노말헥산이 아니라 인권에 대한 무지," 『노동과 건강』

다. 또한 이주노동자의 의료기관 이용실태에 관한 연구[9]와 이주노동자의 국민건강보험 적용 등 의료접근권에 관한 연구[10]가 진행되었다. 이주노동자의 건강권에 관한 연구[11]들은 이주노동자의 건강권이 경제적·사회적·문화적 권리에 관한 국제협약 등에 규정된 인간의 보편적 권리, 즉 인권으로서의 건강권이 동등하게 적용되어야 함을 강조하고 있다. 최근에는 인권으로서의 건강권 논의를 현실적으로 보완하기 위한 제안으로 공중보건public health 영역에서의 이주자 건강증진 접근 방식에 관한 논의[12]도 일부 진행되고 있다.

한편 이주노동자의 건강보호를 위한 의료지원 활동에 대한 연구[13]는 안산시 원곡동 무료진료 지원 단체를 중심으로 민간차원의 이주노

2005(2), pp.105-111 참조.

8 이왕준, "외국인노동자 보건·복지 관련 활동," 『외국인노동자 보건·복지 향상을 위한 토론회 자료집』, 대한적십자사·외국인노동자 의료공제회·국제이주기구(2001.5.22.), pp.29-39; 설동훈(2003), pp.16-23; 최재욱, "외국인 근로자 안전보건 현황 및 정책 방향," 『안전보건』 2003(6), pp.24-33.

9 김진순, "외국인근로자 서비스기관 실태조사," 『제2차 외국인 근로자 보건, 복지 실태 및 과제에 관한 세미나 자료집』, 대한적십자사(2002.6.27); 설동훈·홍승권 외, 『외국인노동자 보건의료 실태 조사연구』 (국제보건의료발전재단, 2005) 참조.

10 황필규 외, "국제기준에 비추어 본 한국의 이주노동자의 권리: 노동기본권과 사회보장을 중심으로," 『이주노동자 운동의 미래, 그리고 진정한 연대를 향한 모색』, 2005 이주노동자인권연대 정기심포지엄 (2005.10.10-11), pp.9-70.

11 김철효·설동훈·홍승권(2006); 윤환철(2009); 이병운·고준기, "외국인근로자의 보건의료 현황과 문제점," 『한양법학』 제21권 제3집(2010); 김왕배·김종우, "인권으로서의 건강권에 대한 탐색과 전망," 『보건과 사회과학』 제32집(2012); 부종식(2012); 정춘자, "이주노동자의 의료지원정책에 관한 연구," 건국대학교 행정대학원 석사학위논문(2013).

12 이상림·김혜진, "결혼이주여성의 건강 장애요인들," 『한국가족사회복지학회 학술발표논집』 vol.2011 No.1 (2011); 이상림, "이주자 건강증진을 위한 정책 제안," 『보건복지포럼』 vol.187 (2012).

13 이유미(2009).

동자 건강실천 활동을 살펴보면서 지역수준에서 이주노동자의 건강수준 향상을 위한 민간차원의 보건의료서비스와 정부의 공공의료 서비스와의 효율적 연계의 실천프로그램 운영을 제안했다. 특히 불법체류노동자의 지역사회네트워크와의 중요성을 강조하면서, 무료진료 기관들이 이들의 건강위험요인을 예방하거나 줄여주는 역할을 할 수 있도록 이주노동자의 물적 토대 인프라로 구축되어야 할 것이라고 논의하고 있다.

이 연구는 광주와 전남 지역 유일한 외국인 이주노동자에 대한 건강실천 활동을 하는 '광주외국인건강센터'Gwangju Migrant Worker's Clinic Center(이하 '건강센터')를 대상으로 '건강센터'에 참여하는 주요 '건강 돌봄 제공자'health care givers와 '건강 돌봄 수용자'health care receivers가 '건강센터'에 부여하는 의미와 인식을 각자의 시각에서 이해하고자 하는 민족지적 연구이기 때문에 이주노동자의 의료인권 침해 현황이나 이를 보완하기 위한 정책적 대안제시를 위한 것은 아니다. 여기서 민족지적 연구라는 의미는 인류학의 대표적인 질적연구방법14으로 연구대상('건강센터')에 대한 참여관찰과 인터뷰를 중심으로 연구자와의 상호작용에 의한 경험의 과정을 포함하여, 연구 대상이 갖고 있는 '건강센터'에 대한 인식 정도와 가치관을 당사자의 주관적 시각으로 이해하고 해석하는 연구방식을 말한다. 따라서 이 연구는 특정 '건강센터' 내에 참여하는 의료봉사자와 수혜자의 상호작용을 각자의 입장에서 드러냄으로써 그들이 자신들의 활동과 방문에 부여하는 의미를 드

14 윤택림, 『문화와 역사 연구를 위한 질적연구방법론』 (서울: 아르케, 2004), pp.27-30.

러내고자 하는 것으로 연구의 내용적 범위를 한정하고자 한다.

연구 대상인 '건강센터'에서 외국인 이주노동자, 결혼이주여성, 단기 방문 외국인 체류자 등은 건강 돌봄을 수용하는 사람들이며, 무료 진료를 하는 의료인과 자원봉사자들은 건강 돌봄을 실천하는 사람들이다. 이 연구는 2014년 6월 중순부터 10월 중순까지 약 4개월 동안 '건강센터'에서 방문객의 진료 접수 지원활동에 대한 자원봉사 활동에 참여하면서 센터를 찾는 이주자들과 의료 서비스 제공자를 대상으로 참여관찰과 인터뷰를 수행한 자료를 토대로 작성됐다. 센터를 방문하는 약 30 여개 국가 출신의 외국인들은 주로 외국인 이주노동자, 결혼이주여성과 그 가족 및 지인들로서 이들의 국적과 체류자격 및 질환 내용에 대한 정보는 자원봉사활동 동안 센터 기록과 인터뷰를 통해 알 수 있었다.

센터를 이용하는 대부분의 외국인 이주노동자는 '건강센터'를 개소할 당시 의료서비스 주요 대상이었던 미등록 이주노동자 외에 산업연수(D-3), 연수취업(E-8), 비전문취업(E-9), 방문취업(H-2) 등의 비자 소지자이며, 가끔 유학(D-2) 비자 소지자도 방문한다. 또한 결혼이주여성도 센터를 방문하는데 이들 대부분은 거주(F-2)와 영주(F-5) 비자를 소지하고 있으며 이들은 동반(F-3) 비자를 소지한 가족들도 대동하고 오는 경우도 적지 않다. 하지만 비자 만료 후 재발급을 받지 못한 불법체류 상태도 있었다.

이 연구는 개별 인터뷰가 가능했던 28명을 대상으로 수행됐다. 이들은 센터로 진료받기 위해 방문한 15명의 이주자, 센터 소속 5명의 의료 전문의, 2명의 센터 운영위원, 대학생 간호 자원 봉사자 2명, 고등학생 자원봉사자 4명이다. 15명의 이주자에는 남성 이주노동자 10명, 2명의 결혼이주 여성, 결혼이주여성의 가족과 유학생이 포함됐다. 이들의 연령대는 20대 3명, 30대 7명, 40대 3명, 50대 2명으로 30대 이주자가 가장 많았으며, 10명은 기혼이며 5명은 미혼이다. 결혼이주여성 전업주부 1명(30대)과 유학생 1명(20대)을 제외한 모든 이주자는 한국에서 경제활동을 하고 있다. 이주자 15명의 국적은 베트남 4명(결혼이주여성과 그 가족 포함), 중국 4명(조선족 유학생 1명, 조선족 방문 취업자와 그 가족 포함), 스리랑카 1명, 파키스탄 2명, 네팔 4명이다. 이들의 한국 입국 시기는 2004년부터 2014년까지 걸쳐 있으며, 한국 체류기간과 관련하여 6개월~4년 미만 체류자 11명, 8년~10년 장기체류자 4명이다.[15]

예컨대 2005년에 입국한 파키스탄 출신 A씨(남, 38)는 인천, 김해 등을 거쳐 현재 광주에서 NC(컴퓨터를 이용하여 공작기계의 수치를 제어하는 장치) 부품회사에서 일을 하고 있다. 그는 한국에 오기 전, 22세부터 국제이주 노동 생활을 하였는데, 주로 아랍국에서 설비 부품 수리와 같은 단순 노동을 하였다. 하지만 경제적으로 더 도움이 될 것 같아 한국행을 결정하였다. 입국 당시 한국의 화폐 가치는 파키스탄의 10배 정도였다고 한다. 한국에서의 연수취업(E-8)이 만료된 후 고향

---

15 장기 체류자 4명은 중국(1명), 스리랑카(1명), 파키스탄(2명) 출신으로 모두 기혼이었다. 특히 남아시아 국가 출신 3명은 한국에서의 이주 노동 과정에서, 근로계약 기간이 끝난 이후 본국으로 돌아가 결혼한 후 다시 한국으로 재입국한 경우들이다. 이들은 보통 산업연수생(D-3)으로 입국하여 연수취업자(E-8) 2년, 비전문취업자(E-9) 3년, 불법체류외국인의 특례규정으로 자격을 부여받은 비전문취업자(E-9-1) 4년 10개월의 체류 자격으로 장기간 머물면서 본국과의 초국가적 가족 관계와 유대를 유지하고 있음을 알 수 있다.

으로 돌아가 결혼을 하고, 다시 한국으로 와서 현재 계약기간이 3년 6개월 남은 E-9-1 비자로 체류 중이며, 그 과정에서 결혼과 가족(아들 출산) 방문을 위한 본국으로의 일시 귀국은 3번이었다. 화상통화로 가족들의 일상과 안부를 확인하고 있다. 2004년에 한국으로 온 후 10년째 일하고 있는 스리랑카 출신의 B씨(남, 48)와 입국한지 8년이 된 파키스탄 출신 C씨(남, 35)도 A씨와 유사한 체류 경로를 통해 일하다가, 중간에 본국으로 가서 결혼한 후 다시 재입국하여 일을 하고 있다. 이들은 본국에서의 결혼을 부모님의 소개를 받은 마을 여성과 몇 번을 만난 후 바로 결혼을 하였으며, 두 세 달의 결혼 생활 후 다시 한국으로 재입국하여, 자녀 출산과 같은 특별한 일이 있을 경우 고향을 방문한 것으로 나타났다. 따라서 실제 결혼 생활은 모두 2년 미만으로 이주노동자의 초국가적 가족 관계와 유대 상황을 전형적으로 보여주고 있다.

이들 이주자와의 인터뷰는 '건강센터'와 커피숍에서 이뤄졌는데, 연구자들이 지속적으로 센터의 접수 안내 활동을 하였기 때문에 일부 인터뷰 대상과는 낯이 익어 어느 정도 친밀한 분위기 속에서 인터뷰가 수행될 수 있었다. 이들과의 인터뷰는 주로 영어와 한국어로 진행됐으나 언어소통에 어려움이 있는 경우 한국어를 구사할 수 있는 동일 국가 출신 이주자의 도움을 받아 인터뷰가 진행됐다.

한국인 인터뷰 대상자

번호	이름	연령	성별	직업 또는 소속	비 고
1	이○○	51	남	가정의학과 ('건강센터' 이사장)	의료봉사
2	박○○	54	여	가정의학과	의료봉사
3	김○○	45	남	한의학과 ('건강센터' 前 소장)	의료봉사
4	위○○	40	남	치과	의료봉사
5	최○○	38	남	약학과	의료봉사
6	이○○	47	남	'건강센터' 운영위원 (前 사무국장)	행정봉사
7	유○○	34	남	'건강센터' 사무국장	행정봉사
8	정○○	22	여	○○대학 간호학과 3학년	간호자원봉사
9	이○○	20	여	○○대학 간호학과 1학년	간호자원봉사
10	유○○	18	여	○○고 2학년	자원봉사
11	정○○	18	여	○○고 2학년	자원봉사
12	서○○	17	남	○○고 1학년	자원봉사
13	채○○	17	남	○○고 1학년	자원봉사

이주자 인터뷰 대상자

번호	이름	연령	성별	국적	직업 또는 소속	비 고
14	파○○(A씨)	38	남	파키스탄	NC 부품회사 노동	기혼 / 2005년 입국
15	데○○(B씨)	48	남	스리랑카	전자 부품회사 노동	기혼 / 2004년 입국
16	알○○(C씨)	35	남	파키스탄	전자 부품회사 노동	기혼 / 2005년 입국
17	레○○(D씨)	30	여	베트남	전업주부	결혼이주여성 / 2012년 입국
18	팜○○(E씨)	32	여	베트남	에어컨 부품회사 노동	결혼이주여성 / 2013년 입국
19	짠○○(F씨)	23	여	베트남	결혼이주여성 가족	미혼(임시 노동: 농사) / 2014년 입국
20	이티○○	59	여	베트남	결혼이주여성 가족	가족방문 체류 중 / 2000년 입국
21	리○○	52	남	중국	건설 공사장 노동	기혼 / 2013년 입국
22	리○○	26	남	중국	노래방 근무	미혼 / 2012년 입국
23	리○○	20	여	중국	○○대 1학년(유학생)	미혼 / 2013년 입국
24	김○○	43	남	중국	일용직 노동	기혼 / 2006년 입국
25	선○	31	남	네팔	알루미늄 제조사 노동	미혼 / 2013년 입국
26	락○	35	남	네팔	지붕제작 회사 노동	기혼 / 2012년 입국
27	시○○(G씨)	42	남	네팔	전자 부품회사 노동	기혼 / 2012년 입국
28	디○○	31	남	네팔	자동차 부품회사 노동	미혼 / 2012년 입국

'건강센터' 형성과정과 인적·물리적 구성

광주광역시 광산구 우산동에 위치한 '건강센터'는 2005년 6월에 개소된 광주광역시 등록 비영리단체(NGO)로 이주자들을 대상으로 무료로 보건의료 혜택을 나누는 '건강 돌봄' 공간이다. '건강센터' 개원 당시에는 미등록 외국인노동자들을 무료 진료할 목적으로 문을 열었지만, 센터의 무료 건강 진료 정보를 얻은 결혼이주자와 그 가족들, 유학생, 조선족과 고려인 방문취업제 이주자의 의료서비스 요청을 거절할 수 없어 현재는 무료 진료라는 공공성을 기반으로 하여 이주민 전체를 대상으로 진료를 확대·운영하고 있다.

매주 일요일 오후 1시부터 5시까지 운영되는 '건강센터'라는 공간과 이곳에서 일어나는 의료서비스 활동의 일부 경관은 다음과 같다.

> 문을 여는 시간보다 훨씬 이른 낮 12시쯤부터 닫힌 출입문 앞이나 건물 앞에 빠른 접수를 위해 일찍 도착한 15명~30명 정도의 이주자들이 서 있으며, 대체로 이들은 본국 출신자와 함께 온다. 아이를 안고 있는 결혼이주 여성부터 이주자의 가족인 노년의 부모와 아이들, 이주 노동자 등을 포함해 이들은 국적, 인종, 성별, 연령 면에서 매우 다양하다. 센터는 오후 1시부터 진료가 끝나는 오후 5시까지 의료 서비스를 받기 위해 온 약 25~30여개 국적의 이주자 60~70여명과 의료진과 자원봉사자를 포함한 약 20여명의 센터 인원들 간의 상호작용이 이뤄지는 공간이다. 공간 한쪽에는 진료 안내데스크, 배열된 약품들, 빼곡하게 꽂아져 있는 개인 진료기록부가 있으며, 혈당과 혈압 수치, 체온과 맥박을 체크하는

간호학과 자원봉사자 모습, 접수와 진료 순서를 기다리는 많은 이주노동자로 실내가 북적거린다. 한국말을 거의 하지 못하는 이주자의 경우, 한국말을 잘하는 본국 출신의 도움으로 접수와 진료가 진행되는 모습도 자주 보게 되는 풍경이다. 다양한 국적의 환자가 있지만 중국과 베트남 이주자가 다수를 차지한다. 남성 환자들은 주로 광주 광산구의 공단지역의 제조업체, 건축 현장, 전남 지역의 농공단지나 비닐하우스에서 노동하고, 대부분의 여성 환자들은 모텔이나 식당에서 근무하고 있다.

'건강센터'가 광주 광산구에 위치한 데는 이유가 있다. 2013년 12월 기준 광주광역시에는 전체 인구 1,488,467명의 약 1.04%에 해당하는 15,557명의 외국인이 거주하고 있다. 광산구에는 광주체류 전체 외국인의 약 49.74%에 해당하는 7,738명이 거주하고 있다.[16] 이 가운데 제조업에 종사하는 비전문취업 비자(E-9) 소지자는 7,426명(남자 6,702명, 여자 714명)으로 광주 거주 전체 외국인의 약 31.5%를 차지한다.[17] 이는 광산구가 광주광역시 관내 5개 구 가운데 하남공단, 평동공단, 소촌공단 등 산업단지가 몰려 있어 외국인 노동자가 밀집 거주하고 있는 지역이라는 점 때문이다. 공단지역과 접근성이 좋은 우산동, 월곡동, 산정동 일대에는 초기 정착 시 한국어 구사가 어려운 새로운 이주자가 취업과 주거 문제 해결을 위해 기존 정착 이주자의 도움을 받을 수 있는 곳이다. 특히 이 지역은 하남공단으로 이어지는 4차선 주

16 광주광역시, "2013년 12월 주민등록인구통계 자료," http://www.gwangju.go.kr (검색일: 2014.10.20).

17 2013년 11월 광주광역시 광산구 다문화팀 자료.

요 간선 도로변의 아파트 단지 뒤편으로 상가용 주택과 2-3층의 단독 주택이 밀집되어 있는 곳이기 때문에 월세로 방을 임대하기에 적절하다. 실제로 광산구 일대에는 출신 국가별 이주자 네트워크와 공동체가 결성되어 있어 한국 생활에 필요한 다양한 정보가 공유되고 그 과정에서 의료서비스를 무료로 받을 수 있는 '건강센터'에 대한 정보도 어렵지 않게 획득하게 된다.

광산구에서는 이주자 지원을 위해 활동하는 다양한 공동체가 있는데 이들은 노동, 취업, 한글 교육, 주거, 문화, 의료, 인권 등에 대한 지원 활동으로 나눔과 연대를 위한 돌봄 실천 공동체들이다[18]. '건강센터'는 미등록 이주노동자에 대한 열악한 노동환경과 건강 상태 개선을 위해 의료인의 연대로 정기적으로 의료 봉사 활동을 하기 위해 개소했다. 보다 체계적이고 지속적인 의료 지원 활동을 수행하기 위한 선교·의료 단체들 간의 논의가 시작되면서 의료, 인권, 취업활동 지원을 위한 센터 구성에 관한 논의가 본격화 됐다. 하지만 재정 문제와 사안에 대한 입장 차이 등이 걸림돌로 작용하면서, 현실성을 반영하여 의료사각지대에 놓여있는 미등록 외국인노동자의 열악한 의료 지원 활동만을 제공하는 것으로 센터의 성격이 결정되었다. 의료서비스 제공을 위해 문을 연 '건강센터'는 광주 무등교회 이○○ 목사가 초대 이사장 그리고 최○○ 피부과 원장이 초대 소장을 맡았으며, 기독병원 이○○ 목사의 다방면에 걸친 노력으로 2005년에 사회복지공

18 이들 단체에는 월계동의 '광주외국인노동자센터', 하남공단의 '외국인근로자문화센터', 월곡동의 '광주민중의집' 등이 활동하고 있으며, 의료서비스 제공은 본 연구 대상인 '광주외국인노동자건강센터'가 맡고 있다.

동모금회의 2천만 원 지원을 받았다.[19]

'건강센터'의 조직과 운영은 14명으로 구성된 이사회(현 이사장 이○○ 가정의학과 원장)와 10여명의 운영위원회(현 소장 강○○ 전남대노인요양병원), 2인의 감사 및 사무국 체제로 구성되어있다. 이사회는 '건강센터' 재정을 주로 담당하며, 운영위원회는 실제 운영활동과 관련 역할을 맡고 있다. '건강센터' 소장은 각 진료과목별로 돌아가면서 맡고 있다. 재정 수입은 개인 및 단체후원금과 지자체 지원금(광산구청 및 광주시청), 수입이자, 이월금 등으로 마련되고 있다. 주요 지출 항목은 의약품 구입비와 건물 임차료, CMS이용료, 공과금, 회의비, 진료소모품비, 사무용품비, 사무국 인건비 등의 구성된다.

센터의 진료 과목에는 양방, 한방, 치과가 있으며 전체 30여명의 전문의가 순번제로 진료를 담당하고 있다. 10명의 약사는 '건강센터' 내 약국에서 순번제로 조제와 투약을 담당하고 있다. 하지만 센터의 의료 환경 및 장비는 일반 개원 의료기관과 비교할 때 턱없이 부족한 형편이다. 따라서 내원자의 입원이나 '건강센터'가 제공할 수 있는 의료 서비스의 역량을 초과하는 서비스를 필요로 할 때 센터에는 1차 의원과 2차병원(광주기독병원, 첨단병원 등)으로 소견서 및 의뢰서와 함께 환자를 보내고 있다. 예컨대 혈액 소변검사는 하남성심병원에서, 내시경, 초음파, 엑스레이 촬영, 심전도 검사는 인근 가정의학과와 연계하여 이뤄지고 있다. 센터에서 제공하는 진료 과목 외의 진료가 필요한 환자는 광산구 의사회의 도움을 받아 협약이 체결된 의료기관에

19 2014년 10월 4일 '광주외국인노동자건강센터' 이○○ 이사장 인터뷰와 2014년 9월 23일자 전남일보 기사 참조로 재구성한 내용임.

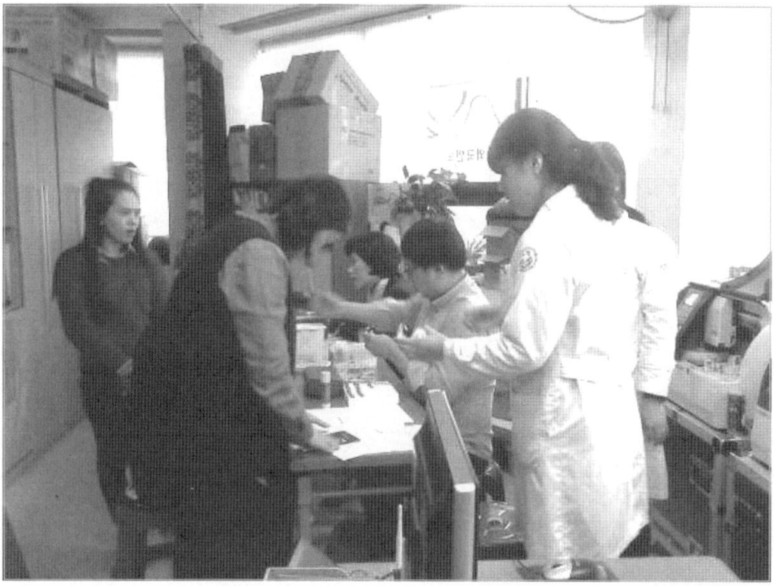

| 그림 5-1 | 의료진들이 내원한 외국인 환자들의 혈액검사를 하는 모습

환자를 의뢰한다. 매주 일요일 오후 1시부터 5시까지 진행되는 무료 진료와 투약 처치는 매주 양방의사 1명, 한방의사 1명, 치과의사 2~3명이 담당하며, 전남대와 광주여대 간호학과 학생 3~4명이 간호사 역할을 하고 2명의 투약 약사와 2명의 접수 안내 외에 치료 보조인력 6명과 기타 청소년 자원봉사단 활동까지 포함하면 센터의 의료서비스 전체 인력은 22~23명에 달한다.

2013년 '건강센터' 진료통계 자료에 의하면 한 해 진료접수 인원 3,089명, 과별진료 합계 인원 3,577명[20], 투약인원 1,880명으로 1회당

---

20 진료접수 인원보다 과별진료 합계가 많은 것은 접수자가 2개 이상의 과별 진료를 받는 경우가 있기 때문으로 수치상 차이가 날 수 밖에 없다.

평균 과별 진료건수 72명이며, 1회별 진료방문 평균 국가 수는 12개국이고 1회별 참여봉사자 인원은 22명(연인원 1,133명)이었다.[21] 이는 2014년 진료 접수 기록과 최근 몇 달 동안 본 연구를 위한 참여관찰에 의해 확인된 방문자나 의료서비스 규모와 크게 다르지 않지만 활동 내용면에서는 다소 변화가 있었다. 장기 치료자가 증가하고 미등록 이주노동자뿐만 아니라 결혼이주 여성과 그 가족의 진료 건수가 점차 늘어나고 있는 점이다.[22] 이러한 변화는 '건강센터'가 지원하는 의료서비스의 수혜 대상의 확장을 의미한다. 즉 '건강센터' 운영 초기의 의료 서비스의 주요 대상은 미등록 이주노동자였지만 점차 등록과 미등록의 법적 지위의 경계를 넘어 모든 이주 노동자에게 의료 서비스가 제공되다가, 현재는 이주 노동자의 범주를 넘어 결혼이주 여성과 그 가족들뿐만 아니라 소수의 유학생까지 의료서비스 대상으로 확장되었다. 하지만 어느 정도 경제적 여건이 있거나 체류 자격에 의해 의료보험에 의무 가입된 일부 이주자들, 예컨대 고용허가제 E-9비자 소지자와 방문취업제 H-2비자 소지자까지 무료 진료를 하는 것은 '건강센터'의 본래의 설립 취지에 너무 벗어난 것은 아닌지 의료 수혜 대상자의 범위를 두고 센터 관계자들 간의 다양한 목소리가 나온다. '건강센터' 이○○ 이사장(남, 51)은 이러한 문제 제기에 대해 다음과 같이 미래 지향적으로 이 문제를 바라볼 것을 주문한다.

21 2013년 진료통계는 http://cafe.daum.net/gjcenter050626/3TlU/223의 '광주외국인노동자건강센터' 소개 글 참조.

22 이에 대한 수치 파악은 되지 않고 있다. 등록/미등록 체류 여부나 보험가입 여부를 확인할 수 있는 전산 시스템이 '건강센터' 내에 갖추어져 있지 않기 때문이다. 다만 진료 접수 때 가능한 신분증 확인과 의료진의 센터 방문자와의 진료 상담 때 드러나는 이주자의 신분 상태 등을 감안해서 어느 정도로만 파악된 부분이다.

> '건강센터'는 일반 선교단체들의 공동체를 통해 무료 건강 진료 정보를 얻은 이주자들이 오는 것을 막을 수도 거절할 수 없는 일이며, 크게 보면 보건의료의 혜택을 나누는 '나눔 의료' 공간이 될 것으로 생각한다. 의료인과 종교인들이 '건강센터' 활성화에 나선 것은 '행복한 지역공동체를 만들자'는 취지에서 출발하였고, 지역공동체의 발전에는 외국인 노동자들의 노력과 수고도 있으며, 이제는 결혼이주여성이나 그 가족들도 운명공동체로 바라보고 그들의 건강문제도 의료가 아닌 복지 차원으로 바라볼 시각의 변화가 필요하다. 이를 통해 공공성이 강화될 것이며 특히 이주자들의 한국사회 적응을 돕자는 차원으로 이해되어야 한다.(이○○ 이사장)

그러나 '건강센터' 이사장의 이러한 시각과 다소 다른 견해를 가진 센터 관계자도 있다. 의료보험 적용을 받아 외부 진료기관의 처방이 가능한데도, 이곳에 와서 무료로 처방받는 이들이 증가하는 것은 '건강센터'의 경비 부담이 늘어나는 결과로 이어지기 때문에 의료보험 혜택을 받지 못하는 이주자들이 받아야 하는 무상 진료와 처방에 대한 혜택이 줄어들 수 있다는 다른 목소리도 여기에 해당한다. '건강센터' 전임 소장이자 한의사인 김○○(남, 45)는 무료 진료 의료진의 봉사활동과 지자체의 약품과 사무실 임차료 지원으로 운영되는 현 체제에서는 진료 활동 자체가 포화상태이며 무료 진료를 제공할 수 있는 포용력의 한계치에 도달했기 때문에 의료보험이 없는 이주자들만을 위한 의료서비스 제공을 제공할 수 있는 장치가 마련되어야 한다고 주장한다.

그럼에도 실제로 일부 등록 이주노동자가 '건강센터'의 방문을 고집하는 것은 평일 병원에 방문할 시간이 없어서뿐만 아니라 본인의 의료비 지출을 절약하기 위한 경우가 적지 않다. 2012년에 고용허가제로 입국하여 현재 하남공단의 제조업체에서 근무하는 네팔 이주노동자 G씨(42)는 고혈압으로 자가 진단하여 무료로 진료와 약을 받을 수 있는 '건강센터'를 가끔 방문함으로써 본인이 부담할 진료비 1/2과 약 구입비를 절약했다. G씨처럼 혈압과 당뇨 등의 만성질환 환자나 장기간 심한 노동으로 인한 허리와 다리 등의 근육통증 환자뿐만 아니라 감기와 피부질환 등 기초질환을 경험하는 등록 이주노동자의 상당수가 진료비와 약값을 절약하기 위해 '건강센터'를 방문하고 있는 것이 현실이다.

'건강센터'가 정부 지원을 받을 것으로 기대했던 의료와 복지, 문화, 인권 문제를 포함한 '이주민 지원 복합센터 건립' 유치 계획이 무산되면서 '건강센터' 운영이 현재의 상태로 답보될 것으로 예상되기 때문에 진료 수혜의 범주 등을 포함한 운영 방침에 대한 관점의 차이를 어떻게 조율할 수 있는가는 센터 운영을 두고 진지하게 논의되어야 할 부분이다. 이러한 견해의 차이에도 불구하고 '건강센터'가 이주자의 건강에 관한 최소한의 권리를 보호하고 이들에게 의료서비스를 제공하는 의료 돌봄 실천 공간으로의 역할은 지속되고 있다.

의료서비스 제공자와 이용자의 '건강센터' 바라보기

'건강센터'는 무료 진료를 제공 받는 의료 수혜자와 무료 의료 서비스를 제공하는 사람들 간의 상호작용을 통해 소통과 돌봄이 실천되고 있는 공간이다. 여기에는 국내 의료 지원 봉사자와 수혜자인 이주자가 맺는 다양한 상호 관계가 형성되는 곳이다. '건강센터'에서 이뤄지는 의료서비스 제공자와 수혜자 간의 상호작용은 인종과 성별, 국가와 종교, 등록과 미등록 등의 경계를 넘어 이뤄지고 있으며 '헬스케어'라는 핵심적 활동을 통해 의료 서비스 제공자와 수혜자 간의 상호작용이 일어난다. 이러한 상호작용을 하는 의료 자원봉사자와 의료 수혜자인 이주자가 바라보는 '건강센터'에 대한 시각에 대한 이해는 참여자들이 '건강센터'라는 공간에 부여하는 각자의 의미와 성격을 파악할 수 있게 한다.

돌봄 제공자의 '건강센터'에 대한 이해와 의미 구성

전문성, 성별, 연령 면에서 다양성을 지닌 사람들이 '헬스 케어'라는 핵심 활동을 매개로 한 자원 봉사를 위해 '건강센터'라는 공간에 모여 각자 맡은 일을 수행한다는 것은 의료 사각지대에 있는 소수집단에 대한 의료 서비스 제공이라는 공유된 의미 외에 각자 스스로의 참여에 대해 개인적으로 다양한 의미를 부여하고 있기 때문이다. 센터에서 활동하는 모든 봉사자는 의료보험 혜택을 받을 수 없는 미등록 외국인 노동자를 위해 무료 진료하는 돌봄 활동에 본인들이 참여하고 있다는 점에 큰 의미를 부여하고 있으며 이후 지속적인 봉사활동 참여 여부에 대해서도 특별한 일이 없는 한 참여할 것이라고 말했다.[23]

---

23 여기서 인터뷰된 봉사자들의 생각이나 의견이 '건강센터'의 자원봉사 구성원들의 입장을 대변하는 대표성이 확보된 것은 아니라는 점을 지적하고자 한다. 참고로, 이

환자 진료를 하는 전문의는 자신의 의료 기술과 재능을 기부한다는 생각으로 이주자 의료 봉사활동을 시작했고 이 가운데 일부는 선후배의 권유(4명)가 참여의 동기로 작용했다. 일부 의료진은 자신의 활동을 기독교 신앙의 나눔이라는 맥락에서 자신의 활동을 이해하기도 한다. 센터의 행정업무를 관장하는 운영위원이나 대학생과 고등학생 자원봉사자들 대부분은 '건강센터'의 취지에 공감하고 자원봉사활동을 시작했고, 초기 참여 형식은 자원봉사 하고 있는 선배를 따라서 참여하거나 친인척의 권유나 인터넷을 통해 직접 알게 돼 자원봉사를 시작했다. 또 대학 전공 진로인 의학과 국제교류 분야에 맞는 봉사 체험을 하기 위해서이기도 하다. 아래의 사례는 학생 자원봉사자가 센터에서 활동을 시작하게 된 배경을 짐작하게 한다.

> 국제교류 분야 학과로 전공을 지망하면서 관련 봉사활동을 원했다. 인터넷 검색으로 직접 선택해서 왔는데, 처음엔 외국인이라 낯설었지만, 이제는 일도 익숙해지고, 무엇보다 학생들을 믿어주고 실제로 일을 맡겨주니까 좋았다. 초등학생 때, 인도에서 5년간 생활했다. 아버지의 사업으로 가족 모두 이주했는데, 그 때 외국에서의 삶이 어렵다는 것을 경험했다. 그곳은 외국인인 우리가 도움 받을 곳이 없었다. 특히 아플 때 병원에 가야하는데 말이 안통해서 언어 문제로 어머니가 너무 고생하셨다. 그때 느낌을 잘 아니까 (이주자들을) 더 도와주고 싶은 마음이 있다. 친구에게도 권

들의 봉사 활동 참여 횟수는 고등학생 4명은 '건강센터'에서 3회 이상이 3명, 9회째가 1명, 대학생 2명은 1년에서 3년째, 의료인 5명은 3년(1명), 5년(2명), 7년(1명), 9년째(1명) 두 달에 한번 정도 지속적으로 참여하고 있다. 행정업무를 총괄하는 운영위원 2명은 거의 매주 참여한다.

> 유해서 같이 왔다. 이 경험은 성인이 되면, 한국에서만 살 것은 아니니 도움이 될 것 같다. 외국인에게 거부감 생기지 않게 익숙해지면 좋겠다.(서○○, 남, 17세)

> 이 공간에 오면 봉사하는 느낌이 강하다. 이주자의 삶이 힘든 것을 알 수 있고, 의학으로 전공 진로를 삼고 있는 만큼, 관련 단체에서 봉사 경험이 도움이 될 것 같아 이후 계속 적극적으로 참여할 생각이다. 오늘은 의대 진학에 관심이 있는 친구에게도 권유해서 같이 왔다.(채○○, 남, 17세)

자원봉사를 하는 대학생과 고등학생은 센터의 자원봉사 과정에서 다양한 인종과 국적의 이주자를 접하면서 기존 자신의 특정 외국인에 대한 편견을 줄이거나 고정관념을 변화시키고 있다. 봉사활동의 초기에 학생들은 '건강센터'에서 만난 다양한 인종과 국적의 이주자들을 '불쌍한' 사람이면서 매우 낯설고 다소 두렵기조차 한 대상으로 생각하였다. 특히 흑인에 대해서는 보다 부정적인 고정관념에 의해 겁을 먹었다. 이는 외국인을 자주 접하지 못하고, 특히 흑인들의 경우, 피부색이나 생김새에서 한국인과 크게 다르다는 점과 극히 소수만이 국내 체류 중이라 그만큼 접할 수 있는 기회가 거의 없는 상황이라는 점에서 이들에 대한 이질감의 정도가 더 세게 나타난 것으로 보인다. 상대적으로 국내 체류가 가장 많고 한국인과 피부색이나 생김새에서 크게 다르지 않다고 여긴 중국인이나 베트남 이주자에 비해 인도, 파키스탄, 스리랑카 등 남아시아 출신 이주자들에 대해서도 흑인만큼은 아니더라도 신기하고 매우 이질적인 대상으로 인식했다. 이처럼 평소 접하게 되는 빈도나 피부색과 같은 외형적 조건에 따라 신기함과 낯설음의 정도가 달라짐을 볼 수 있다. 그러나 '건강센터'에서 봉사하는 시간이 늘어나면서 이주자와의 상호 접촉도 증가하고 이에 따라 그들에 대한 이질감과 두려움 및 무조건적 동정심은 줄고 그들을 아프면 병원을 찾는 한국인과 유사한 대상으로 인식하기 시작했다. 센터에서 2년째 혈압을 체크하는 등 간호사로서 자원봉사 하는 여대생 정○○(22세)은 시간이 지나면서 센터를 방문하는 이주자에 대한 편견을 줄이고 한국인과 동일한 대상으로 간호 자원봉사를 할 수 있게 됐다. 이러한 경험은 아래의 자원봉사 고등학생의 진술에서도 잘 드러난다.

> 학교선배의 권유로 올 초부터 봉사 와서 9번째 방문이다. 와서 보니 재미있어서 계속 온다. 말이 통하지 않을 때는 답답하고 막막하다. 하지만 봉사하고 나면 기분이 좋아진다. 솔직히 처음엔 무서웠다. 특히 흑인들이 무서웠다. 이제는 그 무서움이 없어졌다. 기존의 생각이나 이미지가 달라졌다. 사람은 다 똑같다는 생각이 든다. 흑인도 소박하고 털털하고 재미있다는 것을 알게 되었다. 언젠가 태어난 지 얼마 되지 않은 아기가 고열에 시달려 엄마 품에 안겨왔다. 이후 그 가족은 자주 왔는데, 아기 아빠는 항상 외투를 입고 온다. 같은 옷만 입고 와서인지 냄새가 나고 옷이 더러웠다. 하지만 절대로 바꿔 입지 않고 오더라. 어느 순간 그 사람들의 문화인 것 같다고 느꼈다. 처음엔 말이 안 통했지만, 진료 안내를 하고 관심을 갖다보니 그 과정에서 흑인들도 웃고 즐거워한다는 것을 알게 되었다. 그러면서 친해졌다.(유○○, 여, 18세)

의료 봉사자의 센터에서의 의료 봉사활동 기간이 길어지면서 이주자에 대한 오해와 편견이 줄어드는 것이 일반적이지만, 예외적으로 특정한 국적이나 민족에 대한 편견이 강화되는 경우도 없지 않다. 의료 행위와 지원활동 과정에서 가장 빈번하게 부정적으로 진술되는 대상은 중국 조선족이다. 아래의 센터 치과의사의 진술은 이를 잘 반영한다.

> 2010년부터 2～3개월 마다 1회 정도 참여하고 있다. 흥미로운 점은 동양계와 러시아계 이주자들의 구강구조 차이이다. 책과 교정 공부를 통해서만 봤던 치아 배열의 차이를 현실에서 대면한 것이다. 하지만 진료 방법에서 큰 변화는 없다. 다만 의외의 상황을 접할 수 있었는데, 중국의 조선족 출신에 대한 생각이다. 조선족 출신이 욕심이 많다. 여기서 해줄 수 있는 진료의 한계가 있는데 그 이상을 요구하는 경우가 많다. 한국말이 되니까 보철을 요구한다든지 …. 보통 다른 외국인들은 의사의 말에 수긍하고, 진료 규칙도 잘 지키며 고맙다고 인사한다. 치과 진료는 보통 시간이 많이 걸려, 환자 수가 정해져 있다. 그만큼 진료 상태가 1회 진료에 준하는 것이 아니라 기간이 오래 걸린다. 그런데도 자기가 필요한 것을 계속 요구하는 경우(조선족처럼)가 있다. 그런 점에서 아쉽다. (위○○, 남, 40세)

행정 자원봉사자들도 중국인 조선족에 대해 부정적으로 인식을 갖게 된 경험이 있다. 사무실에 자신(중국 조선족)의 물건을 담기 위한 비닐 봉투가 없는데도, 몇 차례 이상을 요구하거나 자신의 필요에 의해 접착 밴드나 파스 등 생활약품을 의사의 처방이나 약사의 조치와 상관없이 당당하고 거리낌 없이 요구하는 점 등은 다른 이주자들의 모습과는 사뭇 다르다[24]고 말한다. 물론 이들 자원봉사자 경험을 모든 중국 조선족에게 일반화시킬 수는 없다.

한편 현재 센터에서 자원봉사를 하는 한국인은 특별한 일이 없는 한 자원봉사에 계속 참여할 것을 다음처럼 말한다.

> 중3 2학기 말부터 오게 되었다. 외삼촌이 치과 의사로 봉사중이며 소개를 받았다. 처음에 무료 진료를 하는 의사들이 신기했다. '이런 어른들도 있구나 …' 당시 한국사회와 어른들에 대해 부정적이었다. 뉴스나 문학 작품에서 접했던 어른들의 모습은 아주 이기적이고 산업사회의 인간 소외를 서로 주고받는 사람이라는 이미지가 강했다. 하지만 여기 와서 '아직은 살만하구나, 생각보다 한국이 잘 돌아가고 있구나.' 느꼈다. 한 곳에서 봉사하는 것이 익숙해지면 재미있고, 무엇보다 사람들이 좋다. 여기 오시는 분들이 상상했던 어른들과 달랐다. 누군가를 돕는 어른들을 직접 본 게 처음이었다. 그래서 더 신기했던 것도 있다. 매달 1회 정도, 봉사를 온다. 다른데서 체험하기 어렵다. 중국, 베트남은 익숙했지만 네팔, 파키스탄 등 다양한 국가에서 한국을 찾아오는 것을 실감하게 되었다.(정○○. 여, 18세)

---

24 이기적으로 여겨질 수도 있는 부분이지만 이에 대한 조선족 방문자의 입장이나 생각 등에 대해서는 확인된 내용이 없다는 점에서 일정한 한계를 가진 인식이라 할 수도 있을 것이다. 다만 연구자가 만났던 몇몇 조선족스스로는 자신들을 조선민족의 정체성을 가진 한 핏줄이라는 인식이 강하게 내재되어 있다는 점이다. 이를 고려하면, 이들 스스로 '같은 조선사람' 이라는 민족적 동질성과 자부심에서 비롯된 행위의 한 형태가 아닐까라고 유추할 수 있다. 실제로 조선족은 중국에서 조선민족의 정체성을 잃지 않기 위해 조선족 학교와 방송국, 신문사, 출판사 등을 통해 한국어 보급과 교육, 문화 등 다양한 민족문화를 유지, 발전시켜 나가고 있다. 한국 정부도 조선족을 가리키는 공식적인 명칭(법무부 출입국 외국인 정책본부가 작성하는 통계자료)으로 한국계 중국인이라는 표현을 사용하고 있다.

앞서 살펴본 대로 학생 자원봉사자들은 봉사 경험이 이후 진로나 삶에도 도움이 될 것 같아 센터에 오기도 하지만, 위 글의 여고생 정○○처럼 센터에서의 긍정적인 체험이 주변에 대한 인식을 변화시킬 수 있었기 때문에 센터 활동을 지속할 생각을 하고 있다. 또한 다음의 한 의료인의 말은 외국인 이주자에 대한 의료 봉사활동을 지속할 수 있는 원동력으로 작용하고 있음을 잘 보여주고 있다.

> 2008년부터 선배 권유로 참여하고 있다. '건강센터' 실무를 맡다 보니 일이 많아졌다. 하지만 계속 참여할 것이다. 한방치료는 일본 중국, 인도, 몽골, 베트남 정도에서 이뤄지고 있다. 그 밖의 국가 이주자들에게는 상당히 두려운 치료가 될 수 있다. 하지만 여러 가지 치료를 해주니 효과도 증가하고, 이제는 흑인들도 시원하고 좋다고 말한다. 한의학이 생소한 치료인 이주자들에게 치료 방법이 친숙해질 필요가 있다. 이주자들의 본국보다 수준 높은 치료의 질과 좋은 약품이 많다.(김○○, 남, 한의학과, 45세)

> 필리핀, 유럽 등을 다녀봐서 한국인이나 외국인에 대한 특별한 구분은 없다. 무상 진료와 처방이 불법체류자에게 도움이 된다는 좋은 취지여서 힘들어도[25] 보람이 있다. 사실 보험 혜택이 없는 전원 개인 부담 진료가 너무 비싸서 고맙다는 사람부터 일부러 약 타기 위해 오는 사람 등 다양하다. 여기에 참여하는 약사들 10여 명은 서로가 일면식도 없는 경우가 많으며, 특별한 교류도 없다.

25 '건강센터'에는 자동화된 약조제기계가 없다. 그래서 보통 약국 '노가다'라고 불리는 완전 수작업으로 약사 혼자서 약을 조제하고 있다. 그러다보니 항상 바쁘고 학생 봉사자들의 도움을 받아 그나마 약을 짓는다. 자동화된 약조제기계가 있으면 혼자서도 거뜬히 60~70명분의 약을 만들 수 있다고 한다.

개인적 친분이나 이해관계 없이 좋은 마음으로 봉사만 하는 경우들이다. 의보혜택이 없어 오는 불법체류자에게 그 혜택이 더 많이 인도적으로 가길 바랄 뿐이다. 인도적인 차원에서라도 이들에 대한 봉사는 의미가 있다(최○○, 남, 약사, 38세).

이처럼 의료인들은 '건강센터' 운영 취지에 공감하고 봉사 활동에 동참하면서 보람된 일이라는 의미부여 속에서 돌봄 실천을 지속시키고자 한다. 그럼에도 위의 한의사와 약사의 말처럼 현재 '건강센터'의 시설이나 제공할 수 있는 의료 활동의 범위는 제한되어 있다. 그러나 보험 혜택을 받지 못하는 이주자의 경우 일반 의료기관을 이용하지 못하기 때문에 '건강센터'가 제공하는 의료 서비스는 절실하다. 이들에게 더 질 좋은 서비스를 제공하기 위해서는 더 나은 시설과 다양한 의료진이 갖춰져 있어야 한다는 물적 인적 자원의 문제가 중요하게 부각되고 있는 현실이다.

이주자의 입장에서 '건강센터' 이해하기

'건강센터'는 의료인, 종교인, 지역 활동가와 시민이 주축이 되어 자본의 논리가 아닌 최소한의 보건의료 서비스를 제공하는 건강 돌봄 공동체 공간으로 유지되고 있다. 미등록 외국인 노동자는 보건의료의 사각지대에 적나라하게 노출되어 있는 경우가 많다. 외국인 근로자는 기후와 음식문화가 다른 열악한 작업환경에서 잔업을 하는 등 장시간의 노동으로 각종 질병에 노출되기 쉽다. 이들은 사업장의 내국인 근로자와의 의사소통이 어려워 노동현장에서 정신적 스트레스를 경험하기 쉽다. 작업장에서 야기된 직업병으로 병원을 이용해야 하는 외국인 근로자의 경우 병원의 의료체계와 의사소통의 문제로 제대로 된 의료서비스를 받지 못하는 경향이 있다. 특히 평일 근무 중에 병원 방문이 거의 불가능하며 병원을 방문하더라도 검사나 수술 등이 필요한 심각한 경우 본인이 부담할 큰 액수의 지출로 치료를 꺼리는 사례가 많다.[26]

'건강센터'를 방문하는 이주 노동자들은 통증 호소와 감기 등 기초 질환뿐만 아니라 당뇨와 혈압 등 만성질환 환자들이 대부분이다. 실제 센터의 한의학과에는 통증을 호소하는 환자들이 많다. 주로 육체 노동을 하기 때문에 어깨, 허리, 무릎, 관절, 디스크와 같은 질환으로 신체적 고통을 호소한다. 정형외과 전문의가 없기 때문에 한의학과 전문의가 침과 뜸, 부황, 물리치료를 해주며 보험환약과 같은 한약을 제공해 주고 있다. 양의학과는 감기나 혈압과 당뇨처럼 기초질환과 만성질환으로 방문하는 내과 계열 환자가 많다. 이러한 환자의 질환에 따라 센터에서 구비하고 있는 약품도 이와 관련되며, 통증 관련한 소염진통제와 파스와 혈압, 당뇨, 감기 관련 약품이 주로 처방되고 있다. 특히 만성질환인 혈압과 당뇨 약값은 비싸며 센터에 장기 환자가 지속적으로 증가 추세여서 약 부족 상황을 경험하는 등 약품 구비에 한계와 문제점이 드러나고 있다.

'건강센터'를 찾는 외국인 노동자 환자가 늘고 있는 것은 이주 노동자 네트워크나 공동체와 선교단체를 통해 '건강센터'의 무료 진료 정보가 확산되고 있는 것도 한몫 하고 있다. 대체로 혼자 방문하기보다

26 이병운·고준기(2010), pp.329-330.

국적이 같은 동료들이 함께 센터를 방문한다. 이들은 평일에 병원을 방문할 시간이 없거나 의료비 지출을 절약하기 위해 일반병원 대신 '건강센터'를 방문한다. 등록 외국인 신분으로 의료보험 혜택을 받을 수 있는 이주노동자는 근무시간 중에 발생하는 심각한 상해 발생이 아닌 이상 개인 진료를 위해 근무시간 중에 작업장 밖으로 외출 시간을 허락 받는 일은 쉽지 않고 개인적으로도 치료비 부담으로 작용한다. 2011년에 비전문취업 비자(E-9)로 입국하여 하남공단 자동차 부품회사에서 일하는 네팔인 G씨(남, 42)는 잇몸질환 치료를 위해 '건강센터'를 몇 차례 방문 중이다. 월 급여는 잔업수당을 포함해 약 170만원~190만원이지만 한국에서의 월 생활비 20만원[27]을 제외한 나머지를 모두 본국의 가족에게 송금한다. 결혼한 지 12년 된 G씨는[28] 네팔에 있는 아들(11)과 딸(6), 아내, 아버지의 생활비를 책임져야 하기 때문에 한 푼이라도 더 아껴서 송금하는 것이 가장으로서 당연한 의무라고 생각한다. 20만원으로 한 달 생활을 하려면 아파서도 안 되고, 아프다고 진료비를 부담해서 개별 치료를 받기 쉽지 않다. 무료 진료와 약을 받을 수 있는 '건강센터' 방문은 그에게 당연한 선택으로 보인다. 최근 미등록 이주노동자의 센터 방문이 늘고 있는 현상에 대해 의학과에서 진료 봉사를 하는 박○○ 원장(여, 가정의학과, 54)은 한국에서 갈수록 일자리를 구하기 힘들어 일자리 경쟁이 심하기 때문에

---

27 "20만원으로 어떻게 생활하느냐?"는 질문에, G씨는 쌀은 회사에서 제공받으며, 기숙사비 5천원, 채소와 같은 식재료와 통신비, 교통비 정도만 지출하기 때문에 20만원으로 해결할 수 있다고 한다.

28 G씨는 네팔에서 경영학과를 졸업한 후 13년 동안 개인 사무실에서 회계업무를 하였다. 하지만 갈수록 일도 없고 돈이 궁하던 차에 "한국에 돈이 많다"고 소문이 나서 일자리를 얻기 위해 한국에 오게 되었다고 말한다.

그림 5-2 건강센터 내에서 결혼이주여성과 친정 부모가 진료 순서를 기다리는 모습

미등록 이주노동자의 센터 방문이 늘고 있다고 설명한다.

결혼이주 여성들 역시 한국의 결혼생활에 경제적으로 힘들어 하는 경우가 많다. 가난한 본국 가정에서의 삶보다 더 나은 삶의 기대로 결혼이주 했지만, 일반적으로 남편의 경제적 형편이 넉넉지 않은 현실에 직면해서 이주 여성이 노동 현장에 나가게 되는 사례가 적지 않다. 하지만 결혼이주 여성은 한국어 수준이 낮고 기혼이라는 조건 때문에 일자리를 얻기란 쉽지 않다. 베트남 결혼이주여성인 D씨(30)는 한국인 남편(45)과 결혼 3년차로, 전 남편과의 사이에서 낳은 딸(8)과 함께 입국하였다. 결혼 초기에 에어컨 부품 회사에서 일을 하기도 하였지만, 현재는 전업주부이다. 함께 온 딸도 "새 아빠가 좋다"고 얘기하였으며, "가족 모두 잘 지내고 있다"며 환하게 웃었다. D씨는 친언니가 결혼이주한지 10년이 되었으며, 친정 부모님도 언니 초청으로 광주로 입국한 경우였다. D씨는 친정 부모님과 건강센터를 방문하였는데, 부모님이 센터를 아주 편안해하며 좋아하신다고 소개하였다. D씨의 어머니는 5년 전 한국에 입국하였지만 한국말을 거의 모른다. 일을 하는 친언니의 아이를 돌봐주며 주로 집에서만 생활하기 때문이다. 또 다른 결혼이주여성인 E씨(32)는 입국한지 2년이 되었으며, 한국인 남편(45)과 재혼이다. E씨도 전 남편과의 사이에서 낳은 딸과 함께 입국하였다. E씨는 베트남에 계시는 부모님을 도와야 하기 때문에 자신도 돈을 많이 벌어야 한다고 얘기하였다. 이들 사례의 결혼이주여성 모두 결혼중개 업소를 통해 한국인 남편을 소개받아 결혼하였다. 이들 한국인 남편은 모두 건축노동을 하고 있다. 결혼 이주한 친언니의 초청으로 한국을 방문한 F씨(여, 23)는 입국한지 6개월이며, 양산동에서 농사를 짓는 언니 집에서 거주하며 일을 거들고 있다. 현재 돈을 모아 이후 베트남으로 돌아가 그 곳에서 대학을 다닐 계획이다. 일은 힘들어도 돈을 모을 수 있어 좋고, 형부도 잘해준다고 밝게 웃으며 이야기했다. 여기서 소개된 결혼이주여성의 사례는 비록 일부 예이긴 하지만, 그동안 결혼이주여성과 가족들에 관한 여러 선행 연구에서 볼 수 있듯 이주여성과 한국인 남편의 소개 및 만남이 결혼 중개 시스템으로 성사됐고 본국 가족들에 대한 돌봄이나 각 개인의 삶의 기대 등의 형태가 크게 다르지 않다. 이들은 국가의 경계를 넘어서 가족 네트워크를 형성하고 가족유대를 유지하며, 한국으로의 가족 초청과 같은 본국 가족과의 이해관계를 연쇄 이주 형태로 실천하고 있음을 알 수 있다.[29] 센터를 방문한 베트남 출신 결혼이주여성 D씨와 E씨 모두 한국으로 결혼한 후 어려운 경제적 상황 때문에 부품회사에서 취업한 적이 있거나 현재 부품 하청업체에서 일하고 있다. '건강센터'를 방문한 결혼이주 여성의 상당수는 취업상태에 있기 때문에 집안일과 직장일로 어깨, 목, 손목, 손가락, 허리 등의 근육통이나 관절 고통을 호소하는 것이 일반적이다. 이들 가운데 상당수는 식당이나 모텔에서 일하여, 부족한 생활비를 충당하거나 고국에 있는 가족에게 비정기적 송금을 한다. 결혼이주 여성의 초청으로 온 본국 가족원이 '건강센터'를 방문하는 경우도 쉽게 찾아볼 수 있다. 본국에서 초청된 부모는 한국으로 결혼 온 딸이 일 나가 있는 동안 자녀를 돌봐주거나 용돈을 벌기 위해 식당 도우미 등으로 일을 한다. 결혼이주 여성을 방문한 형제자매 역시 체류기간 동안 또는 기간을 넘겨 불법으로 노동현장에서 일하는 경우가 많다. 의료보험 혜택을 받을 수 없는 방문자의 입장에 있는 이들은 한국 체류기간 동안 아프더라도 일반 병원30을 방문할 엄두를 내지 못해 결혼이주 여성과 함께 '건강센터'를 방문하여 의료수혜를 기다린다.

이주자가 '건강센터'를 방문하는 것은 진료비 절감이라는 경제적

---

29 그럼에도 이들 이주자들과의 인터뷰 내용은 이주 전후의 삶의 경험이 충분하게 다뤄지지 못했다는 한계점이 있다. 즉 이주 전 학력 정도, 이주 전 직업, 가족 관계 등 사회문화적 배경에 대한 보다 면밀한 검토가 이뤄지지 않음으로 인해, 보다 풍부한 삶의 이야기가 부족하다는 점을 인정하고자 한다.

30 센터에서 자원봉사 하는 전문의가 진료하는 일반병원에는 결혼이주 여성의 부모가 사위나 딸의 보험카드를 가지고서 내원하는 경우도 있으나 이들 형편을 고려해 눈감아 주는 경우도 있다고 한다. 특히 고혈압이나 당뇨와 같은 만성질환의 경우 약을 장기복용 해야 하기 때문에 보험으로 처방받지 못하면 이들이 약값을 감당하기란 거의 불가능하다. 치과 역시 진료 상태에 따라 1회 진료에 준하는 것이 아니어서 보험 혜택을 받지 못하면, 개인의 1회 비용 지출이 보통 5만원~6만원으로 부담이 크다. 개인 치과 병원이 치료의 질은 좋겠지만 이들의 처지에서는 감당하기 어렵다.

이익 외에 다른 이유들도 있다. 일반 진료기관을 방문했을 때 언어 소통이 어려워 진료과정이 힘들었거나 모든 환자와 진료 담당자가 한국인인 상황을 불편해 한 경험이 있는 이주자들은 '건강센터'를 방문하기 시작한다. '건강센터'에는 다양한 국적의 이주자가 있으며 자원봉사자들이 각국의 언어를 모르더라도 한국어 구사가 어느 정도 되는 동일 국적의 다른 환자의 도움을 센터를 통해 받을 수 있기 때문에 언어 소통의 장애로 인한 진료문제는 크게 발생하지 않는다. 또한 개별 진료를 받는 일반 개인병원과는 달리 센터로부터 양의학과 한의학뿐만 아니라 치과까지 한 장소에서 연계적으로 다양한 진료를 받을 수 있는 것도 이주자들의 발길을 센터로 이끄는 요인으로 작용한다. 더욱이 '건강센터'의 전문 의료진과 자원봉사자들의 자신들에 대한 친절한 모습과 진심으로 도와주려는 태도는 이주자들이 편안한 심리상태에서 진료를 받을 수 있게 한다. 다음은 일부 사례이다.

> 머리가 아프고 코가 불편해서 왔어요. 친구 소개로 이곳을 알게 됐어요. 다른 병원(일반 병원)에 가면 한국어가 힘들어서 (진료받기가) 어려워요. 여기 오면 사람들이 친절하고 (한국어를) 도와주는 친구도 있어서 좋아요. 남편은 건축 일을 하고 있어요. (저도) 더 많이 벌어야 해요. 베트남에 있는 가족들을 도와주어야 해요. (팜○○, 베트남 결혼이주여성으로 입국 2년째, 32세, 에어컨 부품 회사)

> (친정)어머니가 이곳을 좋아해서 같이 왔어요. 어머니는 어깨와 팔이 아프고 고혈압도 있으세요. 치과, 한의학, 양의학이 다 있어 필

요하면 바로 진료 받을 수 있어서요. 또 친절하고요. 제가 바쁠 때는 어머니 혼자서 오시는데, 한국말을 잘 못해도 옆에서 (한국말을 통역해줄 수 있는 또 다른 베트남 출신 내원자가) 도와주니까 편하다고 하세요. 저도 이곳이 익숙해서 좋아요. 가끔 한국말을 못하는 사람들(베트남 출신)의 통역을 도와주기도 해요. 이렇게라도 도움을 줄 수 있어 참 좋아요.(레티○ ○, 결혼이주여성으로 입국 3년째, 30세, 전업주부)

한국인 친구가 알려줘서 왔어요. 치료비도 안 받고 잘 돌봐준다고... 일하느라 시간이 없는데, 오늘은 아들 피부에 문제가 있어서 데리고 와봤어요. 아들이 한국말도 서툴고 해서. (아들이) 노래방에서 일하는데, 요즘 두드러기가 심하게 생기네요. 가을이 되면서부터 피부에 문제가 생겼어요. 밤늦게 일 끝나서 그런가?. (리○ ○, 중국 조선족으로 입국 2년째, 52세, 공사장 노동)

어깨와 허리가 아파 왔어요. 여기는 친구들(네팔 커뮤니티)이 소개해서 알았어요. (이곳은) 친절해서 좋아요. (진료 차례를) 기다리는 것도 편하고… 기다리면서 친구들과 얘기하는 것도 좋아요. 한국말 3개월 배워서 왔어요. 한국말 잘 몰라요. (매일) 회사에서 일하면서 한국말을 사용할 일도 별로 없고, 일요일에는 (네팔 출신) 친구들과 시간을 같이 보내니까 한국말을 배우지 못해요. 솔직히 돈도 아낄 수 있어 좋아요. 결혼은 하지 않았지만 고향에 있는 부모님과 여동생 2명을 보살펴야 해요. 잔업까지 하면 150만원~200만원 벌 수 있어요. 가능한 그 돈을 다 보내주고 싶어요.(선○, 네팔인으로 입국 1년6개월째, 31세, 알루미늄 제조회사)

이러한 여러 요인들은 '건강센터'가 등록/미등록 이주노동자뿐만이 아닌 결혼이주여성과 그 가족들을 포함한 이주자 전체로 진료 서비스를 확대할 수밖에 없는 현실적 이유가 된다. 이는 앞서 이○○ '건강센터' 이사장의 주장처럼 미등록 이주노동자를 포함해 다양한 이주자들의 센터 방문을 막을 수 없으며, '건강센터'가 의료사각지대에 있는 폭넓은 사람들에게 건강 돌봄을 제공할 수 있는 열린 공간으로 재구성되며 확장되는 과정으로 간주되어야 할 필요성과 당위성을 보여주는 지점이라 할 수 있다.

나오며

이 글은 '광주외국인노동자건강센터'라는 건강 돌봄 공간이 광주지역 이주자와 돌봄 제공자간의 상호작용에 의한 돌봄의 실천 현장으로 작동하고 있는 바를 '건강센터' 공간과 참여자들에 대한 참여관찰과 인터뷰 자료를 통해 민족지적 방식으로 기술하였다. '건강센터'의 형성과 운영을 비롯해 의료 지원 대상의 확장 과정이 설명되고, 센터에 참여하는 의료봉사자와 의료 수혜자의 시각에서 '건강센터'에 부여하는 의미와 인식을 살펴보았다.

'건강센터'는 무료진료 봉사활동이 전개되고 있는 단순한 의료봉사 공간을 넘어 '건강센터'에 참여하는 의료 서비스 제공자와 의료 서비스 수혜자가 각자의 입장에서 의미를 부여하고 인식하는 과정이 실천되는 사회·문화적 현장이다. 의료전문인, 행정지원인, 자원봉사 고등학생과 대학생 등 '건강센터' 활동에 참여하는 사람들의 '건강센터'에 부여하는 의미와 전망은 의료 사각지대 외국인에게 최소한의 건강권을 제공하고 이러한 실천 활동이 지속되어야 한다는 것이다. 의료지원 대상의 확장을 둘러싼 입장차[31]가 있음에도 불구하고 '건강센터'의 이주자의 의료 인권을 위한 민간차원의 지원기관으로서의 역할에는 이견이 없다.

'건강센터'에 참여하는 의료인, 대학생과 청소년 자원 봉사자에게 '건강센터'는 세대, 인종, 젠더, 종교 등의 차이를 이해하고 '헬스 케어'라는 핵심적 활동을 통해 서로 소통하는 현장으로 일정 부분 역할을 하고 있으며, 참여자 스스로가 자신의 활동에 대해 이러한 의미를 부여하고 있다. 특히 청소년 봉사자의 경우 다양한 배경을 지닌 이주자와의 상호작용 과정에서 자신의 삶도 윤택해지는 긍정적인 경험과 다양성에 대한 인식의 폭이 확장되고 있음을 알 수 있다.

이주자의 시각에서 '건강센터'는 일반 의료 기관을 이용할 수 없는 사람에게 의료 지원을 해주는 공간이라는 인식뿐만 아니라, 국적과 종교 및 언어의 다름이 '이상하게' 취급되지 않는 심리적 안정감 속에서 진료를 받을 수 있는 곳이다. '건강센터' 이용자가 각자 처해 있는

31 의료지원 제공자의 입장에서 다양한 목소리가 있는 것은 '건강센터'가 처해 있는 물질적이고 시간적인 제약 요건 때문이다. 한정된 능력으로 모든 이주자에게 의료 서비스를 제공할 수 없다는 의견도 있다. '건강센터'가 위치한 건물 소유주가 임대계약을 종료하거나 과도한 임대료 인상을 요구하면 공간을 비워줘야 하는 불안정한 조건에 놓여있는 것이 센터가 처해 있는 매우 구체적인 현실이다. 임대료 50만원 중 일부를 광산구청의 후원으로 운영하고 있지만 임대료 문제를 걱정하지 않을 최소한의 의료 지원 공간마련이 시급한 실정이다. '건강센터' 개소 이후 지난 9년여 동안 어떤 이해관계도 없이 순수 자원봉사 활동과 일부 선교·의료단체와 개인의 후원 등으로 유지되어 온 '건강센터'의 운영에는 의약품의 한계와 물리적 공간의 문제 등 다양한 내재적인 어려움이 있다.

법적 지위와 경제적 이해관계에 따라 '건강센터'를 바라보는 이주자의 인식은 다양하다. 합법적으로 의료서비스를 받을 수 있음에도 불구하고 근무지의 사정과 한국의 의료 체계에 대한 이해의 어려움 때문에 '건강센터'처럼 민간 지원단체가 운영하는 의료 서비스를 선호하는 일부 등록 이주노동자도 있다. 이들은 사업장과 동일 국가 노동자 쉼터 인근에서 운영되는 '건강센터'를 같은 문화권이나 국적 출신 동료들과 함께 방문함으로써 심리적 안정감을 느낄 수 있다. 이주자가 '건강센터'를 체류자격에 관계없이 오직 건강증진을 위한 활동에 관심 있는 공간으로 인식하고 있다는 점은 '건강센터'와 같은 민간차원의 의료봉사 기관이 이주자에게 한국사회 생활을 할 수 있는 일정한 안전장치로서 그 역할을 다하고 있음을 알 수 있게 한다.

'건강센터'는 미등록 외국인 이주노동자를 포함해 이주자 전체로 무료진료를 확대함으로써 의료의 공공성을 실천하는 현장으로 자리매김하고 있다. 국가나 일반 의료 기관과 같은 기존의 의료 시스템의 시혜를 받을 수 없는 대상에게 '건강센터'와 같은 민간차원의 의료 돌봄 공간은 대안적인 의료 돌봄 실천 공간으로서 역할을 지속해야 하며, 다른 지역 유사한 역할을 하는 기관과의 긴밀한 협력체계의 구축을 통해 더욱 체계적인 지원 활동이 이루어지도록 관심을 쏟아야 할 것으로 사료된다. 더 나아가 이주노동자처럼 한국사회의 소수자 집단을 위한 의료 지원 사업이 민간차원과 공공보건체계와의 긴밀한 연계 속에서 이루어질 수 있도록 중앙정부와 지방정부의 적극적인 협력이 요구된다.

2부

초국적 가족 네트워크

우즈베키스탄 고려인의 한국 이주와 가족유형의 성격

광주광역시 고려인 사례를 중심으로

김경학 (전남대학교 인류학과 교수)

이 연구는 고려인의 국내 유입이 급증하는 시기에 고려인 초국적 가족을 다양하고 역동적으로 만들어 내는 가족의 분거와 재결합의 과정에 관여하는 요인을 규명함으로써 향후 고려인의 한국으로의 유입을 전망해 볼 수 있을 것으로 사료된다.

들어가는 말

국제이주의 과정에서 나타나는 '초국적 가족'transnational family의 등장에 따른 가족 구성원의 분리와 재결합에 대한 일부 연구들[1]은 초국적 가족 유형이 가족의 결속력을 약화시키고 다양한 가족 문제를 야기하는 '문제적' 가족으로 낙인찍히는 경향이 있다고 주장한다. 초국적 가족을 가족, 공동체, 국가에 부정적 영향을 주는 문제 있는 가족의 형태로 바라보는 이러한 시각은 하나의 단위로서의 가족이 물리적으로 근접한 가족 구성원을 토대로 구성되며, 가족 구성원 간의 돌봄 제공 또한 지리적으로 근거리에서만 가능하다는 소위 '공간적 근접성'의 전제에서 비롯된다. 이러한 전제를 비판적으로 바라보는 일부 연구들은 교통과 정보통신기술의 혁신적 발달로 초국적 삶을 살아가

1 Dreby, J. "School Experiences of Children Left Behind in Mexican Transnational Families: a qualitative assessment", Montreal: paper presented at the Latin American studies Association meeting, 5-8 September (2007); Parrenas, R. S. "Long distance intimacy: class, gender and intergenerational relations between mothers and children in Filipino transnational families," *Global Networks,* vol.5, no.4 (2005); Suarez-Orozco et al. "Making up for lost time: the experience of separation and reunification among immigration families", *Family Processes*, vol.41, no.4 (2002).

는 가족 구성원들이 거리의 장벽을 극복하고 물질적 정서적 교류를 통해 가족적 유대감을 유지하고 있기 때문에 초국적 가족을 부정적인 시각으로만 바라볼 필요가 없음을 강조하고 있다.[2]

한편 초국적 가족의 유대에 관한 연구들이 가족 유대의 지속을 위한 초국적 네트워크의 성격규명에만 제한됨으로써, 가족의 분거 단계를 넘은 '가족재결합'family reunification에 대한 규명에는 학문적 관심을 보이지 않았던 것도 사실이다. 국제 이주의 맥락에서 가족재결합을 연구한 소수의 연구들[3]도 단독 이주한 여성 가사이주노동자의 노동시장 편입과 본국 가족과의 관계 유지 및 가족재결합에 주목하고 있지만, 단독 이주한 여성의 다른 가족원의 재결합을 이끄는 주도적 역할에만 관심이 있기 때문에 다양한 유형의 가족재결합을 보여주지 못한다는 한계가 있다. 일반적으로 가족재결합은 정착 국가에 체류하고 있는 가족 구성원의 법적 지위와 경제적 여건이나 개인적 선호와 같은 다양한 변수들에 따라 유예되거니 불가능하게 될 수도 있다.[4] 이주 과정에서 등장하는 다양한 형태의 가족유형은 '가족의 생애주기'family life cycle의 특정 단계에 해당된 것으로서, 이러한 형태는 가족 구성원들이 이용 가능한 자원과 개인적이고 제도적인 기회에 따른 전략적 산물이다.[5]

---

2 Baldassar et. al. *Families Caring across Borders: Migration, Aging and Transnational Caregiving* (London: Palgrave Macmillan, 2007).

3 Kofman, E. "Family-related migration: A critical review of European studies", *Journal of Ethnic and Migration Studies,* vol.30, no.2 (2004); Pratt, G. *Families Apart, Migrant Mothers and Conflicts of Labour and Love* (Minneapolis: Minnesota University Press, 2012).

4 Ambrosini, M. "Parenting from a distance and processes of family unification: A Research on the Italian case", *Ethnicities,* vol.15, no.3 (2015). p.444.

이 연구의 첫 번째 목적은 우즈베키스탄 출신 고려인 가족 구성원의 한국으로의 국제이주에 따른 '초국적 가족'의 형성과 그 유형의 다양화 및 역동성을 제시함으로써, 일부 고려인 초국적 가족이 한국 영구 정착을 지향하는 과정에서 보여주는 가족재결합의 양상을 규명하고자 한다. 두 번째 이 연구의 목적은 이주지에서의 가족재결합에 관련된 출입국과 이민에 관한 정책과 경제적 환경이라는 거시적 구조뿐만 아니라, 고려인 가족의 '돌봄 문화'와 개인 가족사 및 이민사와 같은 미시적 요인과의 상호관계에 주목하면서, 고려인 가족 유형의 다양성과 역동성을 밝히고자 한다.

국내 거주 고려인에 대한 기존 연구들에는 이주배경, 정착 유형, 문화변용 등에 관한 항목을 포함하고 있는 설문지를 이용하여 국내 고려인에 대한 실태조사를 수행하여 광주광역시 고려인의 윤곽을 보여주고 있는 연구[6]와 질적 연구 방법을 통해 고려인 이주와 정착과정 및 국내 귀환이주를 규명한 연구[7]가 있다. 그러나 기존 연구들은 국내 이주 고려인 가족이 직면한 가족 분거 문제의 해결과 가족재결합을

5 Erel, U.(ed.), "Special Issue: Transnational Care in Europe: Changing Formations of Citizenship, Family, and Generation, Social Politics", *International Studies in Gender, State & Society,* vol.19, no.1 (2012); Huang, S. et al. "Caring for the elderly: the embodied labour of migrant care workers in Singapore", *Global Networks,* vol.12, no.2 (2012)

6 김영술·홍인화, "중앙아시아 고려인의 광주지역 이주와 문화변용에 관한 연구", 『디아스포라연구』 7권 1호(2013); 김재기, "광주광역시 광산구 지역 귀환 고려인의 이주배경과 특성", 『재외한인연구』 제12호(2014); 오정은 외, 『한-CIS 관계증진을 위한 CIS출신 동포 활용방안: 국내체류 경험 고려인을 중심으로』 IOM 이민정책연구원 연구보고서(2014).

7 김경학, "중앙아시아 고려인의 한국 이주와 정착: 광주 '고려인마을'을 중심으로", 『국제지역연구』 17권 4호(2014); 이은정, "우즈베키스탄 고려인의 귀환이주: 대구지역 고려인의 사례를 중심으로", 『지방사와 지방문화』 18권 1호(2014).

위해, 고려인 가족 구성원의 시간 및 재원의 투자를 통한 힘든 분투에 관한 경험을 생생히 드러내지 못하는 한계가 있다. 이 연구는 고려인의 국내 유입이 급증하는 시기에 고려인 초국적 가족을 다양하고 역동적으로 만들어 내는 가족의 분거와 재결합의 과정에 관여하는 요인을 규명함으로써 향후 고려인의 한국으로의 유입을 전망해 볼 수 있을 것으로 사료된다.

2015년 8월 말 현재 한국에 체류하는 우즈베키스탄 국적자는 47,134명이며, 이 가운데 고려인은 방문취업비자(H-2) 소지자 14,150명과 재외동포비자(F-4) 소지자 5,149명 및 영주권비자(F-5) 711명을 합친 20,010명이다. 그러나 동반 및 거주 비자 등을 소지한 고려인까지 포함한다면, 25,000명 내외의 우즈베키스탄 출신 고려인이 국내에 체류할 것으로 추정된다. 외국인 등록과 거소신고 등의 의무에도 불구하고 신고 지역과 실제 체류 지역이 일치하지 않는 경우가 적지 않다. 따라서 광주광역시에 체류하는 고려인의 정확한 규모는 알 수 없지만 광주 '고려인주민지원센터'는 약 2,000명 이상의 고려인이 광주광역시 광산구를 중심으로 체류하고 있는 것으로 추정한다.

광주광역시 광산구의 세칭 '고려인마을'은 2000년대 중반부터 광산구의 월곡동, 산정동, 우산동 일대에 고려인이 몰려 살면서 고려인 집거지로 형성되었다. 고려인이 광산구에 밀집해 사는 것은 이 지역에 하남공단, 평동공단, 소촌공단 등 광주광역시의 주요 공단이 위치해 있기 때문이다. 광주광역시 내에 외국인 인구 비율이 가장 높은 광산구 일대에서 고려인처럼 특정 지역 출신국과 민족이 일정한 공간에 밀집 거주하며 생활하고 있는 사례는 없다. 고려인의 정착, 구직, 보

그림 6-1 광산구 월곡동의 새건물로 이전한 '고려인마을종합지원센터'

육, 한국어 교육 등을 지원하는 '고려인주민지원센터'와 '새날어린이집' 등은 모두 월곡동에 위치해 있다. 또한 고려인 자녀가 전체 학생 수의 과반 이상을 차지하고 있는 중도입국자녀를 위한 정부 위탁학교인 '새날학교'와 의료사각지대에 놓인 이주노동자의 의료지원을 위한 '외국인노동자건강센터'도 광산구 내에 자리 잡고 있다. 2015년 9월 초에 약 2억 4천만 원의 시민들의 후원으로 '고려인가족지원센터'의 새 건물이 문을 열고 '고려인가족지원센터'와 의료협약을 맺은 의원과 병원들이 고려인에 대한 의료지원을 하는 등 지역사회의 고려인에 대한 관심은 날로 높아져간다.

이 연구의 주요 대상은 광주광역시에 거주하는 고려인 가족들과 이들의 일부 우즈베키스탄 타슈켄트의 가족들이다. 이 연구에 언급되는 주요 연구대상 18명의 고려인은 안산 거주자 1명과 타슈켄트에서 광주에 단기 방문 체류 중인 3명의 우즈베키스탄 거주자를 제외한 14명의 고려인은 광주광역시에 거주하고 있다. 18명의 고려인 외에 이 연구에는 2014년 12월과 2015년 1월 사이에 3주 동안 우즈베키스탄 타슈켄트에서 만났던 고려인 노부모를 대상으로 인터뷰를 통해 수집된 자료도 이용되고 있다. 그러나 이 연구의 주요 자료는 2014년 초부터 2015년 중반까지 광주광역시 광산구 '고려인마을'의 고려인에 대한 인류학적 참여관찰과 심층인터뷰를 통해 수집되었다. 이 연구에서 언급되는 연구대상은 <표 6-1>의 '연구대상의 기본특성'에 요약되었으며, 이들은 사생활 보호를 위해 실명대신 '알파벳 대문자'로 호명된다.

이 연구는 국내 광주광역시의 고려인 이주자와 우즈베키스탄 타슈켄트의 일부 고려인 가족을 대상으로 현지조사를 수행함으로써 한 지역이 아닌 여러 지역에서 연구가 수행된 이른바 '다중지역 민족지적 연구'multi-sited ethnographic research[8]이다. 일반적으로 민족지적 연구는 연구대상의 일상적 삶과 실천을 깊이 있고 자세히 기술하는 것을 목적으로 하고 있다. 따라서 본 민족지적 연구는 참여관찰과 심층인터뷰를 이용해 수집한 자료를 토대로 연구 대상인 고려인의 한국이주와 정착 및 가족재결합에 관련된 생생한 경험을 그들의 사회·문화적 맥락 내에서 이해하고 설명하고자 하는 질적 연구 유형을 표방하고 있다.

---

8 Marcus, G. E. "Ethnography In/Of the World System: the emergence of multi-sited ethnography." *Annual Review of Anthropology*, vol.24(1995).

표 6-1 연구대상의 기본특성

연구대상자 (알파벳)	연령	성별	거주지	혼인 상태/가구유형	한국 입국 연도	현 직업
A	59	여	광주광역시	기혼(사별)/ 3세대	2014	조부모노릇
B	41	여	광주광역시	기혼/ 부부+자녀	2011	제조업공장
C	68	여	타슈켄트	기혼/B의 어머니	2015	아르바이트
D	39	남	광주광역시	기혼/ 부부	2011	제조업공장
E	34	여	광주광역시	기혼/D의 부인	2011	제조업공장
F	30	남	타슈켄트	미혼/D의 남동생	2015	의사
G	56	남	안산시	기혼/ 단독	2010	제조업공장
H	84	여	타슈켄트	기혼/딸과 거주	무	조부모노릇
I	33	남	광주광역시	기혼/ 부부+자녀	2012	제조업공장
J	46	남	광주광역시	기혼/ 3세대	2011	일용직
K	43	여	광주광역시	기혼/I의 부인	2008	사무직
L	30	남	광주광역시	미혼/ 단독	2011	제조업공장
M	40	남	광주광역시	기혼/ 단독	2011	제조업공장
N	29	여	광주광역시	미혼/ 단독	2012	제조업공장
O	49	여	광주광역시	기혼(사별)/ 단독	2011	제조업공장
P	30	남	광주광역시	기혼/ 부부+자녀	2011	제조업공장
Q	26	여	광주광역시	기혼/P의 부인	2011	출산 휴식

우즈베키스탄인 고려인의 국제이주

우즈베키스탄 고려인의 국제이주 경향

우즈베키스탄 독립 이후 열악한 경제 환경과 경직된 정치체계로 인해 약 250만 명 이상의 우즈베키스탄인이 일자리를 찾아 해외로 이주하였다. 러시아의 연방이민국에 따르면 2015년 1월 현재 약 2백 2십만 명의 우즈베키스탄 국적자가 러시아에 체류하고 있다고 보고하고 있다. 우즈베키스탄인의 주요 이주 대상국은 러시아와 카자흐스탄, 유럽연합국가, 한국이며, 우즈베키스탄 전체 이주민의 약 85%는 러시아로 국제이주 하고 있다.[9] 우즈베키스탄인이 이들 국가로 국제이주 하는 주요 동기는 적절한 임금지급이 되는 일자리가 없고 보다 전문적인 일을 선택하기 위한 것 등 주로 경제적 요인이었다.[10]

2014년 말 현재 우즈베키스탄 내 고려인의 수는 182,957명이며, 전체 고려인의 약 75%에 해당하는 136,520명이 타슈켄트 시와 인근의 타슈켄트 주에 거주하고 있다.[11] 1991년 우즈베키스탄 독립 이후 고려인은 주로 러시아와 카자흐스탄 등으로 이주하였다. 독립 후 우즈벡 민족 중심적인 행정·정치·경제정책과 우즈벡어 중심적인 언어와 교육정책 등으로 인한 소수민족에 대한 차별정책으로 우즈베키스탄 내의 고려인의 입지는 크게 위축되었다. 특히 언어와 민족이 중심이 되어 점차적으로 고위직이나 전문 직종에 고려인의 진출이 제한되는 것도 고려인이 국외로 재이주를 하게 만드는 배출요인으로 작용해 왔다.

중앙아시아 국가들의 독립 이후 발생한 고려인의 해외로의 대규모

---

9 Parpiev, Z. "Who is behind remittances?: a profile of Uzbek Migrants", http://www.undp.org(2015년 3월 5일 검색). 우즈베키스탄 정부는 자국의 국민 중에 이주노동자가 존재한다는 것을 공식적으로는 부인한다. 이 때문에 정확한 우즈벡인의 국가별 이주자 현황을 알 수 없으며, 자국민의 타국에서의 성적 착취와 노동착취에 아무런 공식적 대응을 하지 않고 있다. 우즈베키스탄 정부가 이주문제에 관한 중앙아시아와 러시아 등과의 대화채널 구축을 하지 않는 것은 우즈베키스탄이 이주문제에서 발생하는 부정적인 국제적 평판을 두려워하기 때문이라고 전문가들은 보고 있다. 윤성학 외, 『한 ·중앙아시아 인적자원의 교류현황과 활성화 방안』, KIEP(2011), pp.123-125.

10 김성진, "중앙아시아 국가들의 국제이주: 현황과 요인", 『중소연구』, 제37권 4호(2013/1014).

11 외교부, 재외동포현황(2015).

이주 대상국은 러시아이며 고려인은 러시아 내의 다양한 지역으로 이주하였다. 고려인의 러시아 연해주 이주의 시기를 둘러싼 다양한 주장[12]이 있지만, 특히 우즈베키스탄 고려인은 1990년대 초반 이래 연해주와 러시아의 남부의 볼고그라드와 로스토프 주의 농촌 지역뿐만 아니라 모스크바와 상트페테르부르크 등의 러시아 대도시들로 대규모로 이주하였다. 성동기는 우즈베키스탄 고려인의 이주를 2000년까지와 그 이후로 대체로 구분하고 시기별로 드러난 이주의 유형에 각각의 특징이 있음을 지적하고 있다. 2000년까지의 고려인 이주는 주로 개인단위와 계절농사인 '고본질'을 위한 농촌이주가 특징이라면, 그 이후에 고려인이 자본주의에 적응하면서 특히 일반기업체에 취업할 수 있는 경영학, 컴퓨터, 영어 등의 역량을 갖춘 후에는 러시아와 카자흐스탄의 대도시로 개인 단위보다는 복합적 단위의 이주가 이루어지고 있다. 성동기는 특히 카자흐스탄의 경제가 발전되면서 지리적으로 가까운 카자흐스탄으로의 우즈베키스탄 고려인 이주가 활성화되었다고 주장한다.[13]

본 연구 대상인 광주지역 일부 고려인의 가족과 친족 이민사를 통해 1991년 독립 이후 고려인이 우즈베키스탄에서 러시아의 다양한 지

12 고려인의 연해주 이주를 둘러싸고 심헌용·김재기는 1990년대 초반에는 내전이 있었던 타지키스탄 고려인이 주를 이루고 후반기에 우즈베키스탄 등의 고려인이 이주하였다고 주장한다. 심헌용·김재기, "러시아 재이주 한인의 난민적 상황과 인권보호", 『민주주의와 인권』 제4권 1호(2004). 하지만 김게르만은 이미 1990년대 초반부터 우즈베키스탄 고려인의 연해주 이주가 대규모로 시작되었다고 주장한다. 김게르만, "소련방 붕괴 이후 러시아 고려인의 이주현황", 러시아 고려인 역사 140년: 성찰과 새로운 인식, 재외동포재단과 재외한인학회 공동주최 국제학술회의(2004).

13 성동기, "중앙아시아 고려인 이주의 새로운 유형과 연구과제", 『한민족연구』, 제8호(2010), pp.69-72.

역으로 재이주를 하였음을 알 수 있다. 광주에 살고 있는 딸 B(여, 41)를 방문하여 2015년 9월 현재까지 체류하고 있는 친정어머니 C(68)의 형제자매의 우즈베키스탄에서 시작된 이주사에 관한 다음의 이야기는 독립 후 우즈베키스탄 고려인이 러시아 일대로 재이주를 하고 있는 점과, 대부분의 소련시절을 직접 경험한 이주 2세대와 그 이후 자녀 세대의 국제이주 대상국 선택에 차이가 있음을 보여준다.

사례 1 : 러시아 이주를 열망하는 B의 어머니 C

광주에 거주하는 B의 어머니 C는 5형제의 맏이로서 부부가 우즈베키스탄 타슈켄트 시에 살고 있다. 둘째인 여동생은 1999년에 우크라이나로 '고본질'을 하여 현재 우크라이나 시민이 되었다. 셋째인 남동생은 소련시절 사할린에서 살던 러시아 시민이었으나 모든 형제자매가 우즈베키스탄에 있기 때문에 가족재결합을 위해 우즈베키스탄으로 귀국했으나, 우즈베키스탄 국적을 받지 못하며 9년 동안 무국적자로 지내다 러시아 국적을 회복한 후 2007년부터 러시아 로스토프 주에서 비닐하우스[14] 농사를 짓고 있다. 막내 여동생 가족도 2009년에 러시아의 오빠 가족에 합류하여 로스토프 주에서 비닐하우스 농사를 한다. 넷째인 여동생은 2010년에서 한국 안산에서 일하는 아들며느리에 합류하여 아르바이트로 번

14 C 형제자매가 체류하는 러시아의 로스토프 지역은 1950년대 중후반부터 고려인 계절농민들의 유입이 활발했던 곳이다. 특히 2000년대 중반 이후 새로운 고려인 집거지역으로 부각되기 시작한 것은 한국 정부의 관심이 일조했다. 2006년 이후 한국사절단이 로스토프를 방문하여 '비닐하우스사업'을 진행하였는데, 이 프로젝트는 한국의 비닐하우스 농업기술을 전수하여 농업에 종사하는 지역의 고려인을 돕기 위한 목적으로 시작됐다. 현지 고려인 사회는 이 프로젝트로 한국에서의 지원은 물론 로스토프 주정부로부터 5만m^2의 땅을 배분받았다. 김혜진, "러시아 포스토프 주 내 고려인 사회의 형성과정과 특징", 『동북아역사논총』, 제28호(2010), pp.345-346.

돈을 러시아 로스토프의 오빠에게 보내 작은 집이 딸린 비닐하우스를 구입하여 2015년 5월에 러시아 로스토프 주로 떠났다. 그녀는 안산에 있는 두 명의 아들의 가족과 안산에서 가족재결합 한 후 손자들을 돌보면서 모텔 등에서 아르바이트를 하면서 아들가족과 함께 살고 싶었으나 한국에서의 삶이 여러 가지로 힘들어 로스토프 주에 있는 형제자매와 자신이 좋아했던 농사나 지으며 여생을 보내기로 작정하고 러시아로 떠났다.

현재 광주에 체류 중인 어머니 C의 큰 딸 부부는 미국으로 이민 가 시민권을 취득하였고, 둘째인 B 부부는 2012년부터 광주에 살기 시작해 광주에 영구정착을 계획하고 있다. 2015년 9월 현재 광주에 머물고 있는 C는 광주에 도착한 6월 초부터 '고려인가족지원센터'에서 장년과 노년층을 대상으로 주선해 주는 배·블루베리·아로니아 농장 등에서의 일용직 아르바이트를 하면서 현금을 모은 뒤 가까운 시일 내에 러시아의 로스토프에 비닐하우스를 구입하여 형제자매들에 합류하고자 한다. 광주의 딸 부부가 C 부부를 한국으로 초청하여 함께 생활할 것을 제안하지만, 어머니는 로스토프 주에서 비닐하우스 농사를 하며 형제자매와 러시아에서 여생을 보내고 싶어 한다.

중앙아시아 이주 2세인 C의 일부 형제자매들은 일찍이 우크라이나와 러시아 일대로 '고본질' 하기 위해 갔으며, C와 넷째 여동생은 한국에 정착한 자녀들과 함께 생활하며 아르바이트로 노동시장에 개입하였다. 그러나 이들의 최종 목적지는 소련시대부터 늘 해오던 농사일을 하면서 다른 형제자매들과 생활할 수 있는 러시아의 로스토프 주이다. C와 넷째여동생 자녀들은 미국에서 이미 시민권을 취득했거나 한국에서의 영구정착을 계획하고 있어 부모 세대와는 국제 이민 대상국을 달리하고 있다. 한국생활을 제안 받은 C는 한국이 국적취득이 쉽지 않고 특히 언어 등이 낯설기 때문에, 러시아어가 통용되고 정치, 경제, 사회 체계를 공유했던 러시아에서 살기 위해 가까운 시일 내에 형제자매가 있는 로스토프 주로 이주할 결심을 했다.[15]

소련연방 붕괴 후 고려인이 재이주 대상국을 정할 때 기준으로 삼는 데는 대체로 러시아어 사용의 빈도, 새로운 국적의 취득가능성, 경제적 소득의 증대, 사회적 지위 개선 등이 중요하게 검토된다.[16] 특히 중앙아시아와 러시아 및 우크라이나 등은 과거 소련연방의 일원으로 동일한 정치와 경제 및 사회 시스템을 공유하고 학위 등 교육과정을 상호 인정하고 있다는 점 때문에[17] 자신의 학력과 경력을 인정받아 전문직에 종사하고자 하는 젊은 세대의 고려인은 러시아로 국제이주를 하고자 한다. 이들이 한국으로 이민을 주저하는 것은 상대적으로 개방된 출입국 정책과 높은 수준의 경제적 보상을 제공한다는 것이 장점으로 작용할 수 있지만, 본국에서의 학력과 경력에 관계없이 대부분의 고려인이 생산직이나 건설현장에서 일함으로써 지위하락을

---

15 B의 어머니인 C에 대한 인터뷰는 2014년 12월 말에 타슈켄트의 그녀의 집에서 수행된 바 있다. 연구자는 2015년 8월에 딸 부부의 집에 방문 차 온 어머니 C를 광주에서 다시 만날 수 있었다. 어머니에게 딸의 한국 합류의 제안을 거절한 이유를 묻자, 어머니는 "우리들은 소련시절을 보내고 러시아어로 모든 것을 배웠기 때문에 모든 시스템을 공유했던 러시아에 사는 것이 좋다. 러시아에 있으며 내 집에 있는 것 같고 러시아에서는 시민권 취득도 어렵지 않다."고 말하면서 러시아로 이주할 소망을 비췄다.

16 오정은·강희영·성동기, 『한-CIS 관계증진을 위한 CIS출신 동포활용방안: 국내체류 경험 고려인을 중심으로』, IOM이민정책연구원(2014), p.49.

17 김성진(2013/1014), p.277.

경험해야 한다는 현실 때문이다. 광주의 D(남, 39)의 막내남동생 F(30)가 이 경우에 해당되는데, 그는 타슈켄트에서 의과대학을 졸업한 암 전문의로 2015년 5월까지 타슈켄트 국가병원에서 근무해 왔으나 낮은 급여 등으로 처우가 더 좋은 러시아로 이주했다. 그는 지난 2년 전에도 한국의 생산직 환경과 생산직에 종사하는 고려인의 상황을 파악하기 위해 광주의 형 부부를 방문한 바 있다. 안산에 거주하는 G(남, 56)의 둘째 아들도 우즈베키스탄에서 의대를 졸업하고 현재 모스크바 의과대학원 졸업반이다. 그는 러시아 국적을 신청한 상태며 향후 러시아에서 의사생활을 하고자 한다. G가 안산의 위성안테나 제조공장에서 지난 5년 동안 노동했던 것은 의과대학원을 다니는 둘째아들의 비싼 학비와 생활비(1년 약 600만원 학비와 매월 약 100만원의 생활비)를 지원하기 위해서였다.

우즈베키스탄 고려인의 한국 이주

우즈베키스탄 고려인의 국제이주 대상국별 정확한 이주 규모를 알 수는 없지만 최근 5년 동안 한국으로의 이주 규모가 크게 늘고 있는 점은 사실이다. 한국의 고려인은 대부분 우즈베키스탄 출신이며 이들이 한국으로 이주하기 시작한 것은 2002년 '재외동포법'의 불평등 적용에 대한 차선책으로 중국과 CIS지역 동포에게 단순노무 분야 취업을 허용하는 '취업관리제'가 도입되면서부터이다.[18] 그러나 취업 업종

18 이 연구의 J(남, 46), L(남, 30), M(남, 40)은 이 제도를 통해 2005년에 한국에 입국하여 단순노무 분야에 종사한 바 있다. J는 2005년에 입국하여 인천에서 문짝제조공장에서 일했는데 적은 임금에 심한 노동을 견디지 못해 공장을 이탈하여 불법체류자 생활을 2010년까지 지속하였다. L은 2005년에 광주에 정착하여 하남공단에서 근

의 제한, 복잡한 취업 및 고용절차 등을 기피하기 위한 불법체류 증가 등 부작용이 속출하자, 2007년 3월에 중국과 CIS지역 동포의 자유로운 출입국과 단순노무업종에 자율적인 취업을 허용하는 '방문취업제'가 도입되었다. 이 연구의 J 등은 취업관리제로 2005년에 한국에 입국하여 단순노무 분야에 종사한 바 있다. J는 인천에서 문짝제조공장 등에 근무하면서 제대로 임금을 받지 못하면서도 노동 강도가 강해 이를 견디지 못해 공장을 이탈하여 불법체류자가 된 뒤, 자진 귀국을 한 2010년까지 불법체류자 신세가 되었으나 2011년에 방문취업제로 재입국했다.

방문취업제가 도입되면서 국내 우즈베키스탄 고려인의 수는 큰 폭으로 증가하기 시작했다. 2008년의 2,570명에서 2009년에는 3,698명으로 약 30% 증가했으며, 2010년에는 무려 75%가 증가한 6,475명의 고려인이 국내에 체류했다. 2008년 1월부터 고학력자와 전문직종사자 등을 대상으로 재외동포비자(F-4)가 도입됐지만, 2010년까지는 대부분의 우즈베키스탄 고려인은 방문취업비자 소지자였으며 전체의 약 6%만이 재외동포비자(F-4)를 취득하였다.

<표 6-2>의 2009년-2015년 사이의 국내 우즈베키스탄 출신 고려인 현황에 관한 자료에 따르면 그간 국내 우즈베키스탄 국적자 수의 증가를 알 수 있는데 그 중 특히 고려인의 증가세가 두드러진다. 고려인 수의 급증을 이끌고 있는 것은 방문취업비자(H-2) 소지자이지만,

---

무하다 2008년에 귀국하였다. M도 2005년에 취업관리제로 입국하여 근무지 이탈하고 2년 동안 광주에서 불법체류생활을 했으며 2008년에 귀국하여 2011년에 H-2비자로 재입국 하였다.

표 6-2 한국 내 우즈베키스탄 고려인 수의 증감 추이(2009-2015)〉

연 도	2009년	2010년	2011년	2012년	2013년	2014년	2015년
국내 우즈벡 국적자	15,868	21,056	25,803	34,688	38,515	43,852	47,134
단기방문 (C-3)				2,913	2,547	2,742	3,088
고용허가제 (E-9)	7,715	11,669	13,251	15,414	16,407	14,466	16,560
방문동거 (F-1)	170	205	272	115	1,089	1,660	2,067
거주 (F-2)	1,437	1,460	1,442	547	235	180	196
동반 (F-3)	182	202	233	238	296	326	356
재외동포 (F-4)	미분류	392	1,423	2,881	3,814	4,631	5,149
영주권 (F-5)	179	290	414	493	532	641	711
방문취업 (H-2)	3,348	5,793	7,539	8,951	10,223	12,386	14,150
고려인 추정인구	3,698	6,475	9,376	12,325	14,569	17,658	20,010

* 2015년 통계는 2015년 8월 31일 기준이며 나머지는 매년 12월 31일 기준임.
* C-3 단기방문비자는 2012년부터 통계에 등장함.

재외동포비자(F-4)와 영주권 비자(F-5) 소지자의 수도 해마다 큰 폭으로 증가한다는 점은 주목할 만한 점이다. 2010년에 전체 고려인 수에서 F-4비자 소지자의 비율은 불과 6%였지만 2013년에 오면 26%로 크게 증가하고 있다. F-4비자의 증가는 방문동거(F-1), 동반(F-3), 단기방문(C-3) 등의 비자를 이용해 우즈베키스탄에 남아 있는 미성년 자녀를 한국으로 초청할 수 있는 고려인의 수의 급증을 의미한다. 다시 말해 F-4비자의 급증은 전체적인 국내 고려인 수의 증가로 이어질 수 있음을 의미한다.

<표 6-2>의 고려인 추정인구는 방문취업비자(H-2), 재외동포비자(F-4), 영주권비자(F-5)를 합한 고려인의 수이기 때문에 실제 국내 체류 고려인의 수는 이 추정치를 크게 상회하리라 짐작된다. 특히 재외동포비자와 영주권비자 소지자들이 본국의 가족원을 동거나 동반 등으

로 한국으로 초청하고 있는 것이 현실이기 때문에 우즈베키스탄 고려인 수는 약 2만 5천여 명에 이를 것으로 예상된다. 또한 제한적인 조건으로 3개월 단기방문 사증을 발급하던 C-3 비자가 2014년부터 만 60세 미만의 외국국적동포에 대해 3년 유효한 단기방문복수사증이 발급되고 있기 때문에 C-3비자 소지자의 상당수가 거의 고려인일 가능성이 높다.

국내 고려인 가족 유형의 다양화와 역동성

재외동포비자(F-4)와 영주권비자(F-5)를 소지한 우즈베키스탄 고려인의 수의 증가와 이들의 미성년 자녀와 노부모의 초청에 따른 가족재결합 사례가 늘어남에 따라, 고려인의 가족의 규모와 유형도 소규모 '단독 유형' 또는 '부부 유형'에서 '성인부부+자녀 유형' 또는 '성인부부+자녀+조부모 유형'이라는 다세대 형으로 전환되고 있는 것으로 추정된다. 한국으로 국제 이주함으로써 본국에 자녀 또는 노부모가 국경을 두고 분거하는 '초국적 가족'이 형성되고 있으며, 한국의 성인자녀는 본국에 남아 있는 자녀와 노부모에 대해 다양한 방식의 '초국적 돌봄'을 실천하고 있다.[19] 초국적 상황에서 우즈베키스탄 고

19 초국적 가족과 초국적 돌봄에 관한 기존 연구에 따르면 '초국적 가족'은 국제이주로 가족 간에 떨어져 지내더라도 가족 공동의 복지와 가족이란 소속감을 지니고 살아가는 가족을 의미한다. 지리적으로 떨어져 지내지만 초국적 가족 구성원은 본국에 남아 있는 자녀와 노부모에게 경제적 지원을 하고 다양한 통신수단을 통해 정서적으로 상호 지지하고 직접 방문하는 등 다양한 형식으로 '초국적 돌봄'을 실천하고 있다. Bryceson, D. and Vuorela, U. "Transnational Family: in the Twenty First Century".

려인 초국적 가족은 개별 가족사와 이주사, 부모와 자녀 간의 돌봄에 관한 문화적 개념 등의 미시적 요인과 정치·경제적 환경과 출입국 관련 이민정책 등의 거시적 구조 간의 조합에 따라 형성되는 일련의 '가족생애주기'에 따른 가족 유형의 다양화와 역동성을 보인다.

'독신' 또는 '단독 배우자' 가족

단독으로 입국하여 독신생활을 지속하거나 현지에서 배우자를 만난 후 본국에 귀국하여 결혼하고 배우자를 두고 오거나, 본국에서 결혼하고 이주 초기에 배우자 한 명만 한국에 입국한 사례들이다. 최근 '이주의 여성화'feminization of migration 논의[20]는 여성이 국제이주를 주도하는 과정에서 독신으로 해외에서 이주생활을 하는 이주과정을 드러내고 있다. 그러나 이 연구에 등장하는 2명의 독신 여성은 사별한 후 자녀를 친정어머니에게 맡기고 혼자 입국하거나 미혼 여성이지만 두 사례 모두 다른 가족원의 이주를 이끌기보다 먼저 입국한 형제자

---

in D. Bryceson and U. Vuorela (eds.), *The Transnational Family: New European Frontiers and Global Networks* (New York: Berg, 2002); Baldassar, L. "Transnational Families and Aged Care: the mobility of care and the migrancy of aging", *Journal of Ethnic and Migration Studies*, vol.33, no.2 (2007).

20 '이주의 여성화'에 관련된 연구들은 국제 이주에서 남성 이주노동자가 먼저 혼자서 이주 대상국에 정착하여 나중에 본국의 아내와 자녀를 불러 이주 가족을 형성하는 기존 이주형태와는 달리, 여성이 이주화를 이끌고 있는 현상이 국제이주의 약 50% 이상을 차지하는 이주 현상을 말한다. 서구 산업선진국과 아시아의 일부 선진국에서 주로 가사노동 분야에 종사하는 필리핀과 스리랑카 등 남반구 아시아의 여성들이 가족을 본국에 남겨 두고 혼자 이주하여 돌봄 노동시장에 종사하면서 본국의 자녀에 대한 초국적 돌봄을 수행하는 이주현상을 지칭하는 개념이다. Truong, T. "Gender, International Marriage and Social Reproduction for Theory, Policy, Research and Networking", *Asian and Pacific Migration Journal* vol.5, no.1 (1996); Piper, N. "Globalization, Gender and Migration: the Case of International Marriage in Japan", J. Cook et al.(ed.), *Towards a Gendered Political Economy*, (Basingstoke: Macmillan, 2000).

매의 도움으로 한국에 정착한 사례들이다. 또 다른 3명의 남성 독신들은 주거지 인근에 다른 형제자매가 있는 미혼 남성과 배우자와 자녀를 타슈켄트에 두고 온 남성들이다. 아래의 미혼 단독 여성 N은 세 명의 자매 가운데 가장 늦게 한국에 입국하여 단독으로 거주하지만 일상에서는 다른 자매들과 긴밀한 관계를 유지하고 있다.

사례 2: 단독 여성 N

N(여, 29)은 세 자매의 맏이로 타슈켄트 출신으로서 현재 광주 평동공단 냉장고 손잡이 제조공장에 다닌다. 2003년 한국 남성과 혼인하여 광주에 정착한 둘째여동생(28)의 한국생활로부터 N 가족의 한국으로의 이주는 시작되었다. 본인만 미혼이고 다른 두 여동생의 가족은 '부부와 자녀' 유형이다. 한국인과 결혼한 둘째딸집을 방문하면서 시작한 아버지(56)의 한국생활은 2008년부터 5년 동안 이어졌으나, 어머님(73세의 나이로 2013년에 작고함)의 중환으로 2013년에 귀국해 그는 현재 타슈켄트에서 부인과 막내아들과 함께 생활한다. 여동생들의 안내를 받으며 가장 늦게 광주에 정착해 이민생활을 하는 N은 혼자 살지만 임신한 막내여동생의 일상을 보살펴 주는 등 언니로서 역할을 다한다. 특히 타슈켄트에 있는 부모님에 대한 송금과 국제전화를 통한 안부 인사 등을 큰언니로서 주도적으로 하면서 자매들 간의 관계를 유지하고 있다.

N뿐만 아니라 혼자 살고 있는 미혼 L(남, 30)과 기혼자지만 배우자와 사별한 O(여, 49)도[21] 단독 가구유형에 속하지만, 일상생활에서는

21 L의 두 명의 누나 부부는 광산구에 거주한다. 한 명은 한국 남성과 혼인하였다. O의 남편은 타슈켄트에서 사망했으며 그녀의 딸은 타슈켄트의 친정어머니가 돌봐주고 있으며, 친언니 가족은 광산구에 살고 있다.

인근의 형제자매와 친밀한 관계를 유지하고 있다. 단독 가구 유형의 또 다른 형태는 결혼한 배우자와 자녀를 본국에 두고 혼자 온 고려인 남성인데, 이들은 시간이 지나면서 부인 또는 부인과 자녀를 한국으로 부르는 경우가 많다. 다음의 G(남, 56) 역시 가까운 미래에 가족들을 한국으로 불러 한국에서 영구 정착을 계획하고 있다.

사례 3 : 배우자 단독 가구

안산에 단신으로 원룸에 살고 있는 G(남. 56)의 아버지(1932년생, 사망)와 어머니 H(84)는 모두 강제이주세대이다. G는 큰아들이고 둘째는 타슈켄트에서 어머니를 모시고 사는 '고려인 요양원' 의사인 여동생(56)이다. 2010년에 한국에 온 G는 현재 F-4비자를 소지하였으며 안산의 위성안테나 제조업체에서 5년째 근무 중이다. 한국에 이주하면서 미국 간 남편의 초청을 기다리고 있는 여동생(56)이 어머니를 모시고 있다. G는 자신이 한국에 있기 때문에 여동생이 어머니를 모시는 것을 생각하면서 큰아들로서 제구실을 못하는 마음에 어머님께 늘 미안한 마음을 가지고 있다. 타슈켄트의 한국어교육원 교사인 그의 부인(51)은 2년 전 방학 기간 동안 안산에 와서 핸드폰 케이스 제작 공장에서 단기로 일하고 본국으로 귀국했다. G의 큰아들(29)은 한국에서 일하면서 현재의 부인을 만나 잠시 타슈켄트에 머물고 있다. G의 둘째아들(27)은 타슈켄트 의과대학을 졸업하고 모스크바에서 의과대학원을 다닌다. G가 한국에 온 것은 의과대학원을 다니는 아들의 비싼 학비와 생활비를 대기 위한 것인데 2015년 11월이면 아들의 학업이 끝난다. 그는 아들 공부가 끝나더라도 한국에 머물면서 돈을 모을 것이지만 더 이상 혼자서는 살기 힘들 것 같다고 생각한다.

G는 그간 아들 학비 지원으로 저축한 현금이 없기 때문에 지금부터 다시 한국에서 돈을 벌 생각이며 가까운 시일 내에 큰아들 부부와 부인을 F-4비자로 입국시켜 한국에서 가족재결합을 할 계획이다. 게다가 현재 어머니를 돌보고 있는 여동생이 미국의 남편과 재결합을 위해 떠나게 되면 G는 어머니 H까지 한국으로 모실 계획을 가지고 있다.[22] G는 한국에서 혼자 살면서 심신이 너무 힘들었기 때문에 가족들이 합류하면 지금처럼 많은 돈을 벌기 위해 가혹하게 일하지 않고 하루 8시간 정도만 일하면서 "사람처럼 살고 싶다."고 말했다.

부부 가족유형

이 가족 유형은 부부가 자녀를 본국의 '대리부모'에게 남겨 두고 한국에 함께 입국한 경우거나 부부 중 한 사람이 나중에 한국의 배우자와 합류한 경우다. 부부 가족은 부부 모두 노동시장에 진입해야 하기 때문에 특히 돌봐야 할 자녀가 취학 연령 이전인 경우나 이전 혼인에서 낳은 자녀일 경우 본국의 '대리부모'에게 자녀를 맡기고 입국하는 경우가 일반적이다. 본국에 남아 있는 자녀의 보살핌 공백과 한국에 있는 부모, 특히 엄마의 보살핌을 받을 수 없는 상황으로 인해 부모와 자녀 간의 상호 정서적 간극과 갈등이 국경을 두고 흐르는 상황이 전개될 수 있다. 따라서 부모가 부재한 초국적 가족에서 본국에 남

---

22 그러나 2015년 1월 초에 연구자가 타슈켄트에서 만났던 어머니 H는 아직 아들의 이런 계획을 알지 못하고, 러시아의 둘째 손자의 공부가 끝나면 보고 싶은 큰아들이 머지않아 귀국할 것으로 생각하고 있었다. 어머니는 아들이 한국에 간 뒤에 집안 수리할 일이 생길 때면 아들 생각이 많이 난다고 한다. 가기 전에 늘 아들이 수도와 전기를 고쳐주러 방문했기 때문이다.

아 있는 자녀에 대해 돌봄을 제공하는 '대리부모', 주로 조부모 또는 다른 가족과 친족원은 초국적 가족의 결속이 유지되면서 부모와 떨어져 생활하는 자녀의 불안과 이주한 부모의 정서적인 부담을 완화시키는 핵심적인 역할을 하고자 한다.

서구에서 돌봄 노동에 종사하는 이주 부모가 본국에 남아 있는 어린 자녀를 돌보지 못한데서 야기되는 부모, 특히 어머니와 남겨진 자녀 간의 정서적인 어려움을 다루는 연구들23은 '전 지구적 돌봄 고리'global care chain24의 개념을 분석 틀로 사용하여 모국의 '대리부모'에게 남겨진 아동이 친밀성과 애정의 결여로 인해 버림받은 느낌을 경험하고 있다고 주장한다. 이들 연구는 이주자 부모는 자신의 부재로 인한 자녀의 정서적 문제를 현금과 선물로 보상하고자 하여 흔히 부모와 자녀 간의 관계가 상품화되는 결과를 가져오기도 한다고 강조한다.

한편 부모가 원거리에서 지속적인 애정을 보여줄 때 아동들은 부모와의 분거에서 오는 정서적 상처를 극복하고 있으며, 특히 남아 있

23 Parrenas, R. S. *Servants of Globalization: Women, Migration and Domestic Workers* (Stanford: Stanford Univ. Press, 2001); Hochschild, A. R. "Love and Gold", in B. Ehrenreich and A. Hochschild(eds.), *Global Women: nannies, maid and sex workers in the new economy,* (New York: Owl Books, 2002); Schmalzbaur, L. "Searching for Wages and Mothering from Afar: the case of Honduran transnational families", *Journal of Marriage and Family*, vol.66(2004).

24 '전 지구적 돌봄 고리'(global care chain)의 개념은 돌봄의 상품화와 전 지구적인 돌봄의 정치경제학을 강조한다. 이 개념은 남반구의 돌봄이 북반구의 돌봄을 위해 '유출' 되고 이 대가로 현금이나 물질이 북반구에서 남반구로 흐르는 관계, 즉 여성의 신체적 돌봄과 현금이라는 상이한 항목이 여성이란 '고리'를 타고 서로 반대 방향으로 일선적 이동을 하는 것을 전제하고 있다. Hochschild, A.R., "Global Care Chains and Emotional Surplus Value", Will Hutton and Anthony Giddens(eds), *On the Edge, Living with Global Capitalism*, (London: Vintage, 2000).

는 확대가족원들의 아동에 대한 적극적인 관심은 아동이 버림받았다는 느낌을 극복하는데 도움이 된다고 강조한다.[25] 일반적으로 고려인 가족 내 여성, 특히 할머니나 엄마 세대의 여성 친족원(특히 이모)이 '대리부모'의 역할을 주도적으로 하지만 남겨진 자녀와 함께 또는 인근에서 살고 있는 할아버지와 외삼촌 등을 포함하는 확대 가족과 친족원도 직·간접적으로 '대리부모'의 역할을 지원해준다.

사실 한국에서 이주생활을 하는 성인 부부가 본국에 남겨둔 대상은 자녀뿐만 아니라 노부도 마찬가지이다. 이주자 성인 자녀는 국경 너머 우즈베키스탄의 자녀와 부모에 대한 초국적 돌봄을 다양한 방식으로 수행한다. 정보통신기술을 이용한 국제전화, 화상통화, SNS 등을 통해 정서적 지지를 하며, 송금을 통해 물질적 지원을 하고 기회 닿을 때마다 본국을 방문해 직접적인 돌봄을 수행하고자 한다. 사실 '전 지구적 돌봄 고리'의 개념이 주장하는 것과는 달리 한국과 우즈베키스탄 사이에 전개되는 초국적 가족들 내의 돌봄 제공은 '돌봄'과 '현금'이라는 상이한 두 개의 항목이 한국과 우즈베키스탄의 어느 한 방향으로만 흐르는 단선적인 성격은 아니다. 본국 노부모의 손자녀 돌봄, 한국 성인자녀의 노부모에 대한 초국적 돌봄, 한국으로 이주하는 본국 가족원에 대한 지원처럼 초국적 가족 내의 돌봄은 '여러 방향' multi-directional으로 순환하는 호혜성의 이동'[26]으로 인식될 필요가 있다. 다음의 사례는 돌봄이 D(남, 39)와 E(여, 34) 부부의 딸을 타슈켄트

25 Artico, E. *Latino families broken by immigration: the adolescents' perspective,* (New York: Lfb Scholarly, 2003).

26 Baldassar, L. & Laura Merla(eds.), *Transnational Families, Migration and the Circulation of Care: Understanding Mobility and Absence in Family Life*, (New York: Routledge, 2014).

에서 보살피는 노부모 및 인근의 확대가족과 친족원 사이를 '순환'함으로써 고려인 초국적 가족이 유지되고 있음을 보여준다.

사례 4 : 부부 가구

D와 E 부부는 2011년 한국으로 입국 당시 2살이었던 딸(6)을 타슈켄트의 시부모에게 맡겼다. 부부가 모두 일해야 하기 때문에 딸이 학령기에 도달할 때까지 시어머니가 돌보고 있다. 그러나 딸이 사는 타슈켄트의 집에는 할아버지, 미혼 삼촌 F(30)도 함께 거주하고 있으며, 집 근처에 살고 있는 시어머니의 4명의 자매들, 다시 말해 D의 이모들이 빈번히 집에 놀러와 딸의 좋은 친구가 되어 주고 있다. 2013년에 여권 변경 차 타슈켄트를 방문한 부부는 우즈베키스탄의 딸과 부모님과 화상통화를 하기 위해 컴퓨터를 한국에서 사가지고 갔다. D의 남동생 F는 함께 살고 있는 부모님과 조카에게 스카이프 하는 방법을 가르쳐 주었으며, 지난해부터는 딸 혼자서 한국의 부모에게 스카이프를 할 수 있게 되었다. 엄마 E는 2013년에 타슈켄트에서 한국으로 돌아오는 길에 심하게 슬퍼하는 딸을 두고 오는 발걸음이 너무 무거웠으나, 그녀는 스카이프로 매일 딸을 만날 수 있어서 그나마 정서적으로 위로를 받아 왔다. 그러나 요즘 광주의 엄마 E는 마음이 무겁다. 딸의 정서상태가 좋지 않은지 스카이프 앞에 잘 나타나지 않기 때문이다. 딸이 할머니 말을 듣지 않을 나이가 되었나 싶고, 엄마 보고 싶어서 '투정부리는' 것으로 이해도 되지만 엄마는 요즘 무척 우울하다.

2015년 봄에 D의 막내남동생 F가 러시아로 의사생활을 떠나기 전에 형과 형수를 만나기 위해 광주를 방문했다. 사실 F는 조카인 D의 딸에게 스카이프 하는 방법도 알려주고 가끔은 함께 놀아주는 자상한 존재였다. F의 광주 방문은 이번이 두 번째인데, 첫 번째 방문은 너무 급여가 적어 우즈베키스탄에서의 의사생활을 그만 두고 한국으로 올 수 있는 상황을 살피기 위한 목적이었다. D 부부는 늘 조카에게 자상한 태도를 보이는 F의 한국 체류를 적극 지원하였다. 2015년 1월 초 연구자는 타슈켄트에서 D의 네 명의 이모들이 부모 없이 지내는 D의 딸에게 큰 관심을 보이고 있음을 알 수 있었다.

그러나 이렇게 다양한 '대리부모들'이 D의 딸을 돌봄에도 불구하고 요즘 딸이 스카이프를 통해 부모와 화상통화 하는 것을 기피하고 있는 것이 D 부부에게 마음에 걸린다. D 부부는 한국 방문을 마치고 귀국하는 F의 편에 딸의 마음을 달래는 과정에서 약속해버린 아이패드를 선물로 보냈다. 또한 아버지의 낚시 풀 세트와 어머니의 의류 몇 가지도 함께 F편에 보냈다. D 부부가 돌봐야 할 대상은 딸뿐만 아니다. 가까이에서 노부모를 돌보지 못하는 죄스런 마음에서 D 부부는 시부모에게 딸의 양육비를 포함한 미화 400불을 용돈으로 매월 송금하고 기회 닿을 때마다 선물도 보낸다.

현재 방문취업비자(H-2)를 소지하고 있는 E는 2015년 11월 H-2비자가 종료되는 시기에 우즈베키스탄에 가서 F-4로 비자를 변경할 계획이다. 그녀는 타슈켄트의 딸(6)과 이전 혼인에서 낳은 우르겐치의 딸[27]을 데리고 한국으로 재입국할 계획이다. D 부부 사례처럼 본국의

---

27 E의 이전 혼인에서 낳은 딸(15)은 우즈베키스탄 호레즘(Khorezm) 주의 주도 우르겐치(Urganch)에서 친정어머니(59)가 돌보고 있다. E는 친정어미니 용돈과 딸 양육비 명목으로 매월 미화 200불을 송금하고 있다. 남편 D도 이전 혼인에서 낳은 남매를 카자흐스탄에 키우는 생모에게 양육비로 매월 일정 금액을 송금하고 있다. 사실 D와 E는 9년 전에 러시아에서 만나 재혼하였으며 타슈켄트의 딸(6)은 둘 사이에서 태어난 아이다.

'대리부모'에게 자녀를 남겨 두고 오거나, 이전 혼인으로 낳은 아이를 주로 친정어머니나 여자형제에게 맡기고 한국에 온 고려인이 적지 않다. D와 본국에 있는 딸과 노부모의 경우처럼 가족 구성원들이 국경을 두고 분거하는 동안 자신들의 전통적인 역할과 책임을 수행하는 것이 중요하다. 한국의 성인자녀가 초국적 돌봄을 통해 본국의 노부모와 딸을 돌보고 본국의 확대 가족 구성원이 손자녀 돌봄에 개입하는 등 고려인 사회에서의 돌봄 제공은 가족과 친족원의 광범위한 지지네트워크 내에서 순환하고 있음을 알 수 있다.

부부+자녀 가족유형

배우자 가운데 어느 한쪽이라도 F-4비자를 소지한 경우 19세 미만의 미성년 자녀는 부모의 초청을 통해 동반비자(F-3) 등으로 한국의 부모와 가족재결합을 할 수 있다. 부부가 자녀를 동반할 수 있는 비자 조건이 되지 않은 경우나 직장의 안정성이 보장되지 않아 한국에서 자녀양육에 경제적으로 어려운 경우를 제외하고, 대부분의 고려인 부모는 자녀를 한국으로 초청해 함께 거주하고자 한다. 자녀와 부모와의 한국에서의 재결합은 부모와 자녀의 분거로 인해 발생하는 경제적 이득과 가족의 결속과 정서적 상실 비용의 대차대조표에 따라 지연되거나 즉각 실행된다. 가족재결합과 관련한 기존 연구들[28]은 정착자의 법적 지위, 즉 시민권자인가 아니면 잠정적인 체류자인가가 가족재결

28 Zentgraf, M. & Z. Chinchilla, "Transnational Family Separation: A Framework for Analysis," *Journal of Ethnic and Migration Studies*, vol.38, no.2(2012); Ambrosini, M. "Parenting from a distance and processes of family unification: A Research on the Italian case," *Ethnicities*, vol.15, no.3(2015).

합의 가능성에 매우 중요한 역할을 한다고 주장한다. 그러나 한국의 고려인들은 비록 시민권자가 아니더라도 재외동포비자(F-4) 소지자라도 미성년 자녀 초청이 가능하다는 점에서 자녀와의 정착지에서의 재결합은 어렵지 않게 진행되고 있다. 광주에서 독신으로 지내다 부인(30)과 아들(6)이 합류하여 부부와 자녀 유형의 가족을 이룬 I(33)는 1년 반 이상 떨어져 지낸 아들이 다시 만났을 때 자신을 알아보지 못한 것을 정서적 충격으로 여기고 가족은 함께 지내야 한다는 결심을 한 사례다.

사례 5 : 부부+자녀

I는 2009년 타슈켄트 인근 농촌 '유코리치르칙'구역(시온고 지역)의 부모님 집에서 결혼생활을 시작했다. 전문학교에서의 강사 급여로 생활이 힘들어 그는 2010년 말에 부인과 아들을 부모님의 집에 두고 누나와 여동생이 거주하는 광주에 정착했다. 누나 부부가 I의 정착과 구직을 도와주었다. I는 약 1년 반 동안 혼자 자취를 하며 공장에 다니면서 매월 미화 800불을 가족에게 송금했다. 2012년 중반 무렵에 I가 부인과 아들을 데리고 한국에 온 이유는 혼자 한국에서의 1년 반 지내고서 아버지 환갑 때문에 본국에 가 아들을 다시 만났을 때 자신을 알아보지 못할뿐더러 가까이 오지 않으려는 아들을 보고 정서적인 충격을 받았기 때문이었다. 그 당시 그는 다시는 가족들과 떨어져 지내지 않겠다는 결심을 하게 되어 한국으로 돌아오는 길에 부인과 아들을 동반하게 되었다. 막상 한국에서 아이를 키우니 월 30만원의 어린이집 비용과 특히 감기에 약한 아들의 의료비 부담이 만만치 않았다. 현재 부부는 아들을 '고려인가족지원센터'에서 운영하는 '새날어린이집'에 맡기고

공장에 다니고 있다. 여권변경 차 부인이 아들을 데리고 우즈베키스탄에 갔는데 돌아오는 2015년 11월 무렵에 아들을 한국어를 제대로 배울 수 있는 일반 한국 유치원으로 옮길 계획이다. 아들과 한국에서 오랫동안 지내기 위해서는 아들이 한국 초등학교에 진학해야 하기 때문이다.

한국의 가족에 합류한 자녀가 보육원을 다닐 연령이면서 부부가 경제활동을 해야 하기 때문에 자녀는 보육시설에 위탁된다. 아침 일찍 출근하고 잔업 때문에 밤늦게 퇴근하는 고려인 부부의 편의를 위해 오전 7시부터 밤 9시까지 자녀를 맡길 수 있는 장점 때문에 상당수의 고려인 부모는 '고려인가족지원센터'에서 운영하는 '새날어린이집'을 이용한다. 그러나 '새날어린이집'의 아동 수용의 한계 때문이기도 하지만 요즘 다른 이유로 한국의 일반 어린이집을 이용하는 고려인 부부가 점차 늘고 있다.

이는 러시아어로 보육을 하는 '새날어린이집' 대신 한국 일반 어린이집에 자녀를 보냄으로써 자녀의 한국어 실력의 향상을 바라는 고려인 부모가 늘고 있기 때문이다. 우즈베키스탄에 비해 더 좋은 환경에서 자녀를 장기적으로 교육시키고자 우즈베키스탄으로의 귀국을 연장하거나 한국에 영구 정착을 생각하는 젊은 세대의 고려인 부부가 늘고 있는 것이 현실이다. 한국 초등학교에 입학해야 하는 자녀를 위해 자녀의 한국어 실력배양은 이들 부모에게 매우 절실한 문제다. 일반적으로 고려인 부모는 한국어를 구사할 수 없는 학령기 아동이나 본국에서 학교를 다니다 온 자녀를 중도입국자녀 정부 위탁학교인 '새날학교'에 입학시키기 원하지만, 최근 들어 부모와 합류하는 고려

그림 6-2 '고려인마을'에 위치한 (구)어린이집. 현재 어린이집은 2015년 9월에 이전한 '고려인마을종합지원센터' 1층에 위치해 있다.

인 자녀의 수가 급증하면서 자녀의 새날학교 입학이 쉽지 않아서 일반 초등학교로 배정 받는 사례가 늘고 있다.[29]

우즈베키스탄 자녀가 한국의 부모와 재결합 하면서 '부부와 자녀' 유형의 가족이 형성되는 것이 일반적이지만, 최근 들어 젊은 고려인 부부가 한국에서 자녀를 출산함으로써 '부부와 자녀' 유형의 가족이

29 2009년에 개교한 중도입국자녀 정부 위탁교육 기관인 '새날학교'는 광주광역시 광산구에 위치하고 있다. 매년 국비 약 6억 원의 지원을 받는 기관으로서 2015년 1월 현재 105명의 재학생이 있는데 이 가운데 55명의 학생이 고려인이다. 고려인 청소년의 입국이 급증하면서 현재 새날학교에 입학을 대기하는 인원만도 약 50명 이상이다. 새날학교 입학이 어려워 일반학교로 배정된 고려인 아이들은 한국어를 구사할 수 없어 수업을 제대로 따라가기 힘들어 하기 때문에 일반 학교장이 고려인 아이들을 수용하는 것을 꺼리고 있는 실정이다.

되는 사례가 늘고 있다. 광주광역시 광산구 '고려인주민지원센터' 센터장인 신조야(여, 58)는 젊은 세대의 고려인 산모가 출산을 위해 본국으로 돌아가는 일은 매우 드물고, 광주 현지에서 신생아를 출산하는 고려인 산모의 수가 크게 늘어가고 있음을 강조한다. 우즈베키스탄에 비교해 한국의 의료기술이 뛰어나다는 점은 이미 고려인 사회에 잘 알려진 사실이다. 게다가 의료보험의 유무에 따라 다소 경비의 차이는 있지만 '고려인가족지원센터'의 추천서를 구비하면 센터와 의료지원협력체결을 맺은 광주의 일부 산부인과 전문병원에서 저렴한 비용으로 광주에서 출산이 가능하기 때문에 광주에서 출산하는 고려인 산모의 비율이 늘고 있다. 다음의 P(남, 30)와 Q(여, 26) 부부의 사례는 극히 저렴한 경비로 광주에서 첫 아들을 출산하고 산모의 출산과 육아를 도와주기 위해 본국의 어머니가 광주를 방문하게 된 사연에 관한 것이다. 특히 이 사례는 고려인의 현지 출산과 노부모의 한국 방문과는 밀접히 연결되어 있음을 보여주고 있다.

사례 6 : 부부와 자녀-한국 출산

P와 Q 부부는 2011년 중반에 광주에 정착해 두 사람 모두 제조업 공장에서 일하고 있다. 타슈켄트 시 인근 농촌에 거주하는 P의 부모님을 제외한 P의 2남2녀의 형제자매 모두가 한국에서 살고 있다. P의 둘째 누나는 2003년에 혼인중개업소를 통해 한국 남성과 혼인하여 가장 먼저 광주에 정착했고 현재 한국 시민권자다. 미혼인 P의 큰형(42)이 다음으로 2007년에 한국에 입국해 인천에서 일하고 있다. 둘째에 해당하는 큰누나는 타슈켄트에서 결혼한 뒤 아이를 친정어머니께 4년 맡긴 후 광주에서 부부가 일하다가 2년 전

에 아들(6)을 광주로 데려왔다. P 부부는 첫 아이를 우즈베키스탄 보다 의료기술과 시설이 좋은 한국에서 낳기로 결심했다. 이들은 '고려인가족지원센터'와 의료지원협약을 맺고 있는 광주의 M 산부인과 전문병원의 의료진과 시설이 광주 내에서도 좋은 편이라는 사실을 알고 있었다. 한편 며느리의 첫 출산을 돕기 위해 2015년 6월 말에 P의 어머니(68)가 한국을 처음으로 방문했다. P 부부의 아이가 태어난 7월 1일은 '메르스' 전염병이 돌고 있을 때라 어머니와 P만 병원 출입이 가능했지만 P의 부인의 출산은 원만하게 이루어져 산모와 신생아 아들 모두 건강하게 2박 3일의 병원생활 후 귀가할 수 있었다. 아이 출산 비용은 7만원에 불과해 P 부부와 어머니 그리고 다른 가족 모두 한국인을 고맙게 생각하고 있다.

P의 어머니는 이번 광주 방문 길에 우즈베키스탄에서 출산과 육아에 필요한 몇 가지 물품을 가져왔으며, 약 3개월 동안 산모와 신생아를 돌본 후 2015년 9월 말경에 우즈베키스탄으로 귀국했다. 고려인 사회에서도 출산과 육아 지원을 위해 한국을 방문한 노부모가 돌봄 역할을 마무리 한 후 일정 기간 한국의 노동시장에서 시간제 노동을 함으로써 목돈을 모아 가는 사례가 적지 않다. 그러나 다리 관절염이 심해 움직이는 데에 어려움이 있는 P의 어머니는 3개월 머문 뒤 곧장 귀국했다. P 부부는 아들(1)이 태어나 '부부와 자녀 유형'의 가족이 되었으며, 이제 이들 부부는 부인의 경제활동 복귀 여부와 시기 및 향후 아들을 누가 돌봐야 하는가와 관련한 중요한 결정을 내려야 한다. 이번에 방문한 어머니가 내년에 한국의 자녀들과 광주에서 가족재결합을 하기로 합의하였기 때문에, P의 부인은 당분간 경제활동을 중단하고 육아에만 전념하고 시부모님이 한국에 오신 이후에 새로운 직장을

알아보기로 마음먹었다.

부부+자녀+조부모 가족유형(다세대 가족유형)

부부와 자녀로 구성된 가족 유형 중에 자녀가 중등학교 이상 재학 중인 경우에는 평상시 자녀 돌봄 문제는 크게 부각되지 않지만, 영유아와 초등학교 재학 중인 자녀가 있는 고려인 가족의 경우에는 그렇지 않다. 고려인처럼 한국 내에 돌봄을 지원해 줄 가족과 친족 네트워크가 결여되어 있고 정착 국가로부터 육아 등에 관련된 사회보장지원을 받을 수 없을 경우 자녀 돌봄은 고려인 부모에게 심각한 문제로 부각된다.

보육원과 초등학교 다니는 자녀가 있는 부부는 출·퇴근 시간 사이에 걸쳐 있는 자녀의 등·하교 시간을 함께 할 수 없기 때문에 그 해결방안을 생각해야 한다. 부부 중 한 사람, 일반적으로 엄마가 보육원과 학교에서 하교하는 자녀를 맞이하기에 적합한 퇴근시간이 보장되는 직장을 찾아보려 하지만, 제조업종 내에서 이런 조건을 맞출 수 있는 직장 찾기는 거의 불가능하다. 이 경우 문제 해결의 한 가지 가능한 대안으로 떠오르는 것은 우즈베키스탄의 노부모에게 한국의 손자녀에 대한 '조부모노릇'grandparenting을 요청하는 것이다. 어차피 한국의 성인 자녀는 초국적 상황에서도 본국의 노부모를 돌보고 있기 때문에,30 본국 노부모를 한국으로 초청하여 함께 사는 것은 가까이에서

30 사실 한국의 성인자녀는 본국에 남아 있는 노부모를 가까이에서 돌보지 못하지만 다양한 형식의 '초국적 돌봄'을 실천하고 있다. 우즈베키스탄의 열악한 경제적 환경에서 소액의 연금으로 노년을 보낼 수 없는 노부모를 위해 광주 고려인 성인 자녀는 부모에게 정기적·부정기적 송금을 하고 있다. 물질적 지원 외에 정보통신기술을

부모를 돌볼 수 있다는 장점으로도 작용한다. 한국에서 부모가 이민 대열에 합류하여 3세대 가족 유형이 형성되면, 노부모의 손자녀에 대한 돌봄과 성인자녀의 노부모에 대한 돌봄이 상호 호혜적으로 제공되는 다시 말해 '세대간 돌봄의 호혜성'intergenerational care reciprocity이 작동하는 환경이 조성될 수 있다.

만 60세 미만의 '젊은' 조부모는 H-2비자로 입국해야지만 만 60세가 넘은 조부모 세대는 우즈베키스탄 현지에서 별 어려움 없이 빠른 시일 내에 F-4비자를 취득하여 한국에 입국할 수 있다. 조부모 세대가 한국의 기존 가족과 재결합함으로써 마침내 '조부모+부부+자녀'라는 다세대 가족 유형이 한국에서 형성된다. 한국에 모든 자녀가 체류하는 경우 조부모 세대의 한국 이주는 성사될 가능성이 높다. 그러나 한국 외에 중앙아시아 국가나 러시아 등에 다른 자녀가 사는 경우 노부모의 한국으로의 이주 결정은 쉽지 않다. 이 연구의 J(남, 46)와 K(여, 35) 부부 가구의 사례는 '단독가구' → '부부가구' → '단독가구' → '부부와 자녀 가구'를 경유하여 현재의 '3세대 가구'로 전환된 일련의 과정을 구체적으로 보여준다.

사례 7 : 부부+자녀+노부모-3세대 가족

J는 우즈베키스탄 안디잔Andijan 출신으로 2005년에 재외동포에 대한 '취업관리제'로 한국에 입국하여 프레싱공장과 문짝제작공장 등에 근무하며 상대적으로 적은 급여를 받으며 강도 높은 노동을

이용해 본국의 노부모에게 규칙적인 안부전화를 하는 등 부모에게 관심을 보여줌으로써 부모를 정서적으로 지지를 하고 있다. 또한 많은 경비가 요구되는 일이지만 가능한 본국 방문을 통해 노부모에게 직접적인 돌봄을 제공하고자 한다.

견디기 어려워 2005년에 근무지를 이탈해 2010년까지 불법체류자 신분으로 한국에서 이주생활을 하였다. 그는 키르기스탄의 음악대학 출신으로 우크라이나에서 러시아문학을 전공한 부인 K와 결혼해 두 딸을 두고 있다. J의 나이 1살 때 혼자되신 어머니(68), 부인, 자녀를 안디잔에 두고 그는 한국에서 이주 노동자 생활을 하며 매월 미화 300-500불을 가족에게 송금했는데, 당시 고교 교사였던 부인의 급여인 미화 약 50불로는 가족들의 생계가 어려웠기 때문이었다. 부인은 2007년 한국남성과 결혼한 사촌여동생의 초청으로 3개월 단기 비자를 들고 입국해 광주의 남편과 합류함으로써, J의 가족은 한국의 J 부부와 안디잔의 어머니와 자녀로 분리되었다. 2008년 부인 K가 방문취업비자(H-2)를 취득하여 정식으로 한국에 입국하여 불법 체류 생활하는 남편과 광주에서 함께 공장을 다녔다.

한편 큰딸(현재 19세)과 막내딸(현재 15세)은 2007년부터 부모 없이 할머니 돌봄만으로 생활하였으나 태어날 때부터 할머니와 지낸 덕분에 부모 돌봄 공백 기간 동안 별 문제없이 사춘기를 보냈다. J는 2010년에 불법체류생활을 끝내고 우즈베키스탄으로 귀국함으로써 한국에는 부인 K만 남게 되었는데, 그녀는 그 사이에 H-2비자를 재외동포비자(F-4)로 변경했다. 2011년 H-2비자를 취득한 J는 F-4비자를 소지한 한국의 엄마의 초청을 받은 큰딸과 함께 한국에 입국함으로써, 안디잔에는 어머니와 막내딸만 남았다. 마침내 2012년에 F-4비자를 취득한 J의 어머니와 엄마 초청을 받은 막내딸이 한국에 동시 입국함에 따라 J의 모든 가족 구성원은 광주 광산구 월곡동에서 소위 3세대형 가구로 가족재결합을 완결하였다.

J의 사례는 단독 이주 후 불법체류 생활, 부인의 반복된 3개월 단

기 방문, 부인의 H-2비자 획득과 부부 재결합, J의 불법체류생활 청산과 부인의 단독 한국생활, J와 큰딸의 한국 입국, J의 어머니와 막내딸의 한국입국이라는 장기적인 과정을 통해 비로소 J 부부의 가족 구성원의 재결합이 성사되었음을 구체적으로 보여주었다. 한국에 온 J의 어머니의 한국생활은 손녀 돌봄과 살림살이를 돌보는 반복된 일과의 연속이다. 한국어를 구사할 수 없는 어머니는 광산구에서 새로 사귄 3-4명의 고려인 할머니와 두 명의 친 여동생과 산보하거나 인근 대형 쇼핑몰의 '아이 쇼핑' 하는 것이 하루 일과의 일부가 되었다.

어머니를 안디잔에 남겨 두고 J 부부는 송금과 국제전화를 통한 정서적 지지를 하는 것이 어머니께 할 수 있는 '초국적 돌봄'의 전부였다. 한국에서 가족재결합을 한 후 알게 된 사실은 어머니가 손녀들을 보면서 자신의 건강을 챙기지 못해 당뇨와 고혈압으로 고통을 받아왔다는 것이었다. J의 부인 K는 멀리서 시어머니의 병환을 알지 못해 건강이 악화된 것에 대해 다음과 같이 미안한 마음을 드러낸다.

> 어머니의 당뇨가 좋지 않은 것 같은데 심각하지 않은 것 같아 약만 사드시라 말씀드렸는데 어머니가 안 사 드신 것 같다. 조금 일찍 우리가 신경 썼으면 지금처럼 아프시지 않았을 것이다. 어머님께 미안한 맘이 많이 든다. '우리 러시아 사람들'은 여자들이 자신을 돌보지 않고 자식들만 돌본다. 요즘은 그렇지 않은 것 같은데 우리 '우즈베키스탄 사람들'은 살기 어려우니까 자식들 다 돌보고 여유가 생기면 자신을 돌보기 때문에 약을 드시지 않았던 것 같다.

어머니에 대해 미안한 마음을 드러내면서 K는 '우리 러시아 사람들' 또는 '우리 우즈베키스탄 사람들'이란 표현을 번갈아 사용한다. 이는 과거 소련시대에 살았지만 이제는 우즈베키스탄 국적자가 되어 어쩌면 흔들리는 자신들의 정체성을 여과 없이 드러내고 있다. 그러나 이러한 정체성의 혼란에도 불구하고 고려인 부모는 자녀를 무조건적으로 돌보고 또한 자식은 부모를 모시는 것을 당연하게 생각하고 있다. 부모 공경에 대해 K는 다음과 같이 말한다.

> 우즈베키스탄에서는 결혼은 반드시 해야 하는 것으로 생각한다. 그리고 부모님을 모시는 것을 당연하게 생각한다. 우즈벡, 카작 등은 무슬림 국가기 때문에 결혼을 하던 하지 않던 부모님을 모시는 것을 당연하게 생각한다. 비록 함께 살지 않더라도 부모님을 도와드리는 것을 당연하게 생각한다. 한국에 와서 부모님을 모시지 않는 사람이 많다고 해서 놀랬고, 길에서 노인들이 빈 박스 등을 줍는 것을 보고 저 사람들은 자식이 없나 하는 생각이 들어 한 번 더 놀랬다.

J의 가족은 어머님을 모시고 한국에서 영구 거주할 계획이다. 현재 J 가족이 살던 안디잔의 아파트 관리와 어머니의 연금 수령은 인근에 사는 J의 막내이모가 하고 있다. 특히 직장에서 고려인으로서 차별을 경험했던 K는 우즈베키스탄에는 자녀의 미래가 없기 때문에 자녀들을 위해서도 한국에 영구 정착하기로 마음먹었다.

가족 유형의 역동성

J와 K부부의 큰딸(19)은 광주에 정착한 뒤 정부 중도입국자 자녀

위탁교육기관인 광산구의 '새날학교'에 입학해 2016년 봄에 졸업예정이다. 조부모까지 가족재결합이 이뤄진 상황에서 큰딸은 대학진학을 해야 하는 과제가 남아 있다. 국내에 체류 고려인의 만19세 이상 만 25세 미만 자녀는 본국으로 귀국하여 만 25세가 되어 H-2비자를 받아 입국하거나, 최대 3개월 체류 가능한 1년 유효 단기일반(C-3)비자를 통해 한국과 우즈베키스탄을 반복적으로 왕래하며 가족과 살아야 한다. 그러나 만25세 이전이라도 단기비자 C-3로 입국하여 국가공인자격증(기능사)을 취득하거나 4년제 대학을 졸업하면 F-4비자로 변경 가능하다. J의 큰딸이 한국에서 가족과 함께 지내기 위해서는 외국인 학생으로 국내 대학에 입학하거나 국가자격증을 취득해야 한다. 그러나 그녀의 현재의 한국어 능력으로는 국가자격증을 취득하기 어려울 뿐 아니라 한국의 일반 고등학교 교육과정과 크게 다른 '새날학교'에서 고등학교를 다니기 때문에 한국 4년제 대학에 입학하는 것도 결코 쉽지 않다. 요즘 J 부부는 큰딸의 진학문제로 고민하고 있으며 대학에 재직 중인 연구자에게도 이에 관련한 문의를 한 바 있다. 사실 큰딸이 대학에 입학하더라도 고액의 학비는 6명 가족원의 안정된 한국생활에 경제적인 위협이 될 수도 있다. 어렵게 가족재결합을 이룬 J의 가족 가운데 어쩌면 일부가 다시 분거해야 하는 것은 아닌지 가족 모두 고민하고 있다.[31]

---

31 만 19세가 되어 우즈베키스탄으로 귀국한 김○○는 가족 분거의 상황을 막기 위해 동신대 한국어과정에 등록했는데, 비싼 학비를 감당하지 못하는 가족의 경제적 형편으로 다시 가족 생이별이 되었다는 내용을 담은 '고려인가족지원센터' 이사장의 보고서는 어렵게 한국에서 이룬 가족재결합이 위기에 처한 상황을 잘 보여주고 있다. 이천영, "국내체류 고려인동포에 대한 정책방향", 『'재외동포의 국내 체류 지원' 정책토론회 발표집』(2014), p.28.

한국에서 3세대 가족유형으로 가족재결합이 성사되더라도 이 유형에서 고정되는 것이 아닌 탄력적으로 변화될 가능성이 늘 있다. 한국의 고려인 가족은 가족원 삶 자체가 국경을 횡단하면서 유동적 삶을 살아가는 초국적 삶이라는 성격을 생각할 때 이해 가능하다. 부모를 가까이에서 돌볼 수 있고 다른 한편으로 손자녀에 대한 '조부모 노릇'을 요청하는 성인자녀의 바람에 따라 한국으로 이주한 노년세대의 삶이 늘 순조롭지는 않다. 한국에 이민 온 후 본국의 넓은 아파트 공간에 비해 비좁은 주거환경으로 사생활이 보장되지 않고, 경제적으로 자녀에게 전적으로 의존하게 되거나 한국어 능력의 부족으로 정착지에서 새로운 사회적 관계를 확장하지 못하는 상황 등은 특히 노년 세대의 고려인의 한국 이주생활에 대한 회의를 가져올 수 있다. 다음의 A(여, 59)의 이야기는 현재 3세대 유형의 가족에서 다시 부부와 자녀 유형의 가족으로 변화될 가능성을 여실히 보여준다.

사례 8 : "우즈베키스탄으로 돌아가고 싶다 !"

A는 22년 전에 남편과 사별하고 큰딸(35)과 막내아들(31)과 타슈켄트의 방3개와 거실로 구성된 아파트에서 살았다. 사위가 2010년에 한국으로 국제이주 하여 머물고 있는 동안 큰딸과 손녀는 타슈켄트의 A의 아파트에서 함께 살았고, 딸이 직장생활 하는 낮 시간 동안 A는 손녀를 돌봤다. A의 막내아들은 결혼한 지 3개월 만에 부인과 함께 한국의 전주로 이주하여 현재 아이 없이 부부가 공장에 다닌다. A의 아들은 A가 타슈켄트에 있을 때부터 매월 미화 500불을 어머니의 생활비로 보내주고 매일 전화로 안부를 물었던 효자다. 2014년 초에 A는 딸과 손녀와 함께 광주의 사위집에 합류

하였다. A는 아직 아들부부에게는 자녀가 없기 때문에 손녀가 있는 딸과 함께 광주에 살면서 딸 부부의 경제활동을 지원하기 위해 손녀를 돌보고 식사와 세탁 등 집안 살림도 도맡아 하고 있다. 지난 몇 개월 전부터 A는 타슈켄트에 있는 사촌형제, 이모, 조카들이 무척 보고 싶어졌다. 친구에게 관리를 부탁하고 온 자신의 아파트도 한 번 둘러보고 싶고, 한 마디로 "집 생각이 난다." 그래서 딸 부부에게 2015년 말 무렵에 우즈베키스탄에 돌아가서 한 동안 혼자 살아보고 한국에 다시 올 것을 선언했다. 물론 딸 부부와 아들부부도 어머니의 이런 생각에 반대할 수는 없었다.

A는 일찍 남편을 사별하고 매일 4시간 이하로 자면서 부지런히 일을 해서 남매를 키웠다. 이 때문에 어머니와 자식과의 관계는 매우 밀착되어 있으며 자녀들의 어머니에 대한 애정은 남다르다. 타슈켄트에 이모들과 사촌 형제들을 제외하고 자신의 아들과 딸만 있는 A는 기왕 아들부부도 이미 한국에 있고 딸 부부가 가족재결합을 원하니 한국에서 모든 가족이 함께 사는 것이 최선이라 생각했다. 특히 경제적으로 안정되지 않은 딸 부부를 돕기 위해 어렸을 때부터 키웠던 외손녀를 돌보는 것은 자신의 일로 생각했다. 광주에 정착한 후 집주변의 지리에도 익숙해지지만 A가 만나는 사람은 자신과 비슷한 처지에 있는 3명의 여성 노인들뿐이다. 하루 일과는 '다람쥐 쳇바퀴 돌듯' 매일 같다. 현재 살고 있는 방 2개의 주택 공간에서 사위와 함께 사는 것도 쉬운 일이 아니다. 손녀를 데리고 자지만 자신의 프라이버시를 지키기에는 공간이 너무 비좁다. 딸이 알아서 엄마의 옷을 가끔 사오기도 하고 용돈도 주지만 타슈켄트에서 자신의 연금과 아들이 보내주는 용

돈을 자신 마음대로 사용하던 때와 비교하면 이제는 자녀들의 '경제적 종속자'가 되었다. 비슷한 연령대의 다른 사람보다 자신은 '고려말'을 더 잘한다 싶었는데 한국에 오니 한국 사람과는 거의 대화가 되지 않는다. 광산구에 사는 일부 고려인들과 관계를 나누면서 살지만 속내를 드러내고 이야기 할 수 있는 사람은 불과 한 두 사람에 불과하다. A는 2015년 연말에 타슈켄트에 돌아가면 한 동안 혼자 살면서 그간 보고 싶었던 사람도 만나겠다고 한다. 지금 우즈베키스탄이 경제적으로 크게 어려워도 자신의 어린 시절이 있고 집이 있는 곳이기 때문에 광주에서 생활하면서도 되돌아가고 싶다는 마음이 많이 드는 것은 어쩔 수 없다고 한다. 그러나 우즈베키스탄으로 귀환을 앞두고 돌아가고 싶은 욕망과 손녀를 돌봐주어야 한다는 할머니로서의 의무감 사이에서 A는 심정적 딜레마를 겪고 있다.

한국에서 성인자녀와 손자녀와 함께 살면서도 귀국하고 싶은 마음을 느끼는 것은 A만의 경우가 아닐 것으로 짐작된다. 또한 여러 이유로 기존 가족 유형의 변화에 변화가 발생할 수 있는 가능성은 3세대 가족에만 한정된 것은 아니다. 심지어 부부 유형 가족이더라도 초국적 가족 내에 문제가 발생하면 배우자 중 한명이 귀환해야 한다. L(남, 30)의 둘째 누나는 큰아들(14)과 막내딸(10)을 타슈켄트의 친정어머니에게 맡기고 부부가 광주에서 이주 생활을 한다. 부부 모두 H-2비자기 때문에 아이들 부르기 어렵다. 또한 L의 누나 자신의 건강상태가 좋지 않아 심하게 일을 하지 못하기 때문에 아이들까지 합류하면 경제적으로 힘들어질 수 있다. 2015년 11월에 L의 둘째 누나는 남편을 두고 잠시 타슈켄트에서 자녀들과 지낼 계획이다. 요즘 들어 막내딸이 엄마를 너무 많이 찾기 때문에 정상적으로 생활하지 못하고 이런 손녀를 제대로 돌볼 수 없는 친정어머니가 딸의 잠정적 귀환을 요청하고 있다. 그러나 이 경우에도 체류 자격 등 주어진 조건들의 변화로 L의 둘째 누나가 아이들을 모두 데리고 한국의 남편에게 합류할 수도 있을 것이기 때문에 가족의 유형은 고정적이라기보다 유동적인 성격이다.

논의 및 결론

한국 내 고려인의 가족 유형이 유동적 성격임에도 불구하고 한국에서의 이민생활이 안정됨에 따라 다세대가 거주하는 유형의 고려인 초국적 가족이 증가하고 있는 것은 사실이다. 재외동포비자(F-4)나 영주권비자(F-5) 소지자가 앞선 <표 6-2>에서 알 수 있듯이 점차 큰 폭으로 증가하고 있는 점은 우즈베키스탄 고려인의 한국 내 가족재결합 가능성을 높이고 있다. 7백여 명 이상의 영주권 소지자 외에도 5천 명 이상의 재외동포비자 소지자 가운데 적지 않은 수가 한국에 영구정착을 계획하고 있는 것으로 추정되기 때문에, 국내 우즈베키스탄 고려인 인구수의 증가뿐만 아니라 가족 유형 역시 다세대형으로 변화될 가능성이 높다.

사실 한국의 고려인 성인자녀의 대부분이 본국의 노부모에 대해 다양한 형식의 '초국적 돌봄'을 실천하고 있기 때문에, 이 연구의 일부 성인자녀들은 부모를 가까이에서 돌보는 것이 보다 효율적이고 실용적인 돌봄 실천이라 생각한다. 부모를 만나기 위해 지출되는 항공료, 배우자 중 한 사람만 이동할 경우 육아부담, 장기 휴가를 받기 힘든 직장 환경 등은 영구 거주를 꿈꾸는 성인자녀의 입장에서 부모를 한국으로 모시는 것이 정서적으로나 물질적으로 더 낫다고 생각하게 한다. 특히 우즈베키스탄 현지에 더 이상의 자녀 없이 부모만 남아 있는 경우와 부모가 만성적 질환에 고통을 받고 있어 불시에 위기 상황이 닥칠 가능성이 있는 경우 정착지 한국으로의 부모 초청은 매우 적극적으로 고려된다.32

올 7월 초에 첫 아이를 출산한 P(사례 6) 부부는 부모님이 2016년 안에 우즈베키스탄 생활을 정리하고 광주로 정착하기로 가족 합의를 보았다. P를 포함한 4명의 형제자매가 이미 한국에 정착했는데, 이번에 가족재결합을 가장 적극적으로 원한 사람은 아버지(71)였다. 아버지는 2013년에 광주에서 3개월 머문 적이 있는데 발전된 한국에서 자녀들과 함께 살고 싶어 한다. 이번 며느리 출산과 육아를 돕기 위해 처음으로 한국을 방문해 3개월 동안 한국의 자녀들과 생활했던 P의 어머니도 한국이주에 대해 매우 긍정적으로 생각하게 되었다.33

---

32 우즈베키스탄 우르겐치(Urganch)에 살던 E의 어머니(58)는 2012년에 자궁암 진단을 받아 광주로 모셔져 JNU 국립대병원에서 자궁암 수술을 받았다. 어머니는 2015년 6월 초 경과 검사를 위해 다시 광주를 방문하여 큰딸 집에 머물고 있다. 이번에 광주의 E의 자매는 내년에 어머니를 광주로 모셔 함께 살기로 합의를 했다. 우르겐치에 혼자 계셔서 자매가 늘 신경 쓰는 것보다 어머니를 가까이에서 모시면서 병간을 하기 위해서 가족재결합을 하기로 결정하였다. 이 밖에도 광주의 P의 형제자매가 부모님을 광주로 모시고 싶은 것도 어머니가 오랜 세월 동안 다리 관절염으로 거동이 불편해하기 때문인데, 한국의 질 좋은 의료기술을 통해 부모님의 만성질환을 완화시켜 주고 싶어서다.

33 2014년 말에 연구자가 우즈베키스탄에서 인터뷰 한 P의 어머니는 당시 낯선 땅에서 살고 싶지 않고 한국의 기후가 습하다는데 자신은 이런 기후가 싫어 한국에서 살지

한국에 영주한다는 계획으로 P의 큰누나는 이미 아들(6)을 일반 어린이집으로 옮겨 아들의 한국어 실력의 배양에 힘쓰고 있다. P는 2015년 초에 한국 운전면허증을 취득해 승용차를 구입했으며,[34] 그간 저축한 돈과 우즈베키스탄의 자산을 합쳐 광산구에 작은 개인 주택을 구입하여 부모님을 모실 구체적인 계획을 세웠다. 또한 P는 태어난 아이가 미래가 어두운 우즈베키스탄보다 미래가 밝은 한국에서 성장하기를 바란다.

실제로 독립 이후의 우즈베키스탄처럼 정치·경제·사회면에서 안정성이 떨어진 국가에서 가족 구성원의 국제 이주는 이제 일상화 되었다. 따라서 독립 이후 소수민족인 고려인 가족 가운데 이주자가 없는 가족을 찾아보기 힘들게 되어 '초국적 가족'은 고려인의 전형적인 가족의 형태로 자리 잡았다. 교통과 정보통신기술의 혁명적인 발전으로 여러 국가에서 초국적 생활을 하는 가족 구성원 간의 상호연결이 가능하게 되었는데, 이러한 연결을 강고하게 유지시켜 주는 한 가지 요인은 초국적인 가족과 친족 네트워크 내에서 순환하는 '초국적 돌봄'이란 문화적 힘이다.[35]

않겠다고 말한바 있다. 그러나 이번 한국방문을 통해 그녀의 생각이 변하였다. 그녀는 모든 자녀가 한국에 있고 인근의 자녀들이 한국에서 한 번 살아보자는 말에 생각을 바꾼 것으로 알려졌다.

34 최근 들어 한국에서 운전면허를 취득하고 승용차를 운전하면서 직장에 다니는 젊은 세대의 고려인의 수가 부쩍 늘었다. 본 연구의 P 외에 L(30) 등도 올 초에 약 1천만 원-1천 5백만 원대의 중고 승용차를 구입한 바 있다. 두 사람 모두 한국에서 영구 정착할 계획을 구체적으로 가지고 있다.

35 그러나 본 연구 대상 가족들 가운데 소수는 독립 이후 급작스럽게 여러 국가로 생존을 위해 분투하는 과정에서 흩어진 후 가족과 친족 간의 연결이 단절되어 생사도 알 수 없는 사람도 있었다.

가족의 재결합만을 생각하면 재결합이 이루어지는 장소가 본국인가 정착국인가가 크게 중요하지 않다. 그러나 분명한 것은 이주가 일단 한번 시작하면 어디서 재결합이 이루어지든 그 과정에는 시간과 재원이 요구되고 이 과정은 가족들을 지치게 하기 쉽다는 점이다. 우즈베키스탄 고려인처럼 소수민족의 삶이 어려워지고 가까운 미래에 밝은 경제적 전망을 기대할 수 없는 상황이 국제이주를 유발시켰다면 가족재결합은 이들에게 더 우호적인 경제 환경과 이민 및 정착이 허용되는 곳일 것이며, 한국으로의 이주와 정착이 그 하나의 선택지로 떠오르고 있다. 따라서 한국으로의 이주는 재외동포에게 상대적으로 개방된 이민 정책과 우호적 경제 환경이란 거시적 요인과 고려인의 가족과 친족 네트워크 및 돌봄 문화와 같은 미시적 요인의 조합이 만들어 낸 타협의 산물이라 간주될 수 있다.

한국으로의 이주 과정에서 배우자나 자녀 또는 노부모를 우즈베키스탄에 남겨 둔 가구 유형의 고려인 초국적 가족을 가족의 결속을 위협하고 여러 가족문제를 야기하는 '문제적' 가족 유형으로 인식할 필요는 없다. 현재 국내 고려인 가족이 보이는 다양한 유형의 가족유형은 개인적으로나 제도적으로 본국과 정착 국가에서 이용 가능한 자원 및 구속 요인 등에 따라 고려인 가족 단위가 선택한 특정한 전략의 산물로 인식될 필요가 있다. 이런 시각으로 다양한 고려인 가족 유형을 바라봄으로써 우리는 초국적 삶을 살아가는 고려인 이주 가족원의 행위성agency을 발견할 수 있기 때문이다.

앞서 살펴본 바와 같이 우즈베키스탄 고려인의 국제이주 대상국은 러시아와 CIS국가 및 한국이며, 2010년 이후 한국으로의 이주는 규모가 급성장할 뿐만 아니라, 이들의 법적 지위 역시 또 다른 가족원을 한국으로 초청하여 재결합이 가능한 비자 유형으로 변화하고 있다. 본 연구의 사례들로 추정하건데, 국내 고려인 가족 유형은 단독가구나 부부가구 유형에 비해 부부와 자녀가구 그리고 3세대형 가구가 늘고 있는 것으로 보인다. 그러나 어려운 여건 속에서도 한국에서의 가족재결합을 지향하는 고려인 가족이 늘고 있지만, 이러한 가족재결합은 사례 8과 같이 가족 단위 내 세대 간 문제 또는 미비한 재외동포에 대한 이민정책으로 인해 가족의 일부가 다시 분거할 가능성도 열려 있다. 적지 않은 수의 국내 고려인 가족이 영구 정주를 원하고 또한 가족재결합을 지향하고 있을 지라도, 우즈베키스탄 고려인은 한국과 우즈베키스탄을 넘나들며 초국적으로 살아가는 이주자라는 점에서 그들의 가족 유형 역시 다양성과 역동성을 지닐 것으로 전망된다.

광주 체류 네팔 이주노동자의 초국적 가족 유대

김경학 (전남대학교 인류학과 교수)

네팔 이주노동자의 국제 이주과정과 송금·정보통신 기술을 통한 정서적 지지·네팔 방문 등 일련의 돌봄 실천에 대한 분석을 통해 네팔 가족원과의 가족유대를 규명하는 본 연구는 글로벌 이주, 이주노동자의 초국적 가족과 돌봄 실천 영역에 대한 연구에 일조할 수 있을 것으로 기대한다.

머리말

연구문제

1990년대 이후 '초국적 이주'transnational migration는 국제이주 연구의 주요 주제로 등장했다. 초국적 이주란 이주자가 정착국 사회와 모국 사회를 연결하는 다양한 사회적 관계를 형성·유지하는 과정을 말한다.[1] 전지구화와 국제이주 양상이 더욱 심화되면서 가족 구성원 간에 국경을 초월해 지내는 '초국적 가족'transnational family이 국제이주 연구의 주요 관심 대상이 되고 있다. 초국적 가족은 가족 구성원이 모국이 아닌 다른 국가에 떨어져 지내지만 가족 공동의 복지와 가족적 일체감을 지니고 살아가는 가족을 의미하며,[2] 초국적 가족관계 유지의 핵심은 '초국적 돌봄'transnational care의 교환이라 주장한다.[3] 초국적

1 Basch, L.G. et al. *Nations Unbound: Transnational Projects, Post-colonial Predicaments and Deterritorialized Nations-States* (Langhorne: Gordon and Breach, 1994).

2 Bryceson, D. and Vuorela, U. "Transnational Family: in the Twenty First Century", in D. Bryceson and U. Vuorela(eds.), The *Transnational Family: New European Frontiers and Global Networks* (New York: Berg, 2002).

3 Baldassar, L. "Transnational Families and Aged Care: the mobility of care and the migrants of aging". *Journal of Ethnic and Migration Studies,* vol.33, no.2(2007); Goulbourne,

가족에 관한 기존 연구는 돌봄 실천에 참여하는 가족원의 경제적 능력, 돌봄의 의무와 헌신에 관한 문화적 정의, 이주·정착·고용에 관한 이주국의 정책 등 다양한 요인이 초국적 가족의 돌봄 실천에 복합적인 영향을 끼친다고 강조한다.

이 연구의 주요 목적은 한국 내 네팔 이주 노동자의 모국 가족원과의 초국적 가족관계 유지와 돌봄 실천을 규명하는 데에 있다. 이 연구의 주요 연구 대상인 네팔 이주 노동자의 대부분은 광주광역시 공업단지 제조업 분야에 근무한다.[4] 2014년 4월 현재 국내 네팔인의 약 10%는 미등록자지만 절대 다수는 '고용허가제'Employment Permit System(이하 EPS)로 입국한 합법적인 비전문분야 이주노동자(E-9비자 소유)이다. 비전문분야 이주노동자는 가족 동반을 할 수 없어 본국에 부모와 자녀 등 주요 가족원을 두고 시·공간적으로 떨어져 지내는 네팔 '초국적 가족'의 일원이다.

이주노동자는 다양한 방식으로 국경너머 가족에 대한 돌봄 실천을 한다. 네팔의 가족원에 대한 규칙적 송금, 정보통신기술information and communication technologies(이하 ICTs)을 통한 정서적 지지, 모국 방문 등이 주요 초국적 돌봄 실천에 해당한다. 이 연구는 송금, ICTs를 통한 '가상적 친밀감'virtual intimacy[5] 유지, 직접적 고향방문이란 초국적 돌

H. et al. *Transnational Families: Ethnicities, Identities and Social Capital* (London: Routledge, 2010).

4 다만 심층인터뷰 대상의 1명은 광주광역시 농장에 그리고 다른 2명은 광주광역시 인근 담양군 관내의 농공단지와 농장에 근무한다. 담양군에서 근무하는 1명은 스티로폼 건축자재 제조공장에서 일하는 남성이며, 다른 1명은 관내 면소재지의 농장에서 특용작물재배 농가에서 일하는 여성이다.

5 Wilding, R. "Virtual Intimacies? families communicating across transnational contexts",

봄 실천의 맥락 속에서 네팔 이주노동자의 초국적 가족유대를 이해하려 한다. 국내 네팔 이주노동자와 본국 가족은 '초국적인 사회적 공간'transnational social space에서 개인의 경제적 상황뿐만 아니라 한국의 이민과 고용정책 등이 부과하는 기회와 구속요인 범위 안에서 일련의 돌봄을 실천한다.

국내의 초국적 가족과 초국적 돌봄 연구는 조기유학 붐으로 나타난 '기러기 가족'과 이주여성 가사노동자 고용이 늘기 시작한 2000년대부터 시작됐다. 한편 결혼이주여성의 이주과정과 문화적 갈등 및 가족관계 등을 규명한 다수의 연구가 있지만, 결혼이주여성과 본국 가족 간의 초국적 가족유대를 다룬 연구는 소수에 불과하다. 허오영숙은 결혼이주여성이 송금, 물품제공, 가족초정의 형식으로 본국 가족을 지원하고 있음을 규명하였으며,[6] 김혜선은 이들이 본국 가족과의 다양한 네트워크의 형성과 유대를 맺어가는 사회·문화적 현상을 미시적이고 질적 연구방법으로 분석하였다.[7] 이주노동자의 체류실태, 사회생활, 인권, 노동시장 등을 주제로 많은 이주노동자 관련 연구가 수행되었다. 그러나 조선족 노동자를 제외하고 특정 국가 출신의 이주노동자를 대상으로 수행된 미시적 연구는 소수에 불과하며, 특히 이주노동자의 본국 가족과의 가족유대에 관한 연구는 거의 전무하다.

한편 네팔 사회에 대한 국내 연구는 네팔 유학생의 학위논문을 중심으로 매우 제한적으로 수행됐으며, 이들 연구는 대략 두 가지로 대

Global Networks, vol.6, no.2(2006).

6 허오영숙, 『결혼이주여성의 본국 가족지원: 송금, 가족초청, 물품제공』(서울: 한울아카데미, 2013).

7 김혜선, 『글로벌 이주와 초국가적 가족유대』(서울: 이담 북스, 2014).

별된다. 네팔의 국제이주, 이주노동자의 노동과 임금, 송금현황, 네팔 경제성장과 빈곤 감소에 미치는 송금의 영향, 외국인직접투자와 네팔 경제성장 등을 경제학 또는 경영학적 관점에서 조망한 연구[8]가 첫 번째 부류에 해당한다. 네팔의 민주화 과정과 정치적 불안정 및 민주화로 인한 종족성과 민족주의의 발흥 등 사회·정치적 영역을 다룬 연구[9]가 다른 한 가지 부류이다.

기존 연구 가운데 수니타와 마라하타[10]의 연구가 한국 내 남녀 네팔 노동자의 노동과 본국 송금을 거시적 차원에서 논의하고 있지만, 글로벌 이주로 등장한 네팔 이주노동자의 초국적 가족관계 유지를 미시적으로 분석한 연구는 전무하다. 네팔 이주노동자의 국제 이주과정과 송금·정보통신기술을 통한 정서적 지지·네팔 방문 등 일련의 돌봄 실천에 대한 분석을 통해 네팔 가족원과의 가족유대를 규명하는 본 연구는 글로벌 이주, 이주노동자의 초국적 가족과 돌봄 실천 영역에

---

8 Samundra, K.C. 『Remittance and Its Impacts on Poverty Reduction of Nepal』, 아주대학교 국제대학원 석사학위논문(2007); Sunita, N. 『Impact of International Labour Migration, Remittance in Household Level: A case study of Nepalese women working in Korea』, 이화여자대학교 국제대학원 석사학위논문(2009); Marahatta, S. 『Work, and Remittances of Nepalese Migrant Workers in Korea』, 경북대학교 박사학위논문(2012); Pokharel et al. "Remittance and informal Transfer Systems: Effects & Challenges for Economic Development of Nepal", 『한국산업경제저널』 제4권 3호(2012); Pokharel et al. "Foreign Direct Investment and It's Impact of Economic Growth: Nepal Case", 『한국산업경제저널』 제5권 제1호(2013); 김정선, "귀환이주여성들의 이주 안전망 만들기: 네팔의 포우라키(Pourakhi) 액티비즘을 중심으로", 『한국여성학』 제29권 4호(2013).

9 Bahadur, K. 『Political Instability and FDI Inflows: A comparative analysis between Nepal and Bhutan』, 고려대학교 국제대학원 석사학위논문(2011); 박정석, "네팔의 민주화 이후 종족성과 민족주의의 발흥에 관하여: 네와르의 사례를 중심으로", 『남아시아연구』 제17권 3호(2012); 박정석, "네팔의 민주화와 종족성의 정치(1): 제2차 인민봉기 이후를 중심으로", 『남아시아연구』 제18권 3호(2013a); 박정석, "네팔의 민주화와 종족성의 정치(2): 브라만과 체트리를 중심으로", 『인도연구』 제18권 2호(2013b).

10 Sunita, N., (2009); Marahatta, S., (2012)

대한 연구에 일조할 수 있을 것으로 기대한다.

연구대상 및 연구방법

한국에 형성된 이중화된 노동시장의 3D업종에 종사할 노동력의 절대부족으로 1990년대 초부터 다양한 아시아 국가 출신의 비전문분야 노동력이 국내에 지속적으로 유입되고 있다. 노동인력의 국내 수급을 위해 '산업연수생제도'를 걸쳐 2004년에 '고용허가제'EPS가 도입된 이후, EPS는 아시아 15개국[11]으로부터 비전문분야 노동력을 안정적으로 획득하는 제도로 자리 잡았다.

2013년 6월 기준 광주광역시에는 전체 인구 1,145,631명의 약 2%에 해당하는 23,488명의 외국인이 거주하고 있는데 이 비율은 전국 평균[12]에 비해 다소 낮다. 이는 타 대도시에 비해 광주광역시의 산업기반이 상대적으로 취약하기 때문이다. 광주광역시 관내 5개 구 가운데 외국인 근로자가 밀집 거주하고 있는 곳은 하남공단, 평동공단, 소촌공단 등 산업단지가 몰려 있는 광산구이다. 2013년 10월 현재 광주 거

11 베트남은 2013년에 EPS로 단 한 명의 노동자로 한국에 보내지 못했다. EPS 계약기간 종료 후 베트남 출신 이주 노동자의 불법체류 사례가 급증하자 한국정부는 EPS 국가 평가를 통해 베트남을 대상 국가에서 제외시켰다. 이에 2013년 8월 베트남 정부는 한국정부의 불법체류자 발생에 대한 고민에 대한 화답으로 '귀국보증금제도'를 도입했다. 이 제도에 따르면 EPS로 한국 입국을 원하는 베트남 이주노동자는 한화 약 520만원에 해당하는 고액을 귀국보증금으로 예치해야 한다. 베트남 정부는 이 제도를 통해 계약 종료 후 자국 노동자의 한국 불법체류를 줄일 수 있을 것으로 기대한다. 그러나 그렇지 않아도 다른 아시아 국가에 비해 한국 입국에 소요되는 비용이 높은 베트남 이주 노동자에게 이 제도는 엄청난 부담으로 작용하기 때문에 당사자뿐만 아니라 한국 내 이주노동자 지원 단체는 이 제도 도입에 적극 반대한다.

12 법무부 출입국 관리소 자료에 따르면 2013년 6월 기준으로 한국에 체류하는 외국인은 전체 인구의 2.8%에 해당하는 1,473,229명이다.

주 전체 외국인 가운데 비전문취업비자인 E-9소지자는 7,416명(남자 6,702명, 여자 714명)으로 광주 거주 전체 외국인의 약 31.5%를 차지한다. 외국인 인구 가운데 네팔 국적인의 비율은 높지 않지만 해를 거듭할수록 그 수는 증가 추세에 있는데, 이는 EPS로 입국한 E-9비자 소지 네팔 노동자의 수가 지속적으로 늘기 때문이다.

2014년 4월 30일 현재 21,522명의 합법체류자(EPS로 입국한 약 2만 명 이상의 E-9 비자 소지자 포함)와 2,255명의 미등록체류자를 합해 국내에는 23,777명의 네팔인이 체류한다. E-9 비자 소지자, 유학생, 결혼이주자 등으로 구성된 광주광역시의 네팔인 가운데 지난 6년(2008년~2013년) 동안 전체 네팔인 대비 E-9 비자 소지자 수의 변화 추이는 2008년(58/135, 42%), 2009년(92/179, 51%), 2010년(165/240, 68%), 2011년(232/336, 69%), 2012년(360/487, 73%), 2013년(441/578, 76%)로서 절대적 수와 비율이 증가하고 있다.

본 연구의 주요 대상은 E-9 비자 소지자이며, 이 중 광주광역시 농장과 인근 담양군 관내의 농공단지와 농장에서 근무하는 3명을 제외한 모든 연구 대상은 광주광역시 광산구에 위치한 하남공단, 평동공단, 소촌공단 내 제조업 사업장에 근무하며 기숙사에 살고 있다. 광산구에는 네팔 노동자를 포함한 다양한 국적의 외국인이 살고 있다. 2013년 10월 현재 광산구에는 7,593명의 외국인이 거주하고 있으며, 이 가운데 제조업에 종사하는 E-9 비자 소지 외국인은 전체 외국인의 약 40.1%에 해당하는 3,041명이다.[13]

13 2013년 11월 15일 광주광역시 광산구 다문화팀이 제공한 자료다.

이 연구는 광주광역시의 주요 공단이 위치한 광산구 월곡동과 산정동 근방에 있는 네팔 교회 '아누그라'Anugra에 출석하는 네팔인을 주요 연구대상으로 삼았다. 교회에 출석하는 대부분의 네팔인은 이 교회를 네팔 친구와 친교하고 네팔 음식을 함께 먹으며 필요한 정보를 교환하는 자신들의 '커뮤니티 센터'로 생각한다. 연구 대상에 대한 설문지조사, 참여관찰, 심층인터뷰는 2014년 5월 초부터 8월 초까지 3개월 동안 진행됐다. 네팔인의 이주와 정착 및 노동 과정에 대한 초기 정보를 얻기 위해 35문항으로 설계된 설문지를 48명의 네팔인을 대상[14]으로 실시했다.

심층인터뷰는 2014년 8월 초까지 20명을 대상으로 수행했다. 교회를 방문한 네팔인을 중심으로 심층인터뷰가 진행됐으며, 초기에 인터뷰에 응한 사람이 '네트워크 마디'network node가 되어 교회에 출석하거나 교회에 나오지 않는 네팔인도 연구자에게 소개해 주었다. 심층인터뷰는 토요일 잔업이 끝난 저녁시간과 일요일에 교회, 커피숍, 또는 사업장의 기숙사에서 이루어졌다. 교회예배 후 네팔 음식을 함께 먹고 친교하면서 네팔 노동자와의 친화감rapport이 형성됐다. 특히 소수의 주요정보제보자key informants와의 신뢰감이 토대가 되어 이들이 다른 네팔 동료에게 연구자의 연구 취지를 상세히 설명해줌으로써 네

---

14 48명의 네팔인은 조사가 수행된 일요일 교회에 참석한 사람들로서 모든 참여자는 설문지 작성에 앞서 설문지 조사의 취지에 대해 설명을 듣고 협조했다. 설문지 내용은 개인 인적사항, 한국 이주동기, 이주과정, 네팔 내 가족관계 및 가구유형, 송금내역과 방식, 송금사용내역, 네팔 방문여부, ICTs 사용현황 등으로 구성됐다. 대부분 노동자기 때문에 일요일 교회 모임 외에 집단적으로 설문지를 실시할 수 있는 기회를 잡기 쉽지 않다. 아누그라 교회 출석 인원은 가변적이지만 통상 40-60명 내외며, E-9비자 소유자 외에 소수의 결혼이주여성도 교회에 출석한다.

팔 노동자와의 인터뷰는 친밀하고 신뢰감 속에서 수행될 수 있었다. 인터뷰는 연구 대상에 따라 힌디어,[15] 영어, 한국어로 수행됐으며, 본문에서 언급되는 연구대상자는 사생활 보호를 위해 알파벳 대문자로 대신한다.

이 연구의 대상은 48명의 설문지 응답자와 심층인터뷰에 응한 20명의 네팔인이다. 설문지 참여자는 45명의 남성과 3명의 여성으로 구성됐으며, 모든 남성은 EPS 입국자이며 3명의 여성 가운데 1명은 이주노동자이고 2명은 결혼이민자다. 전체 응답자의 약 79%에 해당하는 38명은 22-26세에 걸쳐 있는 젊은 세대다. 응답자의 52%에 해당하는 25명의 대학졸업자와 6명의 대학중퇴자를 포함한 전체 약 65%는 대학 교육을 받은 경험이 있다. 응답자의 약 77%에 해당하는 37명은 미혼이며 11명은 기혼이다.

EPS로 입국한 네팔 노동자의 적법한 최대 체류 가능 기간은 4년 10개월이다. 전체 설문지 응답자의 약 85%에 해당하는 40명이 2011년 이후에 입국했으며, 이 가운데 20명은 2013년에 입국하여 상당수 설문지 응답자가 한국에 1년-1년 6개월 정도 체류 중임을 알 수 있다. 한국 입국 전 교사 등 정규직에 근무했던 소수(3명)를 제외한 대부분은 대학 재학 중이거나 고교 또는 대학 졸업 후 구직 중이거나 시간제로 일했으며 소수는 농사를 지었다. 한국 입국 이전에 말레이시아

15 한국생활 6년째를 맞는 J씨를 제외한 대부분 연구대상은 한국어 의사표현이 어려웠기 때문에 영어 또는 네팔어로 인터뷰를 수행해야 했다. 그러나 적지 않은 대학 졸업자조차 영어 구사에 불편함을 느꼈으며 연구자는 네팔어를 구사할 수 없는 딜레마가 있었다. 거의 모든 네팔 노동자가 네팔에서 힌디 영화를 즐겨봤기 때문에 상당한 수준의 힌디를 구사하여, 약 2/3 이상의 연구 대상과의 인터뷰는 필자와 힌디로 수행됐다.

(4명), 일본(1명), 사우디아라비아(1명) 등에서 이주노동 경력이 있는 소수를 제외한 대부분은 한국으로의 이주가 본인 최초의 외국 이주 경험이다.

심층인터뷰 대상자 20명 가운데 2008년에 E-9비자로 입국해 만기 체류 후 E-7 '특정활동' 비자[16]를 취득한 J씨(30세)를 제외한 모든 사람은 E-9 비자소지자며, 1명의 여성[17]을 제외하고 모두 남성이다. 20명 가운데 15명은 23-30세에 걸쳐 있으며 학력은 대체로 높은(대졸 7명, 대학중퇴 5명, 고졸 8명) 편이다. 9명의 인터뷰 대상은 기혼인데, 혼인 여부는 결혼 후 연합가족joint family과 핵가족 여부, 송금 대상(부모 또는 아내), ICTs를 통한 가족원과의 정서적 지지, 모국 방문경험 등에 차이를 가져온다. 본인이 기독교 신자와 불교 신자로 밝힌 각각 1명씩을 제외한 모든 인터뷰 대상은 힌두다.[18] 인터뷰 대상 가운데 I씨(40세)

16 E-9에서 E-7으로 비자를 변경하기 위한 일련의 조건이 있다. 소위 '뿌리산업'에 종사한 자로서 고등학교 이상의 졸업증명서, 재직증명서, 기술자격증 또는 최근 1년간 소득입증서류, 한국어능력시험 중급에 해당하는 2급 성적표 등이 구비 돼야 비자 변경을 신청할 수 있다. 이런 까다로운 조건 때문에 E-9에서 E-7으로 변경한 외국인 근로자는 극히 소수에 불과하다. 심층인터뷰 대상자 J씨는 본인이 EPS 도입 후 광주광역시 내에서 E-7으로 비자 변경 한 유일한 사람이라 주장한다.

17 Q씨(여성, 27세)는 담양군에서 농사를 짓는다. 네팔사회는 여성의 외부 출입, 특히 해외로의 이주를 바람직하게 생각하지 않는다. 그러나 1990년대 정치 민주화 이후 중등교육을 받은 여성의 증가로 여성의 자유와 독립성이 제고되어 특히 해외 취업 간호사가 급증했다. Adhikari, R. "Empowered Wives and Frustrated Husbands: Nursing, Gender and Migrant Nepali in the UK", *International Migration*, vol.51, no.6 (2013). 한국으로의 여성이주는 소수에 불과하지만 가사노동자로 많은 네팔 여성이 걸프지역 국가로 이주한다. 그러나 성적착취 등 극심한 피해사례 발생으로 네팔 여성의 걸프지역 이주는 1998년에 국가적으로 금지되었다. 그러나 공적 영역 취업에 한해 걸프지역 여성이주가 2003년에 부분 허용되었지만, 가사노동 등 비공식 부문의 이주도 여전히 불법으로 성행한다. Thieme, S. & S. Wass, "Migration Patterns and Remittance Transfer in Nepal", *International Migration* vol.43, no.5 (2005).

18 T씨(30세)의 전체 가족은 2000년대 초에 힌두교에서 기독교로 개종했고 소수 종족 집단에 속한 O씨(26세)는 불교도이다. 이들을 제외한 모든 인터뷰 대상은 힌두로서

와 T(30세)씨는 기혼자로서 한국 입국 이전에 말레이시아, 두바이, 카타르로 국제 노동이주 한 바 있다. 또한 5명의 심층인터뷰 대상자는 한국의 다른 지방에 EPS로 입국한 친인척(친형제2, 사촌형제, 매형, 제부)을 두고 있다.

네팔의 국제이주의 현황

국제 노동이주는 네팔 가구의 경제적 생존을 위한 다양한 전략 중 하나가 되었다.[19] 네팔은 2012년 일인당 국민소득 미화 약 690불로 세계 최빈국의 하나에 속한다. 주요 산업인 농업에 네팔 전체 인구의 약 85%가 종사하지만, 생산량의 감소, 상속에 따른 농지 분할, 부채로 인한 농지 몰수 등으로 농가는 더 이상 농사로 생계해결이 어려워졌다.[20] 특히 농업생산성 제고에 필요한 비료와 종자 및 관개시설 등이

바훈(브라만), 체트리, 바이샤 등의 힌두 집단과 5명의 소수종족(Gurung, Magar, Rai, Sherpa, Tamang)이다. 후자의 소수종족 구성원 중 일부는 "자신이 힌두와 불교도 사이에 걸쳐 있는 것 같다"고 말하지만 본인을 힌두로 소개한다. T씨를 제외한 모든 인터뷰 대상은 아누그라 교회에 출석하는 것이 기독교로의 개종을 의미하지 않는데, 예수도 성인 중 한명이라 간주하는 힌두 입장에서 교회 출석이 힌두 정체성 유지에 전혀 장애가 되지 않는다고 생각하기 때문이다. 네팔에서도 잘 하지 않던 고된 농사로 허리통증이 심하고 무더운 비닐하우스 안에서 작업하는 것이 너무 고통스러워 "도망치고 싶은 심정을 교회에 나와 네팔어로 찬양하면 마음에 평화가 오기 때문에 교회에 온다."는 농업 부문에서 일하는 한 인터뷰 대상의 말처럼, 힌두지만 교회에 출석하는 네팔 노동자는 네팔어로 진행되는 예배 동안 가족에 대한 그리움과 고된 심신을 '힐링'하는 것으로 짐작된다.

19 Seddon, D. et al. "Foreign Labour Migration and the Remittance Economy of Nepal", *Critical Asian Studies*, vol.34, no.1(2002); Thieme et al. "Research Report: Labour Migration from Far West Nepal to Delhi, India", *European Bulletin of Himalayan Research*, vol.24 (2003).

미비한 네팔의 농업부문은 매우 취약하다. 산업부문 역시 정치적 불안과 에너지 위기 등으로 외국인 투자를 유인할 수 없다. 지난 2001~2010년 사이의 산업부문 GDP 증가율은 0.3%에 불과해 산업부문 고용창출은 거의 어려운 실정이다.[21] 네팔 경제는 이미 '농업경제'에서 '송금경제'로 변환되었으며, 네팔은 젊은 노동력을 해외로 송출해 생계를 잇는 주요 노동 수출국의 하나가 되었다. 매일 약 1,500명 이상의 네팔 젊은 노동력이 해외 취업을 위해 네팔을 떠나며, 2010년 한 해 동안 해외 취업을 위해 네팔을 떠난 네팔인의 수는 약 3만 명에 이른다.[22]

1990년 네팔민주화 운동이 시작된 후 근 10년(1996~2006년) 동안 정부군과 마오이스트 간의 폭력투쟁으로 정치적 권력공백과 불안정, 외국인 기업과 투자자의 기피, 이로 인한 만성적 실업 등으로 국내 경제는 더욱 악화됐다. 이런 상황에서 해외 노동자의 국내 송금은 국내 경제에 숨통을 열어줄 뿐만 아니라 개별 가구의 절대적 빈곤 경감[23]에 크게 기여하고 있다. 2011년 현재 전체 내팔 가구의 약 1/3이 해외로

20 Gardner, A. et al. "A Portrait of Low-Income Migrants in Contemporary Qatar", *Journal of Arabian Studies*, vol.3, no.1(2013).

21 Central Bureau of Statistics, Nepal(CBS/N), *Nepal Living Standard Survey 2010/2011*, Volume Ⅰ & Ⅱ, Kathmandu(2011).

22 Wagle, U. (2012), p.187.

23 2010년 '네팔생활수준조사'에 따르면 2003년 21.5%의 가구 빈곤수준은 2010년 13%로 크게 감소했는데, 이는 국제 노동이주자의 송금으로 인한 것이다. 국제이주가 가족별거, 자녀교육 공백, 소비풍조만연, 네팔의 대외경쟁력 약화 등 부정적 결과를 낳지만, 이주자의 송금은 네팔 개별 가구의 절대적 빈곤경감에 중요한 역할을 한다(Central Bureau of Statistics, 2011); Wagle, U. "Socioeconomic Implications of the Increasing Foreign Remittance to Nepal: Evidence from the Nepal Living standard Survey", *International Migration,* vol.50, no.4(2012); Sapkota, C. "Remittances in Nepal: Boon or Bane?", *The Journal of Development Studies*, vol.49, no.10(2013).

부터 송금 수령을 하며, 공식적 통로로 유입된 네팔 전체 송금규모도 1991년 미화 약 5천만 불에서 2011년 약 30억 불로 크게 증가했다.[24]

네팔인의 해외 취업의 '원조'는 19세기 인도 영국군의 구르카Gurkhas연대에 근무했던 네팔 용병이었다. 1950년대 이래 네팔과 국경을 마주하고 있는 인도는 국제이주 하는 네팔인의 가장 중요한 이주 대상 국가다. 1950년에 인도와 네팔 간 '평화와 친선조약'the Peace and Friendship Treaty 체결로 양국 국민의 자유로운 국경 통과와 이주가 허용된다. 이 조약에 따라 양국 국민은 동등한 조건 하에서 고용과 노동할 수 있는 권리를 인정받는다. 지리적 근접성, 개방된 국경, 문화적 친연성, 저렴한 이주 경비, 가족과 친족 네트워크 유지 등의 이유로 네팔인은 인도를 이주 대상국으로 선호한다. 현재 인도 내 네팔인 수는 약 1백 5십만-3백만 명으로 추정되며, 사실 상 그 정확한 규모를 파악하기란 쉽지 않다. 인도에 있는 대다수의 네팔인은 문지기, 상점 종업원, 가정집 하인처럼 인도 경제위계의 하위 층을 구성하는 반영구 이주자며, 대부분의 계절이주 네팔인은 농업노동자다.[25]

인도의 노동 임금수준은 매우 낮기 때문에 고비용에도 불구하고 걸프지역 국가와 동남아 국가 등 다른 국가로 이주를 희망하는 네팔인이 크게 늘었다. 1996년 네팔과 걸프지역 국가 간의 노동이주협약 체결 이후 걸프지역 국가로 이주하는 네팔인의 수가 대거 늘었으며, 이후 말레이시아Malaysia 등 동남아 국가로 국제이주를 희망하는 네팔

24 World Bank, *Large-scale Migration and Remittance in Nepal: Issues, Challenge and Opportunities*, (Washington D.C.: World Bank, 2011).

25 Thieme, S. & S. Wass, "Migration Patterns and Remittance Transfer in Nepal", *International Migration,* vol.43, no.5 (2005).

인도 점차 늘었다. 2001년 네팔 센서스에 따르면 전체 국제이주자 가운데 약 77%의 인도 행 이주자를 제외하고 15%에 해당하는 약 11만 1천명이 걸프지역 국가(카타르, 사우디아라비아, 아랍 에미리트, 바레인 등)로 이주했으며, 홍콩과 말레이시아 행 이주자는 각각 2%와 1%를 차지했다. 2000년대 초반에 약 1만여 명 이상의 미등록 네팔인이 비숙련노동자로 일본에 체류했으며, 소수의 도시 출신 전문직종의 네팔인은 북미와 유럽으로 국제이주를 했다.[26]

EPS로 한국에 네팔인이 입국하기 시작한 2008년 네팔 노동고용진흥국Department of Labour and Employment Promotion의 국가별 국제이주 비율에 관한 자료에 따르면, 네팔인의 해외 이주 대상국 비율은 말레이시아 36%, 카타르 29%, 사우디아라비아 19%, 아랍 에미리트 12%의 순이었다. 그 밖에 한국 6,378명, 홍콩 4,210명, 유럽국가 456명, 북미국가 353명의 네팔인이 국제이주 했는데, 기타 대상국 가운데 한국행 이주 비율이 가장 높았다. 말레이시아와 걸프지역 국가로의 이주비용은 미화 약 1,000불정도로 한국행 비용과 비슷하며,[27] 이들 국가의 노동임금 수준은 한화 월 30-40만원 수준으로[28] 한국의 임금에 비해 매우 낮고 적지 않은 수가 송출업자의 이민사기의 피해대상이 된

---

26 Seddon, D. et al. 2002.

27 2011년 한 해 걸프지역 국가에는 약 1천2백만 이상의 해외 노동력이 있었다. 카타르로의 평균 이민 비용은 미화 1,031 불인데 통상 걸프지역으로의 이주비용은 한국으로의 이주비용과 거의 비슷하다. Gardner et al. (2013).

28 카타르 근무 외국 노동력의 평균 기본 월급은 2012년 현재 미화 약 291불이며 잔업수당은 평균 90불이었다. 평균 생활비지출 114불을 제외한 후 월 평균 송금액은 약 209불이었다. 카타르 내에서 네팔 노동자의 평균 기본 월급은 약 235불로서 가장 낮은 임금을 받는 국가 중의 하나다. Gardner et al. (2013), pp.6-11.

다. 이런 상황에도 많은 네팔인이 이들 국가를 선택하는 것은 간편한 출국수속과 짧은 출국 대기 기간 때문이다.

상대적으로 긴 대기 기간을 버틸 경제적 여유가 있거나 EPS-TOPIK(한국어능력시험)에 합격할 정도의 수학능력이 있는 네팔인은 한국행을 선택하는데, 한국은 EPS 도입 후 네팔인이 가장 선호하는 국제이주 목적 국가로 급부상하고 있다. EPS를 통한 한국행이 네팔에서 각광을 받는 이유는 정부 간 협약을 통한 국제이주이므로 안전하고 말레이시아와 걸프지역 국가에 비해 기본급이 월 110만원으로 상대적으로 높기 때문이다.[29] 최근 2013년 EPS를 통해 한국에 입국한 네팔인은 5,234명이며 2014년에도 5,700명의 네팔인이 EPS를 통해 한국에 입국할 예정이다. 이 연구의 설문조사 대상자 약 70% 이상은 한국의 높은 고용가능성과 임금수준이란 매력 때문에 한국을 이주 대상국으로 선택했다.

국제 노동이주에는 이주비용이 든다. 한국 이주에 미화 약 1000불 정도 지출되는데, 네팔의 열악한 가정 경제 때문에 이주자는 일반적으로 부채로 이주생활을 시작한다. 설문지 응답자의 52%는 부모가 이주비용을 제공했으며, 약 38%는 자신이 마련했다. 부모가 마련해 준 경우 부모의 현금이 아닌 가족과 친인척 또는 고리대금업자로부터 차용한 경우가 적지 않다.[30] 이주 가족은 일정 기간 동안의 이주자의 송

29 해당 국가의 이민비용, 체재비용, 체류가능기간, 도착 후 실업가능성 등은 이주 국가를 선택하는데 중요 사항이지만 작업조건이나 기후 등은 크게 문제시되지 않는다. Thieme & Wass, (2005). EPS로 한국에 입국하는 네팔인은 이주비용 사기피해의 위험이 없고 체류가능기간 등 중요 고려사항이 입국 전 기본 계약 사항에 포함되기 때문에 상대적으로 기본적 요건이 갖춰진 상황에서 입국할 수 있다.

30 네팔인의 이주가 부채로 시작되는 것은 비단 한국 이주에만 한정된 것은 아니다.

금으로 부채를 갚는다. 심층인터뷰 대상의 대부분은 한국 이주 후 2-4개월 급여를 빚 청산에 지출했다. 2014년 3월에 입국한 S씨(23세)는 한국어 학습 비용을[31] 포함해 약 200만원의 이주비용을 이웃으로부터 5%의 이자로 빌렸는데, 한국에서의 초기 2개월 급여의 거의 모두를 부채 갚는데 지출했다. 한국과는 달리 임금 수준이 매우 낮은 말레이시아와 걸프지역 국가로 떠난 이주자의 경우 빚을 청산하는 데에 약 1년 이상 소요된다. 이주경비 마련에서 드러나듯 국제이주는 이주자 단독 기획이 아닌 '가족원 전체의 기획'으로 간주되어야 한다. 설문지 응답자 가운데 이주를 단독으로 결정한 소수의 대학 중퇴 미혼자를 제외하고, 대부분은 한국행 이주의 결심에 부모가 관여했고, 기혼자의 이주에는 배우자의 의중도 반영됐다. 이들은 가족의 열악한 경제상황에서 아들 또는 남편으로서 가족의 복지향상을 위해 국제이주 노동하는 것을 일종의 의무로 생각하며, 특히 기혼자는 자녀를 위해[32] 이주를 결심하기도 했다.

국제 이주자의 약 2/3는 부채로 이주비용을 감당하는데, 친구와 친인척의 부채는 무이자 또는 2-5%로 낮지만 전문 고리대금업자의 것은 약 10%로 매우 높다. 카타르 이주자 약 45%는 대출로, 30%는 가족원의 자금으로 이주비용을 감당했다. Gardner, (2013), p.8.

31 네팔 내 한국어교육 학원은 일반적으로 3개월 과정의 수강료로 미화 약 160불을 받는다. 그러나 최근 일부 학원들이 합격 보장조건으로 약 550불 이상을 받는 사례가 있는데, 특히 시험시행일정이 닥쳐오면 이러한 과대광고가 극성을 보인다. 『7월 EPS 센터장 동향보고』(2013).

32 기혼자 대부분은 송금으로 교육의 질이 좋은 '사립학교'에서 자녀가 더 나은 교육을 받아 수익이 높은 전문직에 종사하여 더 이상 자신처럼 타국에서 노동하는 일이 없기를 희망하며 이주를 결심했다고 말한다.

한국 정부의 고용허가제(EPS)와 네팔인 이주

한국 정부는 2007년 7월 23일 네팔 정부와 장관급 수준의 대화를 통해 네팔 현지에서 한국어능력시험TOPIK에 합격한 네팔인 가운데 매년 약 5천명 규모의 노동력을 '고용허가제'EPS를 통해 수용할 것을 협약했으며, 실제적인 네팔 노동력의 입국은 2008년부터 시작됐다. EPS로 한국에 입국할 수 있는 연령 제한은 19세 이상과 39세 이하이며, 한국입국에 EPS-TOPIK 대비 한국어 사설학원 수강료, 시험응시료, 건강검진료, 여권 및 비자 신청비, 항공료, 보험 등 제반 비용을 합한 미화 약 1,000불의 경비가 소요된다.

한국정부는 매년 EPS로 입국하는 15개의 국가를 대상으로 하여 EPS를 통한 입국대기 기간, 선발과정의 선명도, 계약 종료 후 발생하는 한국 내 불법체류자 비율 등을 중심으로 국가평가를 하여 EPS 관리 우수 국가를 선정한다. 네팔은 2009년과 2011년에 이어 2013년에도 EPS를 가장 우수하게 관리하는 국가로 선정되었다. 우수 관리 국가의 선정은 신속한 노동력 공급이라는 실용성 외에 한국 내 불법체류자의 수를 최대한 줄이고자 하는 한국정부의 노력이 반영된 것이다.[33]

국내에서 인력 수급을 위한 노력에도 불구하고 구하지 못한 기업이 외국인 노동력을 합법적으로 활용할 수 있는 '고용허가제'가 2004년에 도입되었다. 고용허가제로 입국하는 외국인 근로자는 인력송출

---

33 계약 종료된 E-9 비전문분야 외국인 근로자가 본국 귀국 후 14일 이내에 자신의 고용보험료(퇴직금)를 수령할 수 있게 2014년에 규정을 변경한 것도 한국 내 불법체류 외국인노동자 수를 줄이기 위한 조치로 이해된다.

국과 한국정부 간의 협정에 의해 정부기관의 알선에 따라 입국 전 자신이 근무할 사업장이 결정된다. 고용허가서를 발급받은 사업주는 선발된 외국인구직자와 표준근로계약서에 계약하고 근로계약기간을 1년 이하로 하되 3년 범위 내에서 갱신할 수 있다. 재외공관으로부터 비전문취업사증(E-9)을 발급받고 입국한 외국인 구직자는 15일 이내에 공단 또는 단체에서 국내취업활동에 필요한 취업교육을 사업주의 부담으로 받고서 사업주에게 인계되어 근로를 개시한다. 고용허가를 받은 외국인 근로자는 근로개시 사업장에서 계속 근무하는 것을 원칙으로 하되 기본 인권보장을 위한 사업장변경제도가 마련되어 있다. 특별한 사유가 있으면 사업장 변경이 3회까지 인정되며, 3개월 내에 근무처 변경허가를 받지 못하거나 1개월 내에 사업장 변경을 신청하지 않은 외국인 근로자는 출국해야한다. 외국인 근로자는 3년이 지나면 출국해야 하지만 출국 전 사업주가 노동부장관에게 1회에 한하여 2년 미만의 범위에서 취업활동기간 연장을 받을 수 있도록 해당 규정이 개정되었다.[34]

비전문취업비자 E-9 소지자인 외국인근로자도 내국인근로자와 마찬가지로 건강보험과 산재보험에 가입되어야 한다. 국내 사업장에 근무하는 외국인 근로자는 국민건강보험 직장가입자로 신고해야 한다. 외국인 근로자의 건강보험자격은 취업에서부터 퇴직 시까지 지속된다. 출입국관리법에 의해 외국인 등록을 한 외국인 근로자는 국민건

34 IOM 이미정책연구원, 『2010 체류외국인 실태조사: 고용허가제와 방문취업제 외국인의 취업 및 사회생활』 법무부용역보고서(2010), p.xviii; 하갑래, “외국인고용허가제의 변천과 과제”, 『노동법논총』 제22집(2011).

강보험법의 적용을 받는 가입자 또는 피부양자가 된다. 외국인 근로자는 기후와 음식문화가 다른 열악한 작업환경에서 잔업을 하는 등 장시간의 노동으로 각종 질병에 노출되기 쉽다. 특히 이들은 사업장의 내국인 근로자와의 의사소통이 어려워 노동현장에서 정신적 스트레스를 경험하기 쉽다. 작업장에서 야기된 직업병으로 병원을 이용해야 하는 외국인 근로자의 경우 병원의 의료체계와 의사소통의 문제로 제대로 된 의료서비스를 받지 못하는 경향이 있다. 특히 평일 근무 중에 병원방문이 거의 불가능하며 병원을 방문하더라도 검사나 수술 등이 필요한 심각한 경우 본인이 부담할 큰 액수의 지출로 치료를 꺼리는 사례가 많다.35

근무시간 중에 발생한 수지 절단 등 심각한 상해발생 시에는 당연히 인근의 대형병원으로 이송되어 치료를 받지만, 장기간 동일 직종에 종사함에 따라 나타나는 질병 예컨대 각종 디스크 치료는 사업주가 책임을 떠맡지 않으려 한다. 이 경우 개인이 치료를 위해 잠정적 휴직 상태에서 장기간 치료를 할 수밖에 없다. 2011년 3월에 입국한 H씨(27)는 3년여의 공장 근무로 목 디스크가 발병했지만 사업주가 책임지지 않아 1개월 휴직하고 자비로 물리치료를 받아야 했다. 광주광역시 광산구에 위치한 '외국인노동자 건강센터'의 유경남 사무국장에 따르면 센터를 방문하는 외국인 노동자는 일반적으로 장기간 심한 노동으로 인한 허리와 다리 등의 근육통증, 감기와 피부질환 등 기초질환, 혈압과 당뇨 등의 만성질환 환자들이다. 한편 일부 외국인 노동자

35 이병운·고준기, "외국인근로자의 보건의료 현황과 문제점", 『한양법학』 제21권 3호 (2010).

가 외국인노동자 건강센터 방문을 고집하는 것은 평일 병원 방문할 시간이 없어서뿐만 아니라 의료비 지출을 절약하기 위해서다. 2012년에 입국한 F씨(41)는 고혈압으로 자가 진단하여 무료로 진료와 약을 받을 수 있는 외국인노동자 건강센터를 방문함으로써 본인이 부담할 진료비 1/2과 약 구입비를 절약했다. 매주 일요일 오후 2시부터 5시까지 3시간 운영하는 센터에는 가정의학과, 치과, 한의과 전문의가 순번제로 상시 진료하며 비뇨기과와 이빈후과 전문의는 격주로 방문한다.

광주광역시의 네팔인 공동체

'고용허가제'로 입국한 네팔 노동자의 식사와 주거에 관한 기본 사항은 사업주가 지원하기 때문에 입국 초기에 사업장과 한국생활에 관한 적응에 한국 사업주의 지원이 지대한 편이다. 동일 사업장에서 근무하는 시간이 오래될수록 사업주와 한국인 동료로부터 획득하게 되는 한국생활 전반에 걸친 사회적 지원도 증대한다. 그러나 체류기간이 늘어나면서 일의 숙련도뿐만 아니라 한국 생활에 관한 정보와 자신의 경제적 능력신장에 따라 한국인이 아닌 네팔인을 중심으로 하는 사회지원망이 점차 요구된다. 특히 인권침해와 열악한 근무여건을 피해 더 나은 노동환경과 임금조건을 찾아 이직을 희망하는 네팔 노동자에게는 네팔인 공동체와 사회적 연결망이 절실하다. E-9비자 소유자인 외국인 근로자 가운데 이직 희망자는 비록 사업주로부터 이직허가를 받았지만 새로운 사업장에 취업하기 이전까지 경제적으로나 심리적으로 어려움에 직면할 수 있다. 이들은 직장을 그만 둠으로써 회사에서 지원하던 주거와 고정 수입이 사라지게 되어 잠정적인 어려움에 직면한다.[36]

광주광역시 네팔 노동자들은 이직 등으로 갈 곳 없는 네팔인 발생에 대비해 '네팔인 쉼터'Nepali Shelter를 운영하고 있다. 일반적으로 사업주가 외부인의 기숙사 출입을 허용하지 않기 때문에, 쉼터는 다른 사업장에 근무하는 네팔 친구들과 편안히 쉴 수 있는 공간으로 활용된다. 쉼터의 공식 명칭은 '한국 네팔인공동체 광주지부'Nepal Community Committee Gwangju, South Korea지만 단순히 '네팔인 쉼터'로 불린다. 약 2년 전에 개소한 쉼터는 50여명의 회원으로 시작해 2014년 현재 회원 약 2백여 명으로 늘었으며 회원은 월 5천원 회비를 납부한다. 회비는 광산구 홈플러스 하남점 인근의 단독주택 2층 독채(방3개, 거실, 주방, 욕실)의 월세 45만과 기초 운영비로 사용된다.

쉼터는 이직을 위해 사업장을 떠나 광주·전남지역으로 온 타 지역의 네팔 노동자에게도 잠정 체류를 위한 공간이 되며, 주말에는 네팔 노동자의 휴식 공간이 된다. 쉼터는 네팔 노동자의 친교의 장이다. 네팔 노동자들은 답답한 회사 기숙사를 벗어나 토요일 저녁시간부터 일요일 저녁 늦은 시간까지 쉼터에서 편안히 자국 노동자와 시간을 보낸다. 쉼터는 휴식공간이면서 광주와 한국생활에 필요한 다양한 정보가 모이고 공유되는 곳이다. 쉼터는 개별 사업장의 작업환경이나 새로운 이직을 위한 사업장 정보뿐만 아니라 모국에 관한 새로운 소식

36 박형기 외, "국내 외국인근로자의 사회연결망과 이직경험: 고용허가제로 입국한 외국인근로자(E-9)를 중심으로", 『한국인구학』 제37권 1호(2014).

을 접할 수 있는 공간이기도 하다. 한국의 이민정책의 변화에 관한 정보나 사업장에서 경험한 사업주와의 갈등해결 등에 관한 조언도 이곳으로부터 얻을 수도 있다. 쉼터를 중심으로 형성되는 네팔 이주자 연결망을 통해 이주자들은 사회·경제인 응급상황과 구직에 필요한 절실한 정보와 도움을 받는다. 쉼터는 가끔 주한 네팔대사관과 광주 네팔인구를 연결해주는 업무협조 네트워크의 역할도 한다.[37]

네팔인 쉼터 외에 네팔인이 모일 수 있는 1-2곳의 공간이 광산구 관내에 있으며, 이들은 주로 기독교 단체와 연관된다. 상가 2층의 약 40평 남짓한 공간의 '아누그라 교회'는 네팔인이 모이는 대표적인 공간으로서 네팔 출신 목사부부와 소수의 한국인에 의해 운영된다. 일요일 오전 11시부터 약 1시간 30분 동안의 예배는 주로 네팔어로 진행되며, 예배 후 네팔 음식을 함께 먹으면서 오후 3시까지의 친교 시간이 진행된다. 거의 대부분 기독교 신자가 아닌 네팔 노동자는 예배 참여로 종교적 갈등을 경험하지 않는다. 이들은 일요일마다 교회에서 네팔 음식을 먹고 새로운 친구를 사귀며, 원하는 경우 한국어와 피아노도 배우고 직장 내 어려움에 직면하면 한국어에 능통한 네팔인 목사 사모와 한국인 봉사자의 도움을 받는다. 네팔 근로자는 대체로 삼삼오오 함께 교회에 참석하는데 이들은 대체로 동일 사업장에 근무하거나 인근 사업장에 근무하는 동료들이다.

네팔 이주노동자는 한국 입국 후 서로 알게 된 사이이다. 특히 동일

37 2014년 6월 주한 네팔대사관이 손 글씨로 작성된 네팔 여권을 소지한 광주 지역 네팔인을 대상으로 전자여권 교체 작업을 수행할 때 전자여권변경신청서 양식의 배급과 작성 공간으로 쉼터가 활용되었고 쉼터 회장은 광주지역 네팔인을 대상으로 하여 페이스 북에 양식 접수와 변경 실시에 관한 공지를 했다.

사업장 동료는 길게는 3-4년을 같은 기숙사에서 지내기 때문에 동료의 웬만한 가족사를 공유하게 된다. 이들은 국경너머 가족 구성원과의 경제적, 사회·문화적 네트워크 유지에 관한 정보도 공유한다. 공단의 사업장들은 상호 오밀조밀 위치하기 때문에 거의 예외 없이 인근 사업장에 네팔인 근로자가 근무한다. 인근 사업장에 근무하는 네팔인은 면대면 관계에서 시작하여 사적인 정보까지 공유하는 친밀한 '친구 관계'를 형성한다. 특히 동향 출신이나 동일시기 같은 항공기로 입국한 사람들 간에는 더욱 친밀한 관계가 형성된다. 이들 간에 신뢰가 쌓이면 금전도 거래된다. 급전을 빌려주는 등 신뢰를 바탕으로 금전거래 할 수 있는 사람끼리 다양한 편의를 제공하는 비공식적 네트워크가 작동한다. 네팔 방문 시 필요한 경비(항공료, 선물구입비, 체류기간의 지출경비 등)가 부족한 이주 노동자는 어렵지 않게 친구로부터 현금을 차용하며, 네팔을 방문하는 친구에게 고향 가족에게 현금이나 선물 전달도 부탁한다.

네팔 노동자의 초국적 가족 관계

전지구화와 교통통신수단의 발달로 국제이주자와 모국의 가족 간의 네트워크 유지는 과거보다 손쉽고 신속하게 되어 '초국적 가족'의 삶이란 새로운 장을 만들었다. 국제이주는 모국에서 이주국으로의 일방적인 흐름이 아닌 두 개 이상의 지역에 거주하는 사람들의 평생에 걸친 사회·문화적, 경제적인 쌍방적 흐름으로 간주된다. 이에 따라 초

| 그림 7-1 | 광산구 네팔인 공동체 모임에서 현안을 논의하고 있다.

국적 가족 간의 관계는 여러 지역에 거주하는 가족원이 형성해 놓은 '초국적 사회적 장'에 위치하게 된다. 초국적 가족에 대한 일부 연구[38]는 초국적 가족 원 간에 다양한 형태의 초국적 돌봄이 교환되며, 물리적 거리라는 장벽을 극복하기 위한 여러 전략이 동원됨을 강조한다. 서로 멀리 떨어져 있다는 것 자체가 편지, 전화, 이메일, 텍스트 메시지, 경제적 지원, 고향 방문 등의 형식으로 규칙적이고 구조화된 상호접촉을 하게 하는 계기로 작용한다. 이런 상호접촉의 강도는 질병과 재정적 압박과 같은 위기뿐 아니라 통과의례처럼 인생의 특정한 상황에서 강화된다.

38 Baldock, C. "Migrants and Their Parents", *Journal of Family Issues*, vol.21, no.2(2000); Wilding, R. (2006); Baldassar, L. (2007).

'적합한' 초국적 돌봄 의무가 무엇인가는 문화적으로 규정된다. 국가의 복지체계가 잘 갖춰져 있고 세대 간 독립적 성격이 매우 강한 서양사회와는 달리, 부모와 자녀 간의 돌봄이 세대 간에 의존적 성격이 강한 사회도 있다. 네팔인은 일반적인 동양인처럼 부모가 연로해지면 성인 자녀가 다양한 형식으로 부모를 돌보는 것을 자녀의 의무로 생각한다. 연합가족일 때는 물론이고 핵가족으로 분가했을 때도 결혼한 자녀의 부모에 대한 돌봄 의무는 여전하다. 분가 후에도 노부모에게 생활비를 지원하고 농사일에 노동력을 제공하는 등 물질적 지원뿐만 아니라, 부모 집을 자주 방문하여 안부를 묻는 등 정서적인 보살핌도 부모에 대한 효도로 간주된다. 연로한 부모를 적절히 돌보지 않는 네팔인은 공동체로부터 지탄의 대상이 된다.

네팔의 연합가족이 산업화와 도시화의 진전에 따라 핵가족으로 전환되는 추세지만 연합가족은 여전히 전통적인 가구 형태로 인정받고 있으며, 연합가족 내 아버지는 가장으로서 가정 내 주요 사항의 결정권자다. 힌두 문화권에서 연합가족은 부계혈통과 부거제(夫居制)를 강조하는 가족형태로서, 혼인한 아들 부부와 그들 자녀는 같은 울타리에서 거주하면서 공동취사, 공동 생산과 소비, 공동 재산관리, 공동 의례생활을 한다. 본 연구의 심층인터뷰 대상 가운데 기혼자 대부분은 외아들인 사례를 제외하고 결혼 후 한 동안 연합가족에 속했다가 핵가족으로 분가했다. 연합가족이라 하더라도 아들들이 국내외로 이주함에 따라 부모가 며느리와 손자들과 살고 있는 경우가 늘고 있다. 연합가족 내 가사와 육아는 시어머니를 중심으로 한 여성의 노동영역인데, 특히 자녀와 노부모에 대한 돌봄은 시집온 며느리의 일로 간주된다. 일반적으로 시어머니는 며느리의 도움을 받아 취사를 담당하고 며느리들은 집 안팎 청소, 밭농사, 가축 돌보는 일을 한다.

송금(Remittance)

기존 연구들[39]은 초국적 이주자의 본국 가족에 대한 송금이 가족 관계를 긴밀하게 유지하는데 핵심적 역할을 한다고 주장한다. 이주자의 가족에 대한 송금은 이주자와 떠나온 사회를 연결하는 하나의 중요한 매개체 역할을 한다.[40] 초국적 이주자의 송금은 정착지 수입의 일부를 본국의 가족에게 보내는 단순한 '돈의 흐름'money flow만을 뜻하지 않는다. 송금이 이주자가 모국에 남아 있는 가족 구성원, 특히 부모와 자녀에 대한 초국적 돌봄 행위의 중요한 실천이기 때문이다. 네팔처럼 노동력을 송출하는 국가의 노인·교육·의료복지 관련 인프라[41]는 일반적으로 매우 열악하고, 개별 가구는 만성적 빈곤으로 고

---

39 Cuong et al. "Vietnamese elderly amidst transformations in social welfarepolicy" in D. Phillips (eds.) *Ageing in the Asia-Pacific Regions: Issues and Policies*(London: Routledge, 2000); Knodel et al. "Intergenerational Exchanges in Vietnam: family size, sex composition, and the location of children", *Population Studies*, vol.54, no.1(2000); Thai, H. C. "The dual roles of transnational daughters and transnational wives: monetary intentions, expectations and dilemmas", *Global Networks* vol.12, no.2 (2012).

40 Adams, R. & John Page, "Do international migration and remittances reduce poverty in developing countries?", *World Development,* vol.33, no.10 (2005).

41 네팔처럼 국가의 노인 돌봄 프로그램과 요양원 등 돌봄 시장이 거의 전무한 상황에서 노인 돌봄은 거의 가족이 담당해야 한다. 연금은 군인, 경찰, 교사, 행정공무원 등으로 퇴직한 사람에게만 지급된다. 1995년부터는 모든 75세 이상의 인구에게 100루피(1999년부터 150루피)가 지급되지만 노인복지 유지에 도움 되기에는 많이 부족하다. Chalise, H.N. & Brightman, J.D. "aging trends: Population aging in Nepal", *Geriatrics Gerontology International*, vol.6(2006). 특히 농촌 노인의 응급상황에 대비한 의료시설이 크게 부족하고 대규모 젊은 인구의 국내외 이주로 인해 노인들의 원거리 3차 진료기관 접근성은 크게 떨어졌다. Bhattarai, S., (2013).

통 받는다.[42] 초국적 이주자의 송금은 가족원의 의식주 수준을 향상시키고 자녀 교육의 질과 노부모의 의료복지 수준을 제고시키는 물질적 토대로 작용한다. 이 때문에 송금 행위 자체가 남아 있는 가족 구성원에 대한 주요한 초국적 돌봄 행위로 간주된다. 2008년에 EPS로 한국에 입국한 J씨(30세)는 자신의 송금으로 2013년에 가족 전체를 포카라 Pokhara로 옮겼으며, 8세의 딸은 그곳의 사립학교에서 수준 높은 교육을 받을 수 있게 됐다. J씨처럼 모든 기혼자의 자녀는 공립학교보다 수업료가 훨씬 비싼 사립학교를 다닌다. 사립학교의 수업은 영어로만 진행되며 교사는 더욱 성실하고 책임감이 있다고 알려져 있다.

흔히 돈은 돌봄의 매개 역할을 한다. 동양사회 가족 구조 내에서 돈의 흐름은 부모에서 자녀에게, 역으로 자녀에서 부모로도 흐를 수 있다. 네팔 사회도 자녀가 부모에게 경제적 지원을 하는 것은 '좋은 자녀 되는 일'의 중요한 부분이며 이는 효도로 간주된다. 이러한 관념은 가족 형태(연합가족 또는 핵가족)와 자녀가 있는 장소(네팔 국내 또는 해외)에 관계없이 동일하게 적용된다. 네팔을 비롯한 대부분 동양사회의 주요 통과의례에서 가족 구성원 간에 돈을 주고받는 것은 가족 소

42 심층인터뷰 대상의 대부분은 부모와 부인 등 친밀한 가족원과의 장기간 이별의 어려움에도 불구하고 모국에서 직면한 경제적 위기 때문에 국제이주 노동을 작심했다. 또한 국제 이주노동이 유일한 출구라 생각하고 있는 가족들의 아들과 남편에게 가하는 무언의 압박 때문에 이주를 결심했다고 밝히는 이주노동자도 있다. 기혼 남성 이주자 부인이 남편을 해외로 보내기로 작심하는 것은 쉬운 일이 아니다. 결혼 직후 국제이주 한 일부 이주자의 부인과의 실제적인 결혼생활 기간은 매우 짧은 편이다. 남편의 국제이주 노동으로 부인과 자녀의 객관적 복지(의식주, 교육, 의료 등의 복지)는 크게 개선됐지만 남편과 아버지의 부재로 인한 이들의 주관적 복지는 오히려 낮아졌다. Gartaula, H. N. et al. "Socio-Cultural Dispositions and Wellbeing of the Women Left Behind: A case of Migrant Households in Nepal", *Social Indicators Research*, vol.108 (2012).

속감과 친밀함을 확인시켜 주는 중요한 표시로 간주된다.

네팔의 많은 가구들의 생계는 국제 이주 가족원의 송금에 의존하며, 이주자의 송금은 가구 소득뿐만 아니라 국가 경제의 주요 기반의 하나로 간주된다. 이미 2010년에는 이주자의 송금이 네팔 GDP의 약 23%를 차지했다.[43] 특히 만성적인 경제적 빈곤에서 헤매는 네팔 농가에게 해외 이주 가족원의 송금은 생존을 위한 필수 요건이 되었다. 지난 10여 년간 해외 이주 노동자의 송금액은 어려운 정치적, 경제적 여건 속에서도 꾸준히 증가해 개별 가구 빈곤율 감소에 지대한 역할을 했다.

2008년 이후 EPS로 한국에 입국한 네팔인의 규모는 인도, 걸프지역 국가, 말레이시아로 떠나는 노동력보다 크게 작지만, 이주자 수 대비 실제 송금액은 결코 적지 않을 것으로 추정된다. 국내 네팔 노동자 대부분은 은행을 통한 공식적 채널 송금이 아닌 '훈디'Hundi[44]와 같은 '비공식 송금체계'informal money transfer system(이하 IMTS)를 이용하기 때문에 정확한 송금 규모를 파악하기 어렵다.[45] 이주 노동자가 훈디를 이용하는 것은 정착국과 모국 양국의 은행이 수취하는 수수료가 훈디 수수료보다 높다고 생각하기 때문이다.[46] 국내 네팔 노동자를 대상으

43 Acharta, C.P & Roberto, Leon-Gonzalez, "The Impact of Remittance on Poverty and Inequality: a micro-simulation study for Nepal", *Asian Journal of Empirical Research,* vol.3, no.9 (2013).

44 '훈디'는 '모으다'는 뜻의 산스크리트이며 아랍어로는 '하왈라'(hawala)로 불린다. 송금하는 노동자는 체류지 국가의 IMTS 업자에게 현지 화폐로 송금하고 본국의 IMTS 업자는 현지 화폐로 송금자의 가족원에게 송금한다. Pokharel et al., (2012).

45 현재 한국에 EPS로 입국해 사업장에 배정된 네팔 노동자의 수가 약 2만 명이고 이들이 매월 평균 100만원을 송금한다고 가정할 때, 매월 대략 200억의 현금이 공식적 또는 비공식적 채널을 통해 네팔 가족에게 송금된다고 추정된다.

로 실시한 기존 연구[47]의 조사 대상 60%는 훈디를 이용한다. 그러나 본 연구의 설문지 응답자와 심층인터뷰 자료를 토대로 볼 때 이보다 훨씬 높은 비율이 훈디를 주요 송금 수단으로 이용하고 있는 것으로 추정된다.[48]

설문지 응답자의 월 평균 송금 액수는 적게는 70만원에서 많게는 170만원으로 큰 차이를 보인다. 약 12.5%에 해당하는 6명의 응답자는 매월 150만 원 이상을 송금하지만 약 반수에 가까운 49%는 100-120만 원을 송금하며 대부분의 심층인터뷰 대상도 이 범위 내에서 송금한다.[49] 네팔 노동자의 가족 구성원 내 송금 대상은 결혼 유무와 가구 유형과 연관된다. 미혼자 대부분의 송금 수령자는 부모다. 미혼자 대부분은 부모에게 전액을 송금하지만 일부는 형제자매계좌, 본인과 가족의 '공동예금계좌'joint account, 본인계좌에 송금한다. 부모에게 송금하는 것은 일종의 효도의 표현이며, 여기에는 타국에서 고생해서 번 돈을 '허투루' 사용하는 부모가 없을 것이라는 믿음이 기초한다.

설문지와 심층인터뷰 대상 가운데 기혼자의 대부분은 부인의 계좌

46 인터뷰 대상자들이 매월 100만원을 송금할 때 양국 은행의 수수료는 약 7만원에 해당된다. 네팔의 교사 월급이 한화로 15-20만원인 점을 감안할 때 매월 7만원은 적지 않은 금액으로 인식될 수도 있다. 본 연구 대상은 낮은 수수료 지출과 빠른 속도의 송금처리 때문에 IMTS를 선호한다고 주장하며, 이러한 주장은 기존 연구에서도 발견된다. Pokharel et al., (2012).

47 Pokharel et al., (2012).

48 설문지 응답자 전체의 65%가 훈디를 이용하고 있다고 밝히지만 20명의 심층인터뷰 대상 가운데 단 한 명을 제외한 모든 사람이 훈디를 이용하고 있는 점을 감안한다면 설문지 응답자보다 더 높은 비율의 네팔 노동자가 훈디를 통해 송금하고 있는 것으로 추측된다.

49 제조업과 농업부문 종사자의 기본급이 110만원이고 20-50만원 범위의 잔업수당을 받기 때문에 대부분 네팔 이주노동자는 현지 생활비를 제외하고 100-120만원을 송금하는 것으로 추측된다.

로 송금한다. 그러나 갓 결혼한 부부나 시부모와 함께 사는 사례는 부모의 계좌로 송금한다. 연합가족 형태의 며느리는 자유롭게 송금을 사용할 수 없다. 그러나 연합가족 내 다른 가족원이 남편 부재에서 발생하는 자녀교육과 가사 부담을 분담해 준다. 한편 핵가족으로 분가한 부인이 송금을 수령하는 경우 가정경제를 관리하는 역량은 강화되지만 자녀교육, 자녀와 시부모 돌봄, 가사 등으로 실질적인 가장 역할을 해야 하는 부담에 직면한다.[50] 송금액의 지출 결정권은 송금 수령자에게 있는 것이 일반적이지만, 송금 수령자가 부인일지라도 자녀교육비와 일상적 지출을 제외하고 '큰돈' 지출에는 반드시 송금자인 남편 또는 시부모와의 상의가 요구된다. 그럼에도 불구하고 일반적으로 송금수령자가 부인일 경우 '가계출납 관리자'manager of the purse로서의 여성의 역할은 강화되기 마련이다.[51]

송금지출 용도는 주로 가옥 수리 및 신축, 주택지 또는 토지 구입 등 자산 구입 및 유지비용, 일상적인 생활비와 자녀 교육비, 의료 및 의례 비용(여자 형제 결혼비용 등), 미래 사업개시를 위한 저축 등이다. 2011년에 입국한 M씨(29)의 지난 4년 동안의 송금액은 여동생 결혼비용지출(약 600만원), 주택지 평토화 작업(약 500만원), 철물점 가게 구입(약 2천만 원)에 지출되고 현재 본인 계좌에 약 1,300만원이 남아 있다.[52] 송금의 지출 규모는 개별 가정에 따라 차이가 있지만 거의 모든

50 Thieme & Wass, (2005); Gartaula et al., (2012).

51 Vogel A. & Kim, K. "Passing by the Girls? Remittance Allocation for Educational Expenditures and Social Inequality in Nepal's Households", 2003-2004, *International Migration Review,* vol.46, no.1 (2012). p.70.

52 2012년에 입국한 I씨(40세)는 한국에 온지 2014년 6월 기준 2년 2개월 됐는데, 지금

경우 일상경비 지출 외에 자녀 교육의 질을 향상(공립학교에서 사립학교로 진학시키는 일)시키며,[53] 가족의 의료시설 방문빈도(자녀와 노부모의 병원 방문빈도)를 높이는 등 가족원에 대한 돌봄 실천에 지출된다. 국외 자녀의 송금은 특별히 노부모의 의료복지 향상에 기여한다. 최근 해외 자녀의 송금으로 사설병원 의료서비스 수혜를 받는 노부모의 수가 크게 늘고 있다.[54] 일반적으로 경제적 형편이 닿는 한 정부병원이 아닌 의료서비스의 질이 좋은 사설병원에서 치료받고자 하는 경향이 있는데, 2010년의 경우 전체 환자의 63%가 사설병원에서 진료 받았다.[55]

정보통신기술(ICTs)과 정서적 지지 교환

통신수단의 혁신적 발달은 물리적 거리를 압축함으로써 '거리의 소멸'the death of distance을 가져왔으며,[56] 이는 초국적 가족관계 유지에도 크게 기여한다. 유무선 통신 수단은 초국적 이주자와 모국의 가족을 연결해 주는 '사회적 접착제'social glue 역할을 한다.[57] 정보통신기

까지 한화 약 2천 5백만 원을 송금했다. 아버지 병원비 1백 50만원과 자녀 학비와 일상 생활비로 약 1천만 원, 2-3개월에 1회씩 부모님께 10만원을 송금한 것을 제하고 현재 본인 통장에 약 1천 5백만 원의 잔고가 있다.

53 송금이 자녀교육의 질적 향상에 크게 기여하는 것은 분명하다. 기존 연구는 송금이 자녀교육에 긍정적으로 작용하는데, 여아보다 남아에게 더 큰 혜택이 돌아가기 때문에 성별에 따른 차별이 있다고 주장한다. 그러나 본 연구의 모든 심층인터뷰 대상은 아들과 딸을 차별하지 않고 모두 사립학교를 보내고 있다. Vogel & Kim, (2012).

54 Bhattarai (2013), p.245.

55 Central Bureau of Statistics (2011).

56 Cairncross, F. *The death of distance: how the communications revolution will change our lives* (Boston: Harvard Business School Press, 1997).

57 Vertovec, S. "Cheap Calls: the social glue of migrant transnationalism", *Global Networks*,

술(ICTs)은 국경을 넘어 사회적 네트워크 유지 또는 '친족 업무'kinwork에 주요한 역할을 한다. 돌봐야 할 자녀를 본국에 남겨 두고 서구 선진국에서 가사노동 하는 제3세계 출신 여성이주노동자는 ICTs를 통해 텍스트, 사진, 통화, 화상통화로 초국적 '모성'을 표현하고, 일상적인 돌봄 실천을 함으로써 초국적 '어머니노릇'을 한다.[58] 멀리 떨어져 있는 이주자 어머니가 자녀의 일상적 삶에 지속적으로 개입하고 있는 바를 '부재적 존재'absent presence라 지칭한 페티에라Pertierra[59]는 ICTs의 혁명적 발달은 이주자의 '여기와 저기의 동시존재'를 가능하게 했다고 주장한다. 해외 체류 어머니는 ICTs를 통한 가상공간에서 아이의 학교 숙제에 대한 조언을 하는 등 자녀의 교육과 양육에 관여한다.[60]

정보통신과 그 시장 현황의 절대적 기준으로 보면 네팔의 ICTs 환경은 세계 평균에 크게 밑돈다. 그러나 네팔의 ICTs 환경은 정부 의지와 외부 원조로 지속성장하여, 2008년 인구 100명당 이동통신 가입자 비율 14.53%에서 2011년 53.39%(가입자 1천 4백만 명)로 급증하는 등

---

vol.4, no.2 (2004).

58 Hondangneu-Solelo & E. Avila, *Mothering and Ambivalence* (London: Routledge, 1997); Parrenas, R.S. *Servants of Globalization: Women, Migration and Domestic Workers* (Stanford: Stanford University Press, 2001); Parrenas, R.S. "Long distance intimacy: class, gender and intergenerational relations between mothers and children in Filipino transnational families", *Global Networks,* vol.5, no.4 (2005): Schmalzbaur, L. "Searching for Wages and Mothering from Afar: the case of Honduran transnational families", *Journal of Marriage and Family*, vol.66 (2004); Dreby, J. "Children and Power in Mexican Transnational Families", *Journal of Marriage and Family*, vol.69 (2006).

59 Pertierra, R. "Mobile phone identity and discussive intimacy", *Human Technology*, vol.1, no.1 (2005).

60 연구 대상 네팔 이주남성노동자 가운데 본국의 자녀 교육과 양육 및 부모에 대한 돌봄에 대해 자신의 부재로 인해 발생하는 문제를 심각하게 고민하는 사례를 거의 찾아볼 수 없었다. 네팔 사회에서 자녀와 부모의 돌봄은 일상적으로 여성의 재생산 노동이라 간주된다.

이동통신 이용자 수가 크게 증가했다. 2008년 인구 100명당 인터넷 가입자 비율은 1.73%에 그쳤지만 2011년에는 16.67%(가입자 약 400만 명)로 급성장했다. 이동통신과 인터넷 가입자 수의 증가세와는 달리, 유선전화의 회선 수는 2008년 2.79%에서 2011년 3.19%로 소량 증가했으며 이는 유선전화가 차지하는 비중이 네팔 전체 통신 시장에서 극히 미미함을 말한다.[61]

설문지 조사 및 심층인터뷰 대상 가운데 상점을 운영하는 소수를 제외하면 유선전화 소유자는 거의 없다. 반면 조사 대상 가족원의 약 과반수 이상은 셀 폰cell phone을 이용한다. 열악한 전력상황을 감안할 때 와이파이를 통한 무선 ICTs 이용의 일반화는 해외 체류 가족원과 네팔 가족원 간의 초국적 커뮤니케이션에 매우 효율적으로 작용한다. 그러나 모든 네팔인이 ICTs를 동등하게 이용하는 것은 아니다. 해외 이주노동자를 두고 있는 가구의 ICTs 접근성은 그렇지 않은 가구에 비해 훨씬 더 높기 때문이다. 특별히 한국에 이주 가족원을 두고 있는 네팔 가정의 스마트 폰 이용비율은 상대적으로 높을 것으로 추정된다. 이는 한국 내 네팔 이주자가 고향방문이나 국제택배를 통해 본국 가족에게 중고 스마트폰을 보급하기 때문이며, 스마트 폰은 젊은 층의 네팔인에게 최고의 선물로 간주된다. 모국을 방문한 7명의 인터뷰 대상 모두 적게는 5대에서 많게는 15대의 중고 스마트 폰을 가져간 바 있다. 기종에 따라 가격이 다르지만 대략 10-30만 원 정도의 중고 스마트 폰은[62] 네팔에서 가장 각광받는 선물이다. 스마트 폰을 받은 부

61 홍승연, "네팔 통신시장 현황", 『정보통신 동향』 제24권 17호(2012).

62 광주·전남 지역의 이주노동자가 일요일에 가장 자주 방문하는 곳은 광주광역시 전

인과 형제자매는 모바일 인터넷 시대를 연 스마트 폰을 이용한 바이버viber[63] 문자와 톡, 페이스 북, 스카이프 등의 모바일 서비스를 통해 한국 내 이주노동자와의 '가상적 친밀성'virtual intimacy을 강화한다.

네팔 이주노동자가 ICTs를 이용해 네팔 가족과 가상공간에서 만나는 일은 이제 일상이 되었다. 스마트 폰과 컴퓨터로 국제전화카드를 사용하면 싼 값으로 네팔과 한국 간 국제통화가 가능하며, 요즘은 국제전화 통화 품질이 우수하기 때문에 전화카드는 네팔 노동자와 가족 간의 통화에 가장 많이 사용된다.[64] 특히 기혼 이주자 부부에게 화상대화가 가능한 스카이프Skype는 크게 선호되는데 떨어져 있는 가족원의 모습과 목소리를 동시에 느낄 수 있기 때문이다. 네팔에 컴퓨터가 없거나 있더라도 구릉지에 거주하기 때문에 인터넷 라인설치가 어려운 경우 부인은 시내 사이버카페에서 유료로 스카이프를 한다. I씨(40세)는 매주 부인과 스카이프 하는 시간을 정했다. 부인은 포카라 시내의 사이버 카페에 내려와 I씨와 약 2시간 동안 스카이프로 화상대화를 한다.[65]

자종합상가인 '금호월드' 2층 중고 스마트 폰 상점들이다. 일요일에는 네팔 노동자를 포함한 각국 이주노동자가 중고 스마트 폰 구입을 위해 장사진을 치고 있으며, 상가마다 다양한 국가의 언어로 중고 스마트 폰 판매를 위한 광고문구가 가득하다.

63 한국인이 '카카오 톡'(kakao talk)을 주로 이용해 문자와 대화를 나누듯 인도와 네팔에서 가장 인기 있는 스마트폰 메신저 서비스는 '바이버'(viber)다.

64 2만원 국제전화카드로 네팔 가족원과 약 85분 이상 통화할 수 있다. 대부분 국제통화카드비로 월 2만원을 지출하고 전화카드는 광산구 내에서 쉽게 볼 수 있는 '아시안 마트'에서 구매한다. 네팔 가족원이 한국으로 전화하는 일이 잦은데 네팔에서 한국으로 전화할 때의 비용(80원/분)이 한국에서의 비용(90원/분)보다 더 저렴하기 때문이다.

65 I씨 집은 포카라 시내와 불과 500-700m 떨어져 있지만 구릉지에 위치해 유선전화 설비조차 어렵고 자신의 집과 약 50m 거리에 있는 부모님 집에도 유선전화가 없다. I씨 부인은 자녀와 함께 포카라 시내 사이버카페에서 월 1회 한 시간에 한화로 약

이주노동자는 일 시작 후 1-2개월 지난 다음 월급으로 스마트 폰을 구입한다. 스마트 폰은 시·공간 제약을 넘어 가족과 문자, 대화, 사진 교환이 가능하게 하기 때문에 이들에게 필수품이다. 모든 네팔 이주노동자는 기숙사에서 와이파이를 이용할 수 있다. 회사가 인터넷 요금을 지원해 주거나 공동 거주하는 동료들이 비용을 분담한다. 이주 노동자의 스마트 폰 사진 갤러리에는 그리움을 달래기 위한 가족사진이 가득 있다. 이들은 일과가 끝나는 밤 시간에 가족과 통화한다. 네팔과의 3시간 시차를 고려해 한국 시간 밤 9-10시경(네팔 저녁 시간 6-7시)은 가족과의 통화에 가장 이상적인 시간대다. 기혼 노동자는 하루에 한 번 이상 부인과 스마트폰 메신저 서비스를 이용하거나 직접 통화를 하며, 부모형제와는 주 1회 정도 연락한다. 한국의 네팔 노동자와 네팔 가족원은 서로 멀리 떨어져 있지만 다양한 ICTs를 통해 가상적 공간에서 가족과의 친밀함을 나눈다. 특히 스마트 폰은 문자, 목소리, 사진 등의 메타 자료의 교환을 통해 한국과 네팔의 초국적 가족원 간의 감정을 알아내고 느낌을 깊이 있게 표현할 수 있는 가장 선호되는 매체다.

모국 방문

가족원에 대한 돌봄은 일반적으로 동일 공간이나 가까운 거리에 있는 것을 전제로 하는 경향이 있다. 부모와 자녀를 위한 식사제공,

1,000원하는 스카이프 이용료를 내고 매번 2시간 이상 1씩 화상통화를 한다.

간병, 노동, 양육 등에 관한 물질적이고 정서적인 지지가 돌봄 행위로 간주된다. 송금으로 가족원의 교육과 의료뿐만 아니라 생활 전반의 객관적 복지는 좋아졌지만 부모와 부인 등 남아 있는 가족원의 주관적 복지는 향상됐다고 말하기 어렵다. 특히 남편 이민 후 홀로 남는 부인에게 가사, 자녀교육, 농사, 돌봄 노동 등이 과중할 때 더욱 그렇다. 결혼한 직후 남편이 국제이주하거나 결혼기간의 많은 시간을 해외에서 보내는[66] 경우 남편 부재로 인한 부인의 주관적 복지는 크게 추락한다.

한국 내 이주노동자 가족원의 한국 방문비자 취득은 거의 불가능하다. 따라서 가족 간의 오프라인에서의 만남은 이주자 본인의 모국 방문 외에 다른 방법이 없다. 모국 방문이야말로 질적으로 가장 높은 돌봄 실천이지만 모국 방문에는 사업장 일 물량과 당사자의 경제적 형편이 고려돼야 하는데, 특히 막대한 경비지출은 큰 부담이 아닐 수 없다. 무노동 기간 동안 지급되지 않는 급여(기본급 110만 원 이상), 항공료(약 140만 원 이상), 선물 구입비용, 네팔 체류 기간 동안의 지출 등을 포함하면 한 달 네팔을 방문할 경우 통상 400만-500만원의 경비가 지출된다. 이 때문에 '돈 벌기 위해' 타국에서 일하는 이주노동자가 큰돈을 들여 경조사나 응급상황이 아닌 휴가를 목적으로 모국방문하는 일은 쉽지 않다.

66 인터뷰 대상 T씨(30세)는 2006년 결혼 후 20일 뒤 두바이로 이주한 후 다시 카타르를 거쳐 한국으로 이주했으며, I씨(40세)는 결혼생활 17년 동안 말레이시아 2회 그리고 한국으로의 이주를 합쳐 현재까지 10년째 부인과 떨어져 결혼생활하고 있다.

| 그림 7-2 | 네팔 이주노동자(오른쪽에서 두 번째)가 모국을 방문해 가족과 즐거운 시간을 보내고 있다.

설문지 응답자의 약 23%에 해당하는 11명(기혼 5명, 미혼 6명)과 7명의 인터뷰 대상(기혼 5명, 미혼 2명)[67]은 경조사와 휴가 차 네팔을 방문한 적이 있다. 거의 모든 미혼 연구 대상은 응급상황이 아닌 상황에서 막대한 경비가 지출되는 네팔방문을 비합리적 행위라 생각한다. 이런 그들도 최소 1년에 한 번은 부인과 자녀를 만나는 기혼 남성을 '정상적' 가장으로 여긴다. 2008년부터 매년 네팔을 방문해 온 기혼자 J씨(30세)의 모국방문에 대한 다음의 개인적 소회는 다른 방문자와 크

67 미혼 2명 가운데 2012년 입국해 2013년 12월에 50일간 네팔에 체류한 O씨(26세)는 겨울철에 일감이 없어 사장의 강권에 의해 모국을 방문했다. 2012년에 입국해 2013년 12월에 네팔을 방문한 K씨(25세)는 방문기간 내에 결혼했다.

게 다르지 않을 것으로 짐작된다.

> 가족과는 돈이 들어가도 직접 만나는 것이 중요하다. 1년에 한 번씩 나의 모국 방문으로 가족 모두(부모, 부인과 자녀)가 행복했다. 네팔 공기도 마시고 가족과 네팔음식을 먹게 되면 그간의 한국에서의 피로가 달아나는 것 같았다. 특히 아이들에게 아빠의 존재를 가끔 느끼게 하는 것은 중요한 일이다. 집에 가서 한 달이라도 쉬고 오면 몸이 좋아지고 여러 가지가 좋아진다. 다녀 온 뒤 한국에서 다시 일하면 기분이 신선해져 있는 것 같다.

방문 목적을 떠나 이주 노동자의 고향방문은 부모와 자녀에 대한 돌봄 실천의 기회가 된다. 햇수로 한국생활 3년째에 접어든 F씨(41)는 2012년 2월 모친의 갑작스런 사망으로 29일 동안 네팔에 다녀왔다. 남매 중 맏이인 F씨는 네팔에 부인과 두 명의 자녀를 둔 가장으로 한국 입국 전에 포카라에서 부모를 모시고 살았다. 모친 사망 때에는 경황이 없었지만, 2013년 2월 모친 사망 1주기 제사를 위한 방문 시에는 다양한 선물을 준비했다. 9개의 중고 스마트 폰 외에 부인, 두 자녀, 부친, 여동생 가족에게 줄 선물도 준비했으며, 두 번째 방문 때는 친인척 집을 두루 방문했다.[68]

2012년에 한국에 온 I씨(40)의 남동생은 형보다 1년 빠른 2011년에 EPS로 입국해 현재 의정부 사업장에서 일한다. I씨는 2013년 7월 네팔 방문 시 스마트 폰 4개와 부인에게 줄 샴푸와 화장품, 부모님 의류,

---

68 네팔 방문 때 찍은 기념사진을 스마트 폰 갤러리에 보관하고 있는데, 특히 돌아가신 어머니 생각이 날 때마다 스마트 폰 속의 어머니 사진들을 본다.

한국산 숄 20개를 선물로 가져갔다. I씨의 의정부 남동생은 2012년에 네팔 최고의 힌두 축제인 '다사인'Dasain[69]에 맞춰 한 달 휴가를 다녀왔고, 2014년 6월 중순에 두 번째의 네팔방문 길에 올랐다. I씨는 남동생 편에 부인용 디지털 카메라와 부모님께 드릴 용돈 전달을 부탁했으며, 본인의 두 번째 네팔 방문은 2015년 3월에 계획하고 있다. 일부 이주자가 다사인처럼 중요 축제에 맞춰 모국방문을 할 경우 큰 규모의 축제 비용과 선물 제공을 통해 과시적 소비를 함으로써 '성공한' 이주자 면모를 드러낸다.

11명의 미혼 심층인터뷰 대상의 평균 연령은 26.2세인데 이중 2명은 30세다. 이들의 부모는 한국의 아들에게 전화할 때마다 결혼하라 채근한다. 2013년에 네팔을 방문한 K씨(25세)는 교제 중이던 여성과 결혼한 후 한국으로 귀환했는데, 일부 미혼 이주자는 방문 중에 K씨처럼 결혼한 후 홀로 귀환한다. 2012년에 한국에 입국한 기혼자(2008년 혼인) N씨(32세)는 2012년 휴가차 네팔을 다녀온 후 임신한 부인이 2013년 8월에 아들을 순산했다. 부인은 수시로 아이사진을 N씨에게 스마트 폰으로 전송하는데 요즘 N씨는 아이사진 보는 맛에 산다. K씨와 N씨처럼 모국 방문은 새로운 가정과 가족원의 탄생도 가져오며, 이는 이주자의 '자녀노릇'과 '가장노릇'의 하나인 셈이다.

---

69 7명의 네팔 방문 심층인터뷰 대상 가운데 2명은 '다사인' 축제에 맞춰 휴가를 다녀왔다. 이 기간에 모국 방문을 하면 국내외로부터 친인척과 친구가 고향을 방문하기 때문에 한꺼번에 많은 사람들을 만날 수 있다. 매년 9월-10월에 있는 '다사인'은 네팔에서 가장 성스럽고 중요한 힌두 축제다. 약 2주 동안 행해지는 다사인은 두루가(Durga) 여신을 숭배하는 축제로서 네팔 힌두들은 이 축제를 가족과 함께 지내기 위해 살고 있는 지리적 거리를 불문하고 자신의 고향의 가족과 친척을 방문한다. 축제 기간 약 1주일 동안 모든 관공서 등이 휴무상태에 들어가며 직장에서는 직원들에게 보너스를 준다.

맺는말

현재 네팔 전체 가구의 약 1/3은 해외에 초국적 가족원을 두고 있다. 대개 이주노동자인 한국 체류 네팔인도 네팔 초국적 가족원의 일원이다. 국제이주자의 초국적 가족과의 사회·문화적, 경제적 상호관계에 대한 기존 국내 연구의 주요 대상은 결혼이주여성이었으며, 글로벌 이주로 발생한 이주노동자를 대상으로 삼은 연구는 거의 전무하다. 한국인과 가정을 이뤄 한국에서 체류할 결혼이주여성과는 달리, 이주 동기가 '돈 벌기' 위한 것으로 분명하고 가족동반이 허용되지 않은 독신으로 길게는 약 5년 동안 체류한 후 본국으로 귀환되는 '잠정적 체류자'로 인식되는 이주노동자의 본국 가족과의 초국적 유대는 국내 학계의 학문적 대상으로 주목받지 못했다.

네팔의 불안정한 정치·경제적 환경으로 네팔경제가 송금경제로 변환된 지 오래다. 네팔 이주노동자가 고용허가제(EPS)로 국내에 입국해 장시간의 노동과 다양한 인권침해에 침묵하면서 한국에서 약 5년 노동하는 것은 평범한 네팔인이 '네팔에서 평생 일해도 손에 쥘 수 없는' 재화축적의 기회가 되는 것은 분명하다. 부모와 자녀를 돌봐야 할 성인자녀 또는 개별 가구의 가장으로서 가족원의 복지향상의 의무에 떠밀려 한국에 온 네팔 이주노동자는 송금 형식의 경제적 지원, ICTs를 이용한 정서적 지지의 교환, 직접적인 모국 방문 등 일련의 초국적 돌봄 실천을 통해 네팔 가족과의 초국적 유대를 유지한다.

본국 가족에 대한 초국적 돌봄의 핵심은 네팔 이주노동자의 송금이며, 혼인과 축제 등의 의례비용으로 지출되거나 과시적 소비성향으로 흐르는 등 송금의 비생산적 지출에도 불구하고, 송금은 무엇보다 가족원의 교육·의료복지와 생활수준 향상에 지대한 기여를 한다. 네팔의 열악한 전력과 유선통신 인프라는 오히려 무선통신의 급속한 보급과 그 의존도를 높였다. 스마트 폰으로 대표되는 ICTs 기술과 저렴한 국제통화료의 만남으로 국내 네팔 이주노동자는 네팔의 가족과 온라인을 통해 일상을 공유한다. 특히 이주노동자 가족원에 대한 스마트 폰 보급과 이의 상용화는 한국과 네팔의 초국적 가족원의 일상과 감성이 목소리, 이미지, 텍스트를 통해 전달됨으로써 이들 간의 '가상적 친밀함'의 농도가 한껏 높아졌다. 네팔의 열악한 복지 인프라로 인해 노부모와 자녀의 돌봄 노동은 가족원의 몫이다. 외국 체류로 부모와 자녀에 대한 일상적 돌봄 실천이 어려운 국내 네팔 이주노동자는 모국방문을 열망한다. 기혼자는 막대한 방문비용을 무릅쓰고라도 한국 체류 기간 동안 최소 1-2회 이상 네팔을 방문한다. 이들의 모국방문은 부모에 대한 돌봄 실천의 기회가 되며, 남편 부재로 중층적 짐을 지는 부인에 대한 위로의 시간이자, 본문의 J씨(30세)처럼 이주노동자 본인에게는 심신의 힐링과 재충전의 시간이다.

인류학자로서 필자는 3개월의 연구 기간 내내 기숙사 내의 네팔 이주노동자의 삶에 대한 참여관찰과 교회와 휴게공간에서의 심층인터뷰를 통해 네팔 이주노동자의 국경너머 가족원에 대한 일체감과 소속감뿐만 아니라 절절한 정서적 그리움을 느낄 수 있었다. 열악한 국가 경제 때문에 이국땅으로 국제 이주하는 일은 이제 네팔 사회에서 너무 자연스런 삶의 한 부분이 되어 이른바 '이주의 문화'[70]로 자리 잡았다. 네팔과 한국이란 물리적 경계를 중심으로 서로 떨어져 있는 네팔 초국적 가족원은 경제적 지원, 정서적 지지 교환, 직접적인 만남을 통해 가족감정과 가족유대를 초국적 상황에서 유지하고 있다. 네팔 이주노동자를 비롯한 다양한 국적의 이주 노동자가 행하는 초국적 가족유대에 대한 지속적인 연구는 기존의 국내 가사이주노동자와 결혼이주여성을 대상으로 수행해 온 초국적 가족과 돌봄에 관한 연구지평에 다양화를 추구할 수 있을 것으로 사료된다.

70 국제이주가 특정 커뮤니티에 지배적으로 자리 잡아가면 해당 커뮤니티의 가치와 문화적 개념은 미래의 이주 가능성을 높이는 방향으로 변화되어 간다. '이주문화'가 형성되면 국제이주는 해당 커뮤니티의 구성원에게 일종의 통과의례로 자리 잡는다. '이주문화'가 팽배해 있는 지역에서는 이주자를 한 명이라도 두고 있는 가족은 '정상적인' 가족으로 인정받는 경향이 있다. 김경학, "국제이주와 편자비의 '이주문화'", 『국제지역연구』 제11권 3호(2007), pp.65-66.

광주지역 한족 결혼이주여성의 초국적 가족 유대

단효홍 (전남대학교 대학원 디아스포라학협동과정 박사과정)
김경학 (전남대학교 인류학과 교수)

본 연구는 그간 결혼이주여성의 연구에서 활발하게 다루어지지 않았던 중국 한족 출신 결혼이주여성을 연구대상으로 삼고 있다. 이 연구의 주요 목적은 한족 결혼이주여성이 한국과 중국 간에 구축한 초국적 가족유대의 성격을 파악하는 데에 있다.

서 론

1992년 한중수교 이래 취직·유학·결혼 등의 목적으로 한국으로 유입하는 조선족과 한족 등 중국 국적자의 수는 지속적으로 증가해, 2015년 1월 31일 현재 918,951명의 중국인이 한국에 체류하고 있다. 이 가운데 조선족 595,810명을 제외한 323,141명의 중국인은 대부분 한족으로 추정된다.[1] 중국 조선족의 한국으로의 대량 유입은 동북 3성을 중심으로 거주했던 중국 조선족 동포사회의 공동화(空洞化)의 주요 요인이 되고 있다. 1990년대 초반 이래 한국 남성과의 결혼으로 한국에 입국한 조선족 결혼이주자와 그 친인척 방문자로 구성된 조선족 사회는 2007년 재외동포에 대한 '방문취업제' 실시 후 입국자에 다변화가 일어났다. 과거 결혼이 가장 안전하고 편안한 한국입국의 통로가 되었던 것과는 달리, 방문취업비자(H-2)를 이용해 입국하는 조선족이 급증하면서 조선족 결혼이주여성의 비율은 오히려 점차 줄고 있다.

한편 한·중 수교 이후 중국사회와 한국사회 간의 교류가 늘어나면

1 출입국·외국인정책본부, 『외국인 체류관리현황: 1월 통계월보』 (2015).

서 중국 한족 입국자 수도 점차 증가했다. 한족 여성에게 국제결혼은 여전히 가장 쉽고 안전한 한국으로의 입국 통로가 되고 있다. 2014년 12월 31일 출입국·외국인정책본부 통계에 따르면 외국 출신 전체 '국민의 배우자' 149,165명 가운데 중국 출신은 40.47%인 60,369명으로 다른 국가 출신에 비해 절대적으로 높은 비율을 차지하고 있다. 이들 중국인을 조선족과 한족으로 구분하여 살펴보면, 조선족 여성은 40%에 해당하는 24,560명인데 비해 한족 여성은 약 60%에 이르는 35,809명로서 한족 여성이 약 10% 더 많은 것을 알 수 있다. 이는 전체 중국 출신 국민의 배우자 가운데 한족 출신 여성이 한국의 남성과 더 많이 결혼하고 있음을 말한다.

그러나 중국 한족 출신 여성의 한국 남성과의 국제결혼 비율이 다른 집단보다 상대적으로 높은 현실과는 달리 지금까지 중국 한족 출신 결혼이주여성을 다룬 결혼이주여성에 대한 기존 연구는 극히 소수에 불과하다. 중국 고학력 결혼이주여성을 대상으로 한 조경민의 연구는 중국의 고학력 결혼이주여성이 상호이해가 바탕이 된 가정생활을 하고 있음을 보여준다. 이들 결혼이주여성은 가족 내 평등한 관계 속에서 개인주의적 신념을 보이고 있으며, 이러한 가정생활을 바탕으로 사회적 관계를 맺어가고 있다.[2] 장삭맹(張蒴萌)은 한국에 유학 온 중국 유학생 가운데 한국 남성과 결혼한 한족 출신 여성을 대상으로 결혼생활 전반에 걸쳐 나타나는 감정, 태도, 경험 등을 분석함으로써 그들이 주관적으로 느끼는 부부생활 만족도를 연구했다. 이 연구는

2 조경민, 『고학력이주여성의 한국생활 적응에 관한 연구: 중국 한족출신 결혼이주여성을 중심으로』 경희대학교 석사학위논문(2010).

결혼 배경, 문화적 적응, 경제적 수준, 사회적 지지의 네 가지 요인이 한족 출신 결혼여성의 부부생활 만족도에 큰 영향을 미치고 있음을 규명한 바 있다.[3] 문경연은 최근 국제결혼의 이혼이 급증하고 있는 현상에 주목하며 특별히 중국 한족 결혼이주여성들의 이혼 현상을 고찰했다. 이 연구는 한족 출신 여성들의 결혼에 대한 인식과 동기, 결혼생활 가운데 경험하는 갈등 상황 등이 이혼과 어떠한 관계를 가지고 있는지에 주목하고 있다.[4] 이진연은 서로 다른 문화적 배경을 가진 중국한족 이주여성과 한국인 남편의 부부갈등에 사회·인구학적 특성, 결혼과정, 의사소통, 가사노동분담 등의 요인들이 미치는 영향을 분석하고 있다.[5]

강미선은 1990년대 결혼이주여성에 대한 연구 초기에 조선족 여성에 대한 연구가 주를 이루다, 2000년대 들어 동남아 여성에 대한 연구로 흐름이 바뀌면서 중국 한족 출신 여성은 주목을 받지 못한 측면이 있다고 주장한다.[6] 사실 한국사회에서 결혼이민자 여성에 대한 연구는 거의 조선족과 동남아 출신 여성 이민자를 대상으로 한 연구라 말해도 과언이 아니다. 국적은 동일하나 민족적 배경에서 차이가 있는 한족 여성과 조선족 여성의 한국 결혼생활에서의 적응과정에 있어서

3 張蒴萌, 『국제결혼 부부생활 만족도에 대한 사례연구 : 한국에 유학 온 중국 한족여성 중심으로』 경희대학교 석사학위논문(2013).

4 문경연, "'국민의 배우자'를 벗어난 여성들: 한족 결혼 이주 여성들의 결혼과 이혼 사례를 중심으로", 『한국문화인류학』 제44권 2호(2011).

5 이진연, 『한국인 남성과 결혼한 중국 한족 이주여성의 부부갈등에 관한 연구』전남대학교 석사학위논문(2013).

6 강미선, 『국제결혼 여성들의 가족생활과 경제활동에 관한 비교연구: 도시에 거주하는 중국조선족과 한족을 중심으로』. 서울대학교 석사학위논문(2013), p.9.

의 차이를 다룬 연구[7]에 따르면 조선족에 비해 한족 여성들이 가정생활과 경제 영역에서 가부장적 질서와 남녀 불평등 구조에 대해 더 적극적으로 문제를 제기하는 경향이 있음을 밝히고 있다. 조선족 이주여성 중심으로 진행된 기존 결혼이주여성 연구에 한족 출신 여성에 대한 연구가 보완된다면 중국 출신 결혼이주여성의 한국에서의 결혼생활을 보다 총체적이고 비교론적 관점에서 이해할 수 있으리라 기대된다.

최근 일부 연구자가 한국가족과 모국에 남아 있는 가족들 사이를 매개하는 '초국적 가족'transnational family의 일원인 결혼이주여성이 사회·경제적인 차원에서 초국적 돌봄을 수행하는 양상에 주목할 것을 주문하고 있다. 허(오)영숙은 결혼이주여성들이 본국 가족에 대해 송금, 가족 초청을 통한 임금노동 기회 제공, 물품 제공 등의 형식으로 본국 가족을 지원하고 있음에도 불구하고, 한국 가족 내 권력관계에서 불리한 위치에 있는 이들 결혼이주여성의 본국 가족 지원 행위는 사회적으로 잘 드러나지 않는다고 주장한다. 결혼이주여성의 본국 가족 지원 행위의 구체적인 양상을 제시하면서, 이 연구는 이를 둘러싸고 전개되는 결혼이주여성과 한국 가족원들 사이의 갈등과 협상을 규명하고 있다.[8] 김혜선은 '초국적 가족'이 형성되는 과정과 초국적 네트워크를 통해 유지되는 가족유대를 연구했다.[9] 초국적 가족 관계는 국가의 경계를 넘어서 가족 네트워크가 형성되고 가족 유대가 유지되

7 강미선(2013); 張晓伟, 『한국(韓國)과 중국(中國) 다문화가족 연구: 한족가족(漢族家族)과 조선족가족(朝鮮族家族) 비교를 중심으로』. 한서대학교 석사학위논문(2013).

8 허(오)영숙, 『결혼이주여성의 본국 가족 지원』(서울: 한울아카데미, 2013).

9 김혜선, 『글로벌 이주와 초국적 가족유대』(서울: 이담북스, 2014).

는 등 이주로 인한 가족관계의 역동적인 측면을 보여주고 있다. 결혼이주여성은 본국의 가족과의 유대를 유지하면서 친정 부모 초청이나 친척들의 연쇄 이주를 불러오는 등 다양한 사회적 네트워크를 만들어 가면서 이를 사회적 자본으로 활용하고 있다.

대부분의 결혼이민자에 대한 기존 국내 연구는 한국사회 내에서의 여성 이민자의 적응실태, 한국 사회의 지원 정책, 다문화 사회에 진입하면서 한국사회가 직면하고 있는 사회통합 등 다양한 문제를 다루고 있다. 그러나 결혼이주여성 스스로가 본국과 한국 사이에 사회·문화적 차원에서 '끼여 있는' 존재임에도, 이들 연구들은 이주여성의 본국 가족원과의 초국적 가족유대의 유지에 대해 거의 학문적 관심을 두지 않았다. 결혼이주여성은 한국 가족과 본국 가족 사이에 위치한 이러한 이중적 위치로 인해 본국 가족의 딸로서의 의무와 책임의식을 여전히 지니고 있는 존재다. 이러한 현실에도 불구하고 결혼이주여성에 대한 대부분의 연구는 초국적 가족유대의 성격에 대해서는 본격적인 논의를 하지 않고 있다. 사실 기존 초국가주의에 대한 연구는 공적 영역의 이민자들, 즉 이주노동자들을 대상으로 하여 이들의 정치적·경제적·문화적 활동과 정체성을 논의하였다. 그러나 이주노동자와는 달리 사적 영역으로 간주되는 결혼이주여성들의 본국 가족과 맺고 있는 유대는 상대적으로 학문적 관심을 받지 못한 것이 사실이다.

본 연구는 그간 결혼이주여성의 연구에서 활발하게 다루어지지 않았던 중국 한족 출신 결혼이주여성을 연구대상으로 삼고 있다. 이 연구의 주요 목적은 한족 결혼이주여성이 한국과 중국 간에 구축한 초국적 가족유대의 성격을 파악하는 데에 있다. 이 연구 대상인 한족 결혼이주여성의 초국적 가족 유대의 성격은 일반적인 한족 출신 결혼이주의 특성들, 특히 결혼동기와 결혼과정의 특성과 크게 다르지 않다. 중국 한족 출신의 결혼이주여성의 일부 특성은 한국 남성과의 혼인이 재혼인 경우가 많거나, 중국에 책임져야 하는 가족이 있다는 것, 그리고 중국에서의 '쉬운 이혼'에 대한 인식이나 경험 등으로 알려져 있다.[10] 이 연구는 중국 한족 결혼이주여성을 대상으로 하여 결혼이주 배경, 한국생활 적응과정, 모국 가족원과 초국적 가족관계 유지와 돌봄 실천 등을 논의함으로써, 이들의 사적 영역인 가족 집단 간의 관계에 주목하여 가족유대의 성격, 가족구성원에 대한 지원의 의미와 행위를 둘러싼 타협과 갈등 양상을 살펴볼 것이다.

이론적 배경과 연구방법

최근 '초국적 이주'transnational migration는 국제이주 연구의 주요 주제로 등장했다. 초국적 이주란 이주자가 정착국 사회와 모국 사회를 연결하는 다양한 사회적 관계를 형성·유지하는 과정을 말한다. 전지구화와 교통 통신수단의 혁신적인 발달로 인해 그리고 국제이주로 인해 해외에 거주하는 가족 구성원과 본국에 남아 있는 가족원 간의 다양한 내용의 가족유대의 유지와 강화가 가능하게 되었다. 가족 구성원 간에 국경을 초월해 지내는 소위 '초국적 가족'transnational family은

10 문경연, "'국민의 배우자'를 벗어난 여성들: 한족 결혼 이주 여성들의 결혼과 이혼사례를 중심으로". 『한국문화인류학』 제44권 2호, (2011), p.88.

국제이주에 관련된 주요 연구 주제로 부상하고 있다.

초국적 가족은 가족 구성원이 모국이 아닌 다른 국가에 떨어져 지내지만 가족 공동의 복지와 가족적 일체감을 지니고 살아가는 가족을 의미하며, 초국적 가족관계 유지의 핵심은 '초국적 돌봄'transnational care의 교환이라 주장한다. 초국적 가족에 관한 기존 연구는 돌봄 실천에 참여하는 가족원의 경제적 능력, 돌봄의 의무와 헌신에 관한 문화적 정의, 이주·정착·고용에 관한 이주국에 정책 등 요인이 초국적 가족의 돌봄 실천에 복합적인 영향을 끼친다고 강조한다.[11]

초국적 이주 연구자인 바쉬와 동료 연구자들(Basch, L. G. et al.)은 초국가주의transnationalism를 이주자들이 모국과 정착국 양쪽을 연결하는 다양한 사회적 관계를 형성하고 유지하는 과정으로 정의하고 있다.[12] 그리고 포티스와 동료 연구자들(Portes, A. et al.)은 노동이주자와 결혼이주자를 포함한 초국적 이주자들이 경제적 성취와 사회적 안전을 추구하고자 국가적 경계를 넘나들면서 밀도 있는 네트워크를 형성함을 주장한다.[13] 이러한 초국적 네트워크는 이주자, 모국의 가족과 공동체, 자신의 정착지에 대해 경제적, 사회·문화적 영향을 주고 있다. 특히 송금은 국가경제에 차지하는 중요성뿐만 아니라 이주자 가족의 삶의 수준을 향상시키는 데에 직접적인 기여를 한다.

---

11 김경학, "국내 네팔 이주노동자의 초국적 가족 유대". 「남아시아연구」 제20권 2호, (2014), p.26.

12 Basch, L.G. et al. *Nations Unbound: Transnational Projects, Post-colonial Predicaments and Deterritorialized Nations-States* (Langhorne: Gordon and Breach, 1994).

13 Portes, A. et. al. "The study of transnationalism: pitfalls and promises of an emergent research field". *Ethnic and Racial Studies*, vol.22 (1999).

김경학은 초국적 가족원 간에 다양한 형태의 초국적 돌봄이 교환되며, 물리적 거리라는 장벽을 극복하기 위한 여러 전략이 동원됨을 강조한다. 이주자는 모국의 남아 있는 가족 구성원과 서로 멀리 떨어져 있지만 편지, 전화, 이메일, 문자 메시지 등을 통한 정서적 지지 emotional support, 송금 및 선물을 보내는 등의 경제적 지원, 고향방문과 친족원 초청 등의 형식으로 규칙적이고 구조화된 상호접촉을 한다. 이런 가족 관계 유지의 강도는 질병과 재정적 압박과 같은 위기 시기뿐만 아니라 통과의례처럼 인생의 특정한 상황에서 강화된다.[14]

초국적 가족원 간의 초국적 돌봄의 교환은 이주자의 문화적 배경에 따라 다양한 양상을 보인다. 예컨대 국가의 복지 체계가 대체로 잘 갖춰진 서양 사회에서의 부모와 자식 간의 관계는 매우 독립적 성격을 띠고 있다. 그러나 중국 등 유교 문화적 배경을 지닌 사회에서의 부모와 자식 간의 관계는 상호 의존적 성격이 강하다. 따라서 중국인의 경우 연로한 부모를 성인 자녀가 다양한 방식으로 돌보는 것은 자녀의 의무이며, 또한 이주한 자녀의 어려움을 해결하기 위해 부모 세대가 국제이주에 합류하는 것을 당연하게 여기고 있다.

중국 출신 이민자를 연구하고 있는 연구자들은[15] 중국에서 영국,

---

14 김경학(2014), p.39.

15 Lie, M. L. S. "Across the Oceans: Childcare and Grandparenting in UK Chinese and Bangladeshi Households". *Journal of Ethnic and Migration Studies*, vol.36, no.9 (2010); Zhou, Y. R. "Space, time, and self: rethinking aging in the contexts of immigration and transnationalism". *Journal of Aging Studies*, vol.26(2012); Zhou, Y. R. "Toward transnational care interdependence: rethinking the relationships between care, immigration and social policy". Global Social Policy, vol.13, no.3 (2013a); Zhou, Y. R. "Transnational Aging: the impacts of adult children's immigration on their parents' later lives". *Transnational Social Review: A Social Work Journal*, vol.3, no.1 (2013b).

캐나다, 호주 등으로 이민 간 중국인 디아스포라들의 모국에 남아 있는 노부모에 대한 돌봄과 성인 이민자 자녀가 이주국에서 직면한 육아 등 돌봄 문제 해결을 위해 국제이주의 흐름에 합류하는 노부모 세대의 사례 연구들을 통해 자녀 세대와 부모 세대 간에 국경을 두고 진행되는 '돌봄 교환'exchange of care의 다양한 양상을 규명한 바 있다. 이들 연구들은 이주자 성인 자녀는 송금과 정보통신기술information and communication technologies(ICTs)을 이용한 부모에 대한 정서적 지지를 통해 모국의 부모를 돌보고 있으며, 다른 한편으로 부모 세대는 자녀의 출산이나 육아 등 절실한 필요상황에서 자녀에게 돌봄을 제공하는 돌봄의 호혜적 성격을 규명하고 있다.

한국으로 결혼 이주한 여성들이 본국 가족과 맺는 유대는 송금, 안부 전화나 인터넷 화상통화, 상호 방문 등 경제적·정서적·문화적 차원에 걸쳐 다양하게 드러나고 있다. 즉 다양한 정보통신기술을 통해 주기적인 안부를 주고받음으로써 이주여성과 본국 가족원은 멀리 떨어져 있지만 가까이 있는 듯 느낀다. 뿐만 아니라 송금, 친정 방문, 친정엄마의 산후조리를 위한 방문, 부모나 형제를 초청하여 노동 기회를 제공하는 등 다양한 방법으로 결혼이주여성은 본국의 가족구성원과 유대관계를 맺고 있다.

이주자들의 초국적 현상이 가장 분명히 드러나는 것은 이주자들이 그들의 가족이나 본국 사회에 보내는 송금 행위이다. 이들의 송금 행위에 대한 논의는 다양한 측면에서 논의되고 있다. 이들의 송금은 본국의 국가 경제발전에 기여하고 있을 뿐만 아니라, 개인 가정의 차원에서의 송금 행위는 본국 가족의 일부 생활비 지원이 될 수 있기 때문에 이러한 송금행위는 본국 가족에 대한 경제적 지원으로 간주된다. 베트남과 필리핀 출신 결혼이주여성에 관한 연구는 이들 이주여성들이 한국으로 시집온 후에도 원가족의 경제적 어려움을 고려해 지속적으로 가족에게 송금할 뿐만 아니라, 고국 방문 길에 대량의 물건을 가져가고 있음을 밝히고 있다.[16]

결혼이주여성의 한국 가족의 경제적 형편이 넉넉하지 않을 경우 이주여성들이 고국의 가족원에게 송금을 하는 데는 물질적이고 정서적인 어려움이 따르기 마련이다. 이와 관련하여 김정선은 이러한 어려움에도 불구하고 이주여성의 고국 가족에 대한 송금 행위가 일방적으로 부과된 고통스러운 의무나 희생으로만 해석될 수 없는 다층적 의미를 갖는다고 주장한다.[17] 경제적 어려움을 겪고 있는 본국의 가족에 대한 지원은 이주여성들에게 능력 인정의 기회를 주고 심리적 만족감과 정서적 충족감을 주기 때문에, 이주여성들은 한국에서의 어려운 경제적 형편에도 본국 가족에 대한 송금을 실천하고자 하는 경향이 있다.

결혼이주여성과 본국 가족원 간의 유대는 이주여성의 직접적인 본국 방문뿐만 아니라 이주여성이 거주국으로 가족구성원을 직접 초청하는 형식으로도 가능하다. 이주여성들의 친정 가족에 대한 한국 초청은 다양한 방식으로 이뤄진다. 결혼한 한국 남편이 부인의 가족원을 초청하는 것이 일반적이다. 이주여성 가족원들은 한국으로 유입된

---

16 김혜선(2014), p.243.

17 김정선, 『필리핀 결혼이주여성의 귀속의 정치학』, 이화여자대학교 여성대학원 박사학위논문(2009).

후 많은 경우 장단기 임금노동자로 한국의 노동시장에 발을 딛고 있다. 한국에 체류하는 동안 이주여성의 가족원은 이주여성 가정에 머물거나 인근의 임시 정착지에서 생활하면서 이주여성의 돌봄을 통해 정서적으로나 물질적 지원을 받는다. 한국에 형성된 이주여성 가족 네트워크가 이주여성과 가족원들 모두에게 긍정적으로 작동할 수 있지만, 이러한 네트워크 유지가 한국의 이주여성의 결혼생활의 안정감을 흔드는 요인으로도 작용할 수 있다.

이주여성이 가장 자연스럽게 친정 부모를 초청할 수 있는 것은 출산시기이다. 출산과 신생아 돌봄 과정은 지극히 문화적 과정이기 때문에 이주여성이 이 시기에 친정부모, 특히 어머니를 한국으로 초청하는 것은 지극히 자연스런 행위로 인정받는다. 이 경우에서도 일정 기간 산모와 신생아에 대한 돌봄이 이뤄진 후에 남은 체류 기간 동안 노동시장에 단기 편입을 통해 경제적 목적을 달성하는 이주여성 부모 세대도 발견된다. 출산과 신생아의 돌봄을 목적으로 성인 자녀의 가족에 합류한 중국인 부모에 대한 기존 연구[18]에 따르면 성인 이민자 자녀는 출산 후 직장에 복귀하기 위해 부모의 귀국 길에 자녀를 모국으로 보내거나, 친정 부모가 신생아를 돌보기 위해 자녀의 이민국에서 노년의 일부를 보낸다. 결혼이주여성들과 모국의 가족원들과의 초국적 가족유대를 규명하기 위한 연구들은 일반적으로 성인자녀의 송금행위와 정보통신기술을 이용한 가족에 대한 안부 전달, 가족원의 상호 방문, 모국으로 자녀 보내기 등 경제적·정서적·문화적인 다양한

18 Zhou, Y. R. "Toward transnational care interdependence: rethinking the relationships between care, immigration and social policy". *Global Social Policy*, vol.13, no.3 (2013a).

양상에 주목하고 있다.

광주지역의 중국 한족 출신 이주여성의 본국 가족과의 초국적 가족유대를 규명하는 본 연구의 대상은 '광주광역시 북구다문화지원센터'에서 한국어와 한국문화를 배우고 있는 5명의 중국 한족 결혼이주여성들이다. 연구자는 2014년 10월부터 12월까지 약 3개월 동안 북구다문화지원센터를 방문하면서 본 연구 대상과의 친분을 쌓을 수 있었다. 연구 초기에는 한국어 수업과 다양한 센터의 프로그램에 함께 참여하면서 자연스럽게 친분을 쌓기 위한 노력을 하였다. 연구를 진행하면서 연구자가 한족인 점이 연구 대상들과의 친화감rapport 형성에 크게 도움이 되었다.[19] 이들 한족 결혼이주여성의 모국 가족과의 초국적 가족 유대를 둘러싼 한국 가족들과의 갈등 및 협상에 대한 구체적인 자료는 이들 연구대상자 여성들과의 심층인터뷰를 통해 수집되었다. 이 연구는 국제결혼을 통해 한국으로 결혼이주 후 중국 가족과의 초국적 가족유대를 유지하기 위해 행하는 다양한 활동들을 한족 이주여성 스스로가 해석하는 방식을 연구한다는 점에서 질적 연구의 성격을 띠고 있다.

19 같은 민족이라는 점이 연구대상과 친해지는 데에 도움이 된 것은 사실이나 결혼이주 전 중국에서의 삶과 한국에서의 결혼생활에 관한 지극히 사적인 질문에는 연구 초기에 대답을 꺼리는 연구대상이 많았다. 그러나 연구자가 자료수집의 목적이 순수한 학술적 연구 목적이라는 점을 이해시킨 후부터 대부분의 연구대상은 자신들의 사생활에 대한 이야기를 들려주기 시작했다.

▌그림 8-1▌광주광역시 북구다문화가족지원센터에서 한국어 교육을 받고 있는 한족 결혼이주 여성

아래 <표 8-1>은 연구 대상자의 일반적 특성을 보여주고 있다. 연구 대상과의 심층인터뷰는 중국어로 하였으며 연구 대상에 따라 다소 차이는 있지만 이들에 대한 심층인터뷰 시간은 2-3시간 이었으며, 인터뷰는 주로 북구다문화지원센터와 인근 커피숍에서 수행되었다. 또한 연구자는 북구다문화지원센터의 언어교육 등 센터의 다양한 행사에 참여하여 결혼이주여성의 한국어와 한국문화에 대한 학습 및 이에 관련된 다양한 활동에 관한 정보를 획득할 수 있었다. 연구가 진행되면서 일부 연구 대상과는 더욱 친해지면서 연구자는 이들의 가정을 직접 방문하는 등 사적인 영역을 관찰할 수 있는 기회를 잡을 수 있었다.

표 8-1 연구대상자의 일반적 특성

사례 번호	성씨	나이	고향	결혼입국 시기	결혼 경로	남편 직업	혼인 현황
1	강(康)씨	31	하얼빈	2013.9	친구중매	이발소경영	초혼
2	정(丁)씨	27	하얼빈	2010.3	중개업체	경비원	초혼
3	반(潘)씨	40	길림	2012.3	중개업체	회사원	재혼
4	어(于)씨	27	청도	2014.6	중개업체	마트경영	이혼소송중
5	탕(湯)씨	51	하얼빈	2013.9	중개업체	회사원	재혼

한족 결혼이주여성의 초국적 가족유대

초국적 가족유대란 이주자가 출신국과 정착국의 국경을 가로지르면서 유지하는 정서적, 경제적, 문화적 관계를 의미한다. 또한 초국적 가족유대는 이주자들이 국경을 넘어 출신국과 정착국의 사회적 자원을 활용하여 자신의 경제적 향상과 사회적 인정에 대한 요구를 충족시키기 위한 교량이라고 할 수 있다. 본 연구의 대상인 한족 결혼이주여성들은 중국과 한국이란 물리적 경계를 중심으로 서로 떨어져 있는 본국 가족들과 송금, 정보통신기술을 통한 정보 교환 및 정서적 지지, 방문을 통한 직접적인 만남, 가족원의 한국 초청 등의 방법을 통해 가족감정과 가족유대를 초국적 상황에서 유지하고 있다.

가족원에 대한 송금행위

이주자들의 본국 가족에 대한 송금은 긴밀한 가족관계 유지에 매우 중요하다. 이주자의 가족에 대한 송금은 이들과 본국 사회를 연결해 주는 하나의 중요한 매개체 역할을 하기 때문이다. 이주자의 송금은 단순한 '돈의 흐름'만을 뜻하지 않고 이주자가 모국의 가족 구성원, 특히 부모와 자녀에 대한 초국적 돌봄 행위의 중요한 실천이라고 할 수 있다.[20] 그러나 결혼이주여성의 송금은 노동이주자들의 송금과는 처음부터 다른 맥락과 위치를 가진다. 노동이주자들은 경제적인 이유로 이주를 선택하기 때문에 낯선 국가에서의 임금노동과 수입의 송금으로 가족을 지원하는 것을 당연하게 여긴다. 반면 결혼이주로 새로운 국가에 정착한 후 정착국과 모국 사이에서 이중적 위치에 놓인 결혼이주여성에게 본국 가족에 대한 송금은 쉽지만은 않지만 여전히 가족원의 의무와 책임으로 남아 있는 경우가 많다. 결혼이주여성의 송금 행위와 송금 가능성 여부는 결혼한 한국 가족의 경제적 수준과 가족 내 권력관계로 인한 위계 관계 등에 크게 영향을 받는다.

본 연구의 한족 여성 강씨(31세)는 한국에 시집오기 전에 산업연수생으로 일본에서 3년 동안 의류 관련 업종에 종사한 바 있다. 중졸 학력의 강씨는 24세에 일본에 가서 27세에 중국으로 귀국하였다. 고학력이 아니기 때문에 학업 때문에 나이가 든 것으로 생각되지 않은 강씨는 특히 중국 농촌에서는 이미 결혼 적령기를 넘긴 것으로 취급받아 결혼이 쉽지 않았다. 게다가 3년의 일본 생활을 통해 더욱 넓어진 그녀의 식견으로 그녀의 결혼 배우자감에 대한 기준은 더 높아져 이는 오히려 그녀의 결혼을 더욱 어렵게 만들었다. 2년 동안 중국에서 적절한 배우자를 찾지 못하고 있을 무렵 일본에서 같은 직장에서 일

20 김경학(2014), p.40.

한 후 한국으로 결혼 이주했던 여동생의 소개로 강씨는 현재의 남편과 2013년에 결혼하였다.

강씨의 남편은 삼남매 중 장남이며 현재 이발소를 경영하고 있다. 남편의 첫 번째 동생은 의사며 둘째 동생은 회사원이다. 시아버지는 공무원으로 퇴직하였으며 과수원 등 부동산을 소유해 경제적으로 넉넉한 편이다. 시아버지는 이발소 경영으로 생활을 영위하기 어려워하는 큰 아들 강씨 부부를 경제적으로 도와주고 있다. 남편과 시댁 식구들은 중국에서 시집 온 강씨를 여러 면으로 배려해 주고 있어 강씨의 시댁과의 관계는 좋은 편이다. 또한 남편이 송금 등을 통해 중국에 있는 강씨 부모를 돌봐야 한다는 강씨의 생각에 이견이 없어서, 강씨는 부모님이 경제적으로 어려울 때나 명절 등 주요 시기마다 한화 50~200만원을 중국의 부모에게 송금한다.

중국에서 이혼하고 한국의 현 남편과 재혼한 반씨(40세)는 전남편과의 사이에서 태어난 딸을 친언니에게 맡기고 2012년에 한국으로 결혼이주를 했다. 그녀는 중국에서 이혼녀 '딱지'를 벗어나기 위해 한국남성과 재혼하여 한국에서 새로운 삶을 시작했다. 중국에는 '이혼녀'에 대한 편견이 여전히 남아 있는데, 특히 농촌에서는 결혼생활에 성공하지 못한 '이혼녀'에 대한 편견이 여전히 강한 편이다.[21] 반씨는 성품이 좋은 현 남편을 만나 행복한 결혼생활을 하고 있는 것을 매우 다행스런 일로 생각한다. 남편은 중국에 있는 반씨의 딸을 한국에 초청하고자 하지만, 딸이 중국에서 자라는 것이 더 바람직할뿐만 아니

21 문경연(2011), p.97.

라 딸 스스로가 오고 싶을 때 오는 것이 좋다고 생각하여 반씨는 딸의 초청을 보류하고 있다. 반씨는 자신의 경제활동을 열심히 하면서 동시에 광주북구 다문화지원센터의 한국어 수업도 열심히 참여하고 있다. 방수회사를 다니는 그녀의 월 급여는 200만원인데, 그녀는 이 가운데 50만원을 매달 딸의 양육비 명목으로 중국에 있는 언니에게 송금하고 있다. 반씨가 직장생활을 시작하기 전에는 남편이 매달 50만원을 딸의 양육비로 언니에게 송금했다. 남편은 반씨가 중국으로 송금하는 일 등 반씨의 금전 문제에 대해 일체 간섭하지 않는다. 현재 반씨는 딸에게 피아노를 사주기 위해 부지런히 저축을 하고 있다.

중국에 있는 아내의 부모와 자녀에게 송금하고 있는 강씨와 반씨와는 대조적으로 한국에서 경제적으로 어려움을 겪고 있는 정씨(27세)와 탕씨(51세)는 본국 가족원에 대한 송금은 엄두도 못 낸다. 또한 앞서 말한 강씨와 반씨와는 남편의 성격과 시댁의 경제적 형편도 다를 뿐만 아니라 이주여성인 자신들에 대한 시댁 가족원의 태도에도 큰 차이가 있다. 남편이 경비원으로 일하는 정씨의 경우 남편의 경제 상황이 어려워 정씨는 남편으로부터 매월 생활비로 50만원만 받고 있는데, 이 액수로는 한국생활을 유지하기조차 어려워 친정 부모에게 송금할 엄두고 내지 못하고 있는 실정이다. 더욱이 어머니와 이혼 후 중국에 혼자 지내는 아버지를 한국으로 초청했지만, 최근 아버지의 건강도 좋지 않고 광주지역에서 일자리 구하기도 어려워 아버지는 살고 있는 원룸 임대료 20만원도 내기 힘든 형편에 놓여 있다. 정씨는 아버지의 임대료를 대신 내줘야 함에도 스스로가 경제적으로 독립적이지 못하고 여윳돈이 없어 어려운 아버지를 도울 수가 없어서 매우 안타

까워한다.

40대 중반에 재혼으로 현재의 한국 남편을 만난 탕씨는 남편의 월급이 너무 적어 생활비조차 제대로 받지 못하고 있다. 대학에서 예술디자인을 전공한 후 북경에서 직장생활하고 있는 전남편과의 사이에 태어난 딸에게 엄마로서 적은 돈이나마 경제적으로 지원하고 싶지만 탕씨는 경제적 형편이 어려워 그렇지도 못한다. 탕씨는 한국어 구사능력이 좋은 편이기 때문에 마트나 백화점에서 아르바이트를 하겠다고 주장하지만, 생활비도 제대로 주지 않는 탕씨 남편은 탕씨가 도망갈까 두려워 그녀의 집밖에서 일을 허락하지 않는다. 20대 중반이 넘은 딸의 혼수 마련을 위해 돈을 모아야 하는 탕씨의 입장에서는 현재의 한국 결혼생활이 후회만 될 뿐이다. 사실 탕씨는 5년 전 교통사고로 전 남편이 사망한 뒤 정신적으로 큰 충격을 받고 1년 이상 '정신을 놓고' 살았다. 그러나 탕씨는 중국을 벗어나 새로운 환경에서 살아보고자 현 남편의 경제력이 없음을 알고서도 재혼하였는데, 중국의 딸에게 용돈도 줄 수 없는 현재의 경제적 형편 때문에 자신의 재혼 선택을 후회하고 있다.

이 연구 대상인 결혼이주여성의 본국 가족원과의 송금을 통한 가족유대의 여부는 결혼이주여성 개인이 처한 한국에서의 결혼생활의 여건에 따라 큰 차이를 보이고 있다. 일반적으로 결혼중개업소를 통해 결혼하는 이주여성의 남편은 한국사회에서 경제적으로 넉넉한 계층에 속하지 않는다. 그러나 중국에서는 한국의 경제 수준이 높다는 인식이 있기 때문에 한국으로 결혼한 한족 이주여성은 송금을 통해 부모를 돌봐야 한다는 정신적 압박을 받는 경향이 있다. 그러나 본 연구의 정씨와 탕씨 남편은 경제적으로 매우 열악한 위치에 처해 있기 때문에 한족 이주여성은 모국의 가족원인 자녀나 부모를 경제적으로 도와줄 수 없다. 이 경우 이주여성이 한국생활에 익숙하게 되고 의사소통에 큰 문제가 없을 만큼 한국어 수준에 도달하면 친정가족에 대한 경제적 지원을 위해 이주여성 스스로 노동시장에 개입하고 있거나 그럴 계획을 갖고 있다. 본 연구에서 "내년에 딸이 유치원에 가게 되면 일을 찾아 경제활동을 하여 원룸 임대료를 내는 것조차 어려워하는 친정아버지를 돕겠다."는 정씨의 다짐이나, "딸의 혼수 준비를 위해 한국어 실력이 더 좋아지면 마트나 백화점에서 일하고 싶어"하는 탕씨의 사례는 이주여성이 딸로서 그리고 어머니로서 결혼이주 후에도 가족원에 대한 경제적 지원을 통해 가족 간의 초국적 유대를 유지하려는 노력을 보여주고 있다.

정보통신기술(ICTs)을 통한 정서적 지지 교환

가족을 본국에 두고 국제이주를 선택한 이주자들은 비록 지리적으로 떨어져 있지만 '자녀노릇' 또는 '부모노릇'이라는 전통적 이념을 실천하고자 송금뿐만 아니라 정서적인 지지를 위해 지속적으로 가족들과 다양한 통신수단을 통해 소통하고자 한다.[22] 통신수단의 혁신적 발달은 물리적 거리를 압축함으로써 '거리의 소멸'the death of distance을 가져왔으며, 이는 초국적 가족관계 유지에도 크게 기여한다. 유무

22 Bryceson, D. and Vuorela, U. "Transnational Family: in the Twenty First Century". in D. Bryceson and U. Vuorela(eds.). The *Transnational Family: New European Frontiers and Global Networks* (New York: Berg, 2002).

선 통신 수단은 초국적 이주자와 모국 가족을 연결해 주는 '사회적 접착제'social glue 역할을 한다.[23] 고도로 발달된 정보통신기술은 이주민이 국경을 넘어 사회적 네트워크를 유지하거나 '친족 업무'kinwork 수행에 큰 역할을 한다.

결혼이주여성 중에는 한국 남자와 재혼 하는 사례도 적지 않다. 재혼 시 자녀를 한국에 데려오는 여성도 있지만 모국에 두고 오는 경우 일반적으로 여성 친정 식구(주로 어머니나 여자형제)에게 맡겨둔다. 이 경우 결혼이주여성은 모국에 남겨진 자녀에게 정보통신기술을 통해 텍스트, 사진, 일반 통화, 화상 통화로 '초국적 엄마노릇'transnational mothering을 한다. 이주여성과 친정 가족원들은 서로에게 전화나 스카이프scape 등을 이용해 안부를 묻는 등 상호 정서적 지지를 교환함으로써 물리적으로 떨어져 있지만 가깝게 느끼고 이를 통해 상호 정서적으로 위안을 주고받는다.

이 연구의 강씨는 그간 왕래를 하지 않아 친하지는 않지만 한국에 먼 친척 한명이 있을 뿐, 어머니가 산후조리를 위해 광주에 오기 전에는 가까운 친족원이 한국 내에 없었다. 그간 강씨는 거의 매일 중국의 부모님과 스마트 폰을 이용해 스카이프로 화상 통화를 하면서 중국의 가족원에 대한 그리움을 달랬다. 한국에 산후조리 차 오신 어머니는 딸과 한국에 오래 머물기를 원한다. 어머니는 한국에서 중국에 남겨둔 남동생과 아버지와도 거의 매일 화상통화를 한다.

결혼중개업체를 통해 한국 남편과 혼인한 반씨는 부모님께 자신의

23 Vertovec, S. "Cheap Calls: the social glue of migrant transnationalism". *Global Networks*, vol.4, no.2 (2004).

재혼 사실을 알리지 않고 한국에 입국했다. 중국 남자와의 첫 번째 결혼을 반대한 부모가 심지어 문화가 다른 외국 남성과 다시 재혼하는 것을 적극적으로 반대했기 때문이었다. 반씨는 한국에 입국한 후에 화상통화를 통해 어머니와 대화하였다. 유무선 통신을 통해 국제전화를 할 경우 한국에서의 전화 사실이 드러나기 때문에 컴퓨터 웹캠을 이용해 안부를 전했다. 현재는 부모님이 한국 남성과의 결혼 사실을 알고 있기 때문에 부모님께 주기적으로 안부 전화를 드린다. 친언니에게 맡겨 놓은 9살 된 딸이 보고 싶을 때마다 친언니와 통화를 하지만 친언니를 친엄마로 알고 자라는 딸과의 통화는 자제하는 편이다. 9살 된 딸이 자신이 엄마인 것을 알게 될 경우 정서적인 혼란이 일어날 것을 염려하기 때문이다.

성인이 된 탕씨의 딸은 북경에서 직장에 다닌다. 딸이 너무 바빠 매일처럼 연락할 수는 없지만 탕씨는 최소한 일주일에 2-3 번씩 딸과 화상 통화를 한다. 시집갈 나이인 딸이 걱정이 된 탕씨는 스카이프 화상통화를 통해 딸의 일상생활을 자세히 체크하고 있다. 탕씨는 화상통화로 늘 딸의 건강관리와 시집가라는 부탁도 빼놓지 않는다. 엄마 없이 혼자서 열심히 사는 딸을 보면서 탕씨는 자신의 한국생활의 어려움을 극복하고자 노력한다. 사실 탕씨는 현재의 한국 남편의 식구들이 중국문화를 무시하며 자신을 '푸대접' 하는 것에 대해 심히 못마땅해 하지만 딸과의 통화에서는 본인의 한국생활에서의 애로사항을 내색하지 않으려 한다.

정보통신기술을 통해 유지하는 모국 가족과의 유대는 결혼 이주생활을 하는 여성들에게 정서적인 위안과 지지가 되고 있으며, 이는 이들의 한국 생활 적응에 도움이 된다. 그러나 모국 가족과의 연락을 쉽게 할 수 있을 만큼 유무선 정보통신기술을 이용하기 어려울 때, 예컨대 시댁 가족원이 자유롭게 모국 가족원과 소통하는 며느리를 탐탁하게 생각하지 않을 때 이주여성의 결혼생활은 더욱 어려워진다. 시부모와 함께 생활하면서 고부갈등과 언어소통의 어려움을 경험한 어씨(27세)는 자유롭게 중국 가족들과 연락할 수 없다. 고향생각을 자주하면 한국생활에 적응하기 힘들다는 이유로 시어머니가 어씨의 본국 가족과의 연락을 탐탁하게 여기지 않기 때문이다. 어씨는 막연히 한국생활을 동경해 결혼중개업체를 통해 한국 남성과 결혼한 여성이다. 어씨의 남편은 시어머니와 마트를 운영하기 때문에 경제적으로 크게 어렵지 않다. 그러나 어씨 어머니는 중국 가족과 자주 통화할 것을 우려해 어씨에게 핸드폰을 사 주지 않았다. 게다가 어씨의 외부 출입을 원치 않아 어씨의 남편은 어씨의 '다문화가족지원센터'의 방문조차 탐탁하게 생각하지 않았다.

모국 부모와의 연락을 둘러싼 남편과의 갈등과 타협 끝에 어씨는 서울에서 불법체류자 신분으로 일하는 오빠가 사 준 국제전화카드와 남편의 핸드폰을 통해 친정 부모님과 어렵게 연락할 수 있었다. 친정어머니와의 화상통화를 하고 싶어 하는 어씨는 "한국 식구를 돌봐야 하는데 늘 친정만 생각하면 안 된다."는 이유로 국제전화에 대한 시어머니의 반대에 직면했다. 다행히 자신의 입장을 이해하는 시누이 부부의 도움으로 어씨는 시누이 집의 웹캠을 통해 가끔 중국의 가족들과 얼굴을 마주하고 목소리를 들을 수 있지만, 이런 시도도 시어머니의 눈치 때문에 자유롭지 않다. 한국의 시부모와의 사이가 원만치 않은데다가 친정 가족과의 연락도 할 수 없는 상황은 어씨의 결혼생활을 더욱 어렵게 만들었다.

모국 방문

가족 관계 유지는 일반적으로 동일한 공간이나 가까운 거리에 있는 것을 전제 하는 경향이 있다. 부모와 자녀를 위한 식사제공, 간병, 노동, 양육 등에 관한 물질적이고 정서적인 지지가 가족 유대의 행위로 간주된다. 송금은 경제적으로 모국 가족의 생활 전반에 물질적인 도움이 되어 생활수준을 향상시키지만, 근거리에서 수행하는 가족원에 대한 돌봄이나 정서적 지지와는 질적인 면에서 차이가 있다. 결혼이주여성을 포함한 이주자들은 자연과 노동환경이 다른 국가에서 생활하기 때문에 모국 방문을 통해 가족원과의 재회와 고향 음식을 함께 나눔으로써 정신적 힐링을 할 수 있다.

사실 초국적 가족의 친족관계망을 유지하는 데에 직접적인 방문은 필수적인 부분이다. 그러나 이주자가 본국에 남아 있는 가족원을 직접 방문하는 데에는 경제적 부담감이 따르기 때문에 쉬운 일만은 아니다. 한국에서의 결혼생활 기간이 길어지면서 경제적으로 안정되는 경우 이주여성의 모국 방문의 횟수도 늘어갈 수 있다. 친정 부모를 방문하기 위한 여행 결정에는 남편은 물론 시댁 식구들을 포함한 여러 사람과의 협상이 필요하다. 모국 방문으로 공백이 된 가사노동을 대신할 수 있는 가족원의 존재 유무, 모국 방문 시 연로한 부모의 경제적 지원 가능성, 선물을 전달해야 할 가족원의 수, 방문으로 인해 자신의 노동시장 참여에 장애가 되는 사항 등 다양한 요인에 대한 고려가 필요하다.

2010년 10월 한국에 시집 온 정씨는 2013년 현재까지 중국 고향을 네 번 다녀왔다. 최소 1년에 한 번씩 중국 방문을 한 정씨가 남편과 함께 친정을 방문한 것은 한번뿐이다. 2013년 친정을 방문할 때는 임신 중이었기 때문에 약 4개월 동안 친정 식구들과 함께 지낼 수 있었다. 정씨는 남편의 주식투자로 이익금이 충분히 나온 지난 몇 년 동안은 매년 친정을 방문해 부모님을 만날 수 있었다. 그러나 남편의 주식투자 실패로 갑자기 경제형편이 악화된 현재 친정 방문의 기회가 쉽지 않을 것 같아 강씨는 불안해한다. 강씨는 자주 중국 부모님을 찾아보는 것을 효도라고 생각하기 때문이다.

현재 방수회사를 다니는 반씨는 6개월도 채 되지 않은 딸을 친언니에게 맡겨 두고 한국에 왔다. 월 급여가 약 200만원이기 때문에 언니에게 맡겨 놓은 딸을 보고 싶어 시간이 되면 언제든지 중국을 방문할 경제젝 여유는 있지만, 언니를 친엄마로 알고 있는 9살 된 딸이 자신의 잦은 방문으로 오히려 정서적으로 불안해 할까싶어 보고 싶어도 중국 방문을 자제하고 있다. 중국의 딸의 존재를 인정하고 있는 반씨 남편은 그녀의 중국 방문에 전혀 문제를 삼지 않는다. 그녀는 한국으로 시집온 뒤 두 번 중국을 방문해 딸과 언니와 함께 즐거운 시간을 보냈다.

이 연구의 어씨는 중국의 친정 방문이 남편으로부터 이혼을 당하는 결정적 빌미로 작용하였다. 어씨는 결혼 초기부터 시어머니와 함께 살면서 고부관계에서 발생하는 갈등으로 시어머니로부터 철저히 구박을 당했다. 시댁 식구들로부터 '왕따'를 당하는 상황에서 중국의 조부 사망으로 친정을 방문한 것이 어씨가 이혼 당하는 빌미가 되었다. 조부 사망으로 중국을 방문 중이던 1개월 내내 남편은 단 한 번의 전화도 없었다. 이런 남편의 무관심에 화가 난 어씨는 한국 귀국 후에도 광주 집으로 돌아가지 않고 서울에 불법체류하고 있는 오빠 집에 머물렀다. 그러나 출입국관리소를 통해 어씨의 한국 귀국 사실을 알게 된 남편은 어씨의 이러한 태도를 문제 삼아 '사기 결혼'을 당했다는 이유로 이혼 소송을 제기했고 현재 어씨의 이혼 소송은 진행 중이다. 어씨는 자신의 중국 방문 후 귀국 사실을 숨긴 것을 남편이 문제 삼는 것은 남편이 자신과 이혼하기 위한 빌미에 불과하고, 진정한 이혼 사유는 어씨와 시댁 식구 간의 누적된 불협화음이라고 주장한다.

친정 가족원의 한국 초청 방문

한국 내 이주노동자가 가족원을 한국으로 초청할 수 있는 길은 철저히 봉쇄되어 있다. 그러나 이런 이주노동자와는 달리 '국민의 배우자'인 결혼이주여성의 모국 가족원은 초청방문의 대상이 된다. 이주여성이 국적을 취득하기 전이라 하여도 남편의 도움으로 이주여성의 모국 가족원은 한국을 방문할 수 있다.[24] 사실 국제결혼은 결혼 당사자뿐만 아니라 가족원의 추가적인 해외 이주를 위한 가장 유효한 사회·

24 외국 국적의 부인 부모를 포함한 처가 가족원을 한국으로 초청하는 일에는 다양한 공식 증명서와 한국 남성의 귀국보증각서 등이 요구된다. 예컨대 초청인인의 혼인관계증명서와 가족관계증명서, 혼인한 배우자 여성의 외국인등록증과 거주비자, 결혼식 사진 등 가족사진, 초청하는 사람의 재직증명서나 주민등록증 등 다양한 공식 서류가 필요한데, 초청사유를 인정할 수 있는 부대적인 증빙자료를 요구하는 경우도 있다. 즉 한국으로 결혼한 딸의 산후조리를 위해 입국하는 경우 이주여성의 출산 예정증명서를 제출해야 하고 결혼식 등 통과의례에 참여를 위한 경우 청첩장이나 예식장예약확인서 등이 추가로 제출되어야 한다.

문화적 기제로 활용되어 왔다. 특히 이주지의 경제적 기회가 본국보다 많은 경우 기존 이주자는 이주를 열망하는 가족과 친족원에게 결혼 배우자를 소개하는 등 다양한 방식을 통해 이주의 기회를 제공함으로써, 모국 가족원의 물질적 풍요와 지위상승을 위한 열망을 실현시킬 수 있게 하는데, 흔히 이들은 이런 기회제공을 가족원의 의무로 생각한다. 한국으로 결혼이주 한 여성들이 국제결혼을 열망하는 본국 여성 친지를 한국 남성에게 소개하는 사례를 발견하는 일은 어렵지 않다.

결혼한 딸의 출산과 신생아의 육아에 도움을 제공하기 위해 친정 부모 또는 직계 가족원의 한국 입국은 흔하게 일어난다. 한국을 방문하는 가족원이 여성 이주자의 '위기적' 순간에 도움을 주고 나면, 일반적으로 이주여성 가족원은 잔여 체류 기간 동안 노동시장에 진입하거나 일부 가족원은 합법적인 체류기간을 넘기면서까지 경제활동을 한다. 방문자 신분으로 입국한 이주여성의 여성 가족원이 체류 기간 동안 한국 남성을 만나 결혼하는 일도 가끔 일어난다. 결혼이주여성이 다양한 이유로 가족원을 한국으로 초청하는 것 자체가 모국 가족원을 위한 일종의 의무로 간주된다. 순수하게 관광을 목적으로 입국하였지만 가족원이 노동시장에 진입하고자 할 때 이를 만류하기란 쉽지 않은 일이다.

이 연구의 반씨를 제외하면 다른 모든 한족 여성은 가족과 친족원을 한국으로 초청한 적이 있다. 사실 반씨도 중국 대학에 재학 중인 딸의 학비 부담 때문에 고민하는 친정 언니의 남편(형부)을 한국으로 초청하여 한국의 노동시장에 편입시키려 했지만 직계 친족원이 아니라는 이유로 형부의 비자신청은 거절되고 다시 관광 비자를 신청했으나 마찬가지로 거절되었다. 이제 반씨는 형부 대신 조카를 유학비자로 한국에 초청할 계획을 세우고 있다.

강씨의 어머니는 강씨의 산후 몸조리를 위해 한국에 온 후 몸조리 외에도 집안 살림을 도와주고 있다. 어머니는 한국에 오래 머물고 싶어 하시기 때문에 중국에 남아 있는 남편과 아들까지 한국으로 초청해, 이들을 노동시장에 투입해 짧은 시간에 돈을 벌어 중국으로 귀국할 생각을 한다. 장기적인 한국 체류를 위해 친정어머니는 한국생활에 적극적으로 적응하고자 한국생활에 대해 이것저것 강씨에게 질문을 하고 있다. 이미 강씨는 친정아버지 초청을 여행사를 통해 대행시킨 상태며, 일이 순조롭게 진행될 경우 가까운 시일 내에 아버지의 한국입국이 성사될 것으로 기대하고 있다.

정씨는 친정아버지를 최근에 한국으로 초청했다. 결혼 초기에는 남편의 경제 형편이 좋았으나, 주식투자에 실패한 후 남편은 정씨에게 생활비로 월 50만원만 주고 있다. 현재 정씨는 독립적으로 살 집이 없어서 시어머니 집에서 시댁 식구들과 함께 살고 있다. 시어머니가 살림에 관여하기 때문에 정씨는 경제적으로 독립성을 거의 상실해 더욱 어려운 처지에 놓여 있다.

사실 정씨의 부모는 정씨가 어릴 때 이혼했는데 정씨는 아버지와 함께 지냈기 때문에 정씨에게 아버지는 특별한 존재다. 정씨 남편도 이러한 정씨의 마음을 헤아려 장인을 한국으로 초청하는데 도움을 줬다. 정씨가 아버지를 한국에 초청한 것은 가까이에서 아버지를 돌볼 수 있으며 한국에서 일자리를 잡아 돈을 벌 수 있는 기회를 아버지에게 제공하기 위해서였다. 그러나 최근 아버지는 건강도 좋지 않고 일하던 광산구 소재 공장에 일이 없어 원룸 월 임대료 20만원도 내기 힘든 실정이다. 정씨는 아버지를 도와줄 길이 없어 요즘 밤잠을 설친다.

사실 한국에 있는 아버지의 존재가 정씨에게 경제적으로 부담은 되지만, 아버지는 낯선 한국에서 정서적으로 자신을 지지해 줄 유일한 가족원이다. 출산 후 시어머니가 한국식으로 몸조리를 해주었으나 정씨 아버지의 중국식 몸조리 덕에 정씨의 건강이 빠르게 회복되었다. 한국생활에서 중국 음식이 그리울 때면 아버지를 찾아가 아버지가 해주는 중국 음식을 먹는 등 한국에서의 아버지의 존재는 정씨에게 정신적 위로가 되고 있다. 정씨는 아버지에게 경제적인 도움을 주기 위해서라도 딸이 유치원 가는 내년에는 시간제 일이라도 시작할 계획이다.

결혼이주여성이 본국 가족원과의 초국적 유대를 유지하기 위해 모국의 가족원을 초청하고 있지만, 초청된 가족원이 한국사회에 체류하며 직면하는 가장 큰 어려움의 하나는 아플 때 의료 수혜를 자유롭게 받을 수 없다는 점이다. 불법체류 노동자의 의료지원을 위해 시작된 자원봉사기관인 광주광역시 광산구에 위치한 '외국인노동자건강센터'(이하 '건강센터')는 현재 결혼이주여성의 가족원처럼 비정상적인 법적 지위로 인해 정상적인 의료혜택을 받지 못하는 외국인에게도 의료지원을 하고 있다. 임선진·김경학[25]에 따르면 결혼이주여성의 초청으로 광주에 거주하는 이주여성 가족원도 '건강센터'를 통해 의료혜택을 받고 있음을 알 수 있다. 본국에서 초청된 부모는 광주로 결혼

25 임선진·김경학, "'광주외국인노동자 건강센터'에 관한 민족지적 연구". 『디아스포라 연구』 8권 2호, (2014). p.276.

온 딸의 자녀를 돌봐주거나 용돈을 벌기 위해 청소 도우미 등 언어장벽으로 인해 노동시장 진입에 큰 장애가 되지 않은 일들을 한다. 결혼이주여성을 방문한 형제자매 역시 체류기간 동안 또는 기간을 넘겨 불법으로 노동현장에서 일하는 경우가 많다. 의료보험 혜택을 받을 수 없는 방문자인 이들은 한국 체류기간 동안 아프더라도 일반 병원을 방문할 엄두를 내지 못해 결혼이주여성과 함께 '건강센터'를 방문하여 의료 수혜를 받고 있으며, 이러한 현실은 광주지역 한족 출신 결혼이주여성의 가족원도 예외는 아니다.

맺는말

국제결혼이주여성에 대한 기존 연구들은 이주여성이 한국사회에 적응하는 과정에서 문화적 차이로 인해 경험하는 다양한 갈등양상을 밝힌 바 있다. 이러한 연구들의 공통점은 결혼이주여성을 한국사회에 동화시켜야 하는 대상으로 여기는 동화론적 태도를 비판하고, 문화적 다양성을 인정하는 통합적integrated 성격의 다문화 가족의 바람직함을 역설한다. 통합론적 다문화 가족의 기반은 결혼이주여성을 한국과 모국의 사회·문화 사이에 '끼여 있는' 존재로 인식하는 태도다. 두 문화 사이에 걸쳐 있는 존재로서의 결혼이주여성은 한국 정착 후에도 모국의 가족과도 지속적으로 긴밀한 유대를 유지하고 있기 때문이다. 그러나 결혼이주여성의 모국 가족에 대한 초국적 유대를 구체적으로 규명한 연구는 지금까지 극히 소수에 불과하다.

본 연구가 일부 한정된 수의 이주여성을 연구대상으로 삼고 있음에도 불구하고, 송금행위, 정보통신기술을 통한 가족원 간의 정서적 지지, 모국 방문과 가족원의 한국 초청 등의 일련의 초국적 관계를 중심으로 중국 한족 결혼이주여성 역시 초국적 가족 유대를 유지하고 있음을 규명하였다. 이 연구의 모든 한족 이주여성은 관계의 질적 또는 양적 차이는 있지만 본국 가족과의 초국적 유대를 유지하고 있는데, 교통·통신수단의 혁신적 발전은 이들 이주여성들과 가족원들이 행하는 송금, 모국방문, 정보통신을 이용한 정서적 지지, 가족초청방문을 더욱 신속하고 편리하게 만들었다.

일반적으로 중국 한족 여성은 한국사회에 대한 막연한 동경과 본국에서의 이혼의 낙인을 탈피하고자 하는 등 여러 이유로 한국 남성과 국제결혼을 한다. 아시아 국가의 여성들이 한국으로 입국하기 위한 가장 안전하고 편리한 통로가 결혼이었던 것처럼 중국 한족 여성도 마찬가지의 경향을 보이고 있다. 이혼녀에 대해 여전히 부정적 시각이 남아 있는 한족 문화, 특히 농촌 문화는 이혼 경력이 있는 한족 여성을 한국 등 중국 외부로 향하게 하는 배출요인으로 작용하는 것으로 보인다. 이 연구의 반씨와 탕씨도 전 남편들에 비해 한국 남편의 조건들이 더 나을 것이 없지만 한국 남성과의 재혼을 통해 한국에서의 새 삶을 개척하고자 국제결혼 대열에 합류했다.

이 연구는 결혼이주여성의 초국적 가족유대의 성격이 남편과 그 가족원의 경제적 여건, 가족의 형태, 가부장적 위계 등의 차이와 밀접히 연관됨을 보여주고 있다. 특히 이 연구의 어씨 사례는 본국 가족원과의 통신수단을 통한 접촉조차 한국사회 동화에 저해되는 것으로 여기는 남편 가족들의 태도로 인해 결혼이주여성이 모국의 가족원과 '가상적 친밀함'virtual intimacy을 공유할 수 있는 기회를 제한당하고 있으며, 이러한 현실은 더 나아가 결혼생활의 주요 장애요소로도 작용하고 있음을 보여준다.

한족 이주여성 역시 다른 국가 출신의 결혼이주여성과 마찬가지로 본국의 부모나 이전 결혼에서 태어난 자녀에 대한 돌봄에 대한 의무를 지고 있다. 부모와 자녀에 대한 송금을 남편 가족이 우호적으로 생각하지 않는 경우나 송금할 만큼 경제적 여유가 없는 경우 이주여성 스스로 경제활동에 참여하여 소득의 일부를 본국의 가족에게 송금하고 있으며, 당장에 이런 송금행위가 어려운 경우 향후 이러한 계획을 세우고 있다.

한편 결혼이주여성의 가족원에 대한 초청은 모국 가족을 경제적으로 지원하기 위한 노력의 일환으로 인식된다. 그러나 본 연구는 결혼이주여성의 모국 가족원 초청이 본국 가족원에게 '일방적으로'one-way 제공하는 돌봄 행위가 아님을 보여준다. 결혼이주여성의 가족, 특히 부모 세대는 이주여성의 출산과 육아 및 가사 돌봄을 위해 '유연하게 이동하는'flexible mobile 초국적 돌봄 제공자로 인식될 필요가 있다. 결혼이주여성이 가장 안전하고 확실하게 부모를 한국으로 초청할 수 있는 맥락은 산후조리와 손자녀 양육 지원에 관한 것이다. 따라서 이주여성의 가족원 가운데 특히 부모에 대한 초청은 대표적으로 '세대와 국가를 횡단하는 돌봄의 교환'trasgenerational and transnational exchange of care으로 이해되어야 할 것으로 사료된다. 그러나 이 연구의 정씨의 사례처럼 이주여성의 초청으로 입국한 아버지가 이국땅에서 정서적으로 위로를 제공해주는 존재이지만, 다른 한편으로 이주여성이 경제적으로 돌봄을 제공해야 할 대상일 경우 이주여성 결혼생활의 안정감을 위협하는 요인으로도 작용할 수 있음을 알 수 있다.

중국 한족 여성 가운데는 한국이 중국보다 '부자 나라'기 때문에 한국 남성과 결혼하는 여성도 적지 않다. 그러나 한족 여성이 중산층 한국 남성과 결혼하는 사례는 많지 않을 것으로 짐작된다. 이런 현실에도 불구하고 한족 결혼이주여성은 더 나은 삶을 위한 열망과 기대를 갖고서 자신의 사회·문화적 자본을 이용해 최선의 미래 전략을 구상하고 있다. 이 연구의 일부 결혼이주여성이 한국과 중국 양국 사이에 걸쳐 있는 자신의 위치를 십분 활용해 경제발전 속도가 상대적으로 빠른 중국에서 자녀를 교육시키고 중국 고향에 부동산 투자 계획을 세우고 있는데, 이런 미래에 대한 설계는 한국에 거주하지만 모국의 가족 구성원과 초국적 유대를 긴밀히 유지하며 필요한 정보를 교환할 수 있기 때문에 가능한 일이라 사료된다.

참고문헌

제1장 중앙아시아 고려인의 한국 이주와 정착

고광신. 『국내거주 고려인의 심리·사회 적응에 영향을 미치는 요인에 관한 연구』 서울기독대학교 박사학위논문, 2011.

김승력. "경기도 안산시 땟골 고려인 디아스포라와 '너머'의 지원활동." 『세계 한인 귀환디아스포라 현상 조명』 (2013).

김영술·홍인화. "중앙아시아 고려인의 광주지역 이주와 문화변용에 관한 연구." 『디아스포라연구』 제13호 1집, (2013).

마이클 피터 스미스 지음, 남영호· 홍준기· 이현재· 곽노완· 유승희· 김승욱· 김동우· 박영균· 정인숙 옮김. 『초국적 도시이론』 서울: 한울아카데미, 2010.

성동기. "고려인 연구사 정리." 『재외한인연구와 한국학: 연계와 통합의 모색』 재외한인학회·한국학중앙연구원 공동학술대회(2010).

_____. "체제전환기에 나타난 우즈베키스탄 고려인 독립세대의 정체성 문제와 대응방안 고찰." 『역사교육』 제121호, (2012).

이채문· 박규택. "중앙아시아 고려인의 러시아 극동 지역 귀환이주." 『한국지역지리학회지』 제9권 4호, (2003).

정근식. "우즈베키스탄의 민족국가형성 20년 궤적과 전통의 재구성." 전경수 엮음, 『우즈베키스탄에서 배운다』 서울: 민속원, 2013.

피터 스토커 지음, 김보영 옮김. 『국제 이주』 서울: 이소출판사, 2004.

Abrahamson, M. "Urban Enclaves: Identity and Place in America." Review by David M. Hummon, *Contemporary Sociology*. vol.25, no.6, (1996).

Body, M. "Family and Personal networks in International Migration: recent developments and agendas." *International Migration Review*. vol.23, no.3, (1989).

Koser, K. *International Migration*. New York: Oxford, 2007.

Levitt, P. "You Know, Abraham was really the first immigrant: religion and transnational migration." *International Migration Review*. vol.37, no.3, (2003).

Messey, D.S. "Why Does Immigration Occur? A Theoretical Synthesis." in Charles Hirschman(ed.). *The Handbook of International Migration: The American Experience*. New York: Russell Foundation, 1999.

Messey, D.S. Rafael Alarcon, Jorge Durand, Humberto Gonzalez. *Return to Aztlan: the social process for international migration from Eastern Mexico*. Berkeley and Los Angels: University of California, 1987.

Messey, D.S. Joaquin Arango, Graeme Hugo, Ali Kouaouci, Adela Pellegrino, J. Edward Yaylor. "Theories of international migration: a review and appraisal." *Population and Development Review.* vol.19, no.3, (1993).

KOTRA, "우즈베키스탄 근로자 임금동향," http//global.kotra.net/service(검색일: 2013.11.20).

제2장 네팔 결혼이주여성의 한국이주와 임금노동

권유경·정여주. "집단미술치료가 여성결혼이민자의 문화적응 스트레스와 자아존중감에 미치는 효과." 『재활심리연구』 제16권 제2호, (2009).

김경학. "국내 네팔 이주노동자의 초국적 가족 유대." 『남아시아연구』 제20권 2호, (2015).

김미정·이명현·이경은. "결혼이민자의 국적취득 경험에 관한 질적연구." 『여성학논집』 제30집 1호, (2013).

김민정·유명기·이혜경·정기선. "국제결혼 이주여성의 딜레마와 선택: 베트남과 필리핀 아내의 사례를 중심으로." 『한국문화인류학』 제39집 1호, (2006).

김상찬·김유정. "국제결혼 이주여성의 인권보호를 위한 법적 과제." 『법학연구』 43권, (2011).

김정선. "귀환이주여성들의 '이주 안전망' 만들기: 네팔의 포우라키(Pourakhi) 액티비즘을 중심으로." 『한국여성학』 제29권 4호, (2013).

김태원. "생애구술사를 통해 본 결혼이주여성의 가족갈등 경험 분석: 네팔 결혼이주여성의 사례를 중심으로." 『인문과학연구』 제21집, (2014).

김해숙·이효영·박성미·임혁. "다문화가족지원센터 종사자의 직무교육프로그램 개발을 위한 델파이 분석." 『직업교육연구』 31권 1호, (2012).

김현미. "국제결혼의 전 지구적 젠더 정치학." 『경제와 사회』 통권 제70호, (2006).

김혜선. 『글로벌 이주와 초국가적 가족유대』 파주: 이담북스, 2014.

단효홍·김경학. "광주지역 한족 결혼이주여성의 초국적 가족 유대." 『디아스포라연구』 제9권 제1호, (2015).

박경용. "한 조선족 여성의 가족사를 통해 본 디아스포라 경험과생활사: 1932년생 박순옥의 삶을 중심으로." 『아시아연구』 17권 3호, (2014).

박미숙·김영순·홍유나. "결혼이주여성의 취업지원 요구에 관한 연구." 『여성학연구』 제24권 제2호, (2014).

박수진·이지나. “일하며 기르며 송금하며: 한국사회 이주 여성노동자의 사례연구.” 『성평등연구』 제6집, (2002).

박신영·이병준. “다문화가정 여성결혼이민자의 학습경험에 따른 취업경로 연구.” 『문화예술교육연구』 제10권 제2호, (2015).

성지혜. “결혼이주여성의 노후생활 준비에 관한 연구: 대구지역 베트남 결혼이주여성을 중심으로.” 『여성연구』 88권 1호, (2015).

신영지. “결혼 이주여성의 문화적응을 위한 한국어 문학교육의 가능성 모색.” 『반교어문연구』 35권, (2013).

양심영·박수경·김미숙. “다문화가정 아동의 이중문화특성 및 사회적 자본이 심리적 적응에 미치는 영향.” 『한국콘텐츠학회』 13권 6호, (2013).

양인숙 외. 『여성결혼이민자의 경제활동 실태와 정책과제』 서울: 한국여성정책연구원, 2010.

양종승. “히말라야 샤머니즘 연구 동향과 현지조사 사례-네팔 동부지역 Rai족 샤먼 의례.” 『한국무속학』 제22집, (2011).

오윤아·허재준·강대창·김유미·신민금. 『동남아 주요 국가들의 인력송출 현황과 한국의 대응방안』 서울: 대외경제정책연구원, 2012.

윤형숙. “국제결혼 배우자의 갈등과 적응.” 최협 외. 『한국의 소수자, 실태와 전망』 서울: 한울, 2004.

이 경. 『네팔 결혼이주여성에 관한 연구: 세 여성의 생애사를 중심으로』 계명대학교 석사학위논문, 2010.

이경옥. “도시 결혼 이주여성의 정착과정 경험에 대한 현상학적 연구.” 『한국가족복지학』 제47호, (2015).

이동옥. “네팔의 생태여행과 여성들의 관계, 우정, 연대-‘쓰리시스터즈’를 중심으로.” 『젠더와 문화』 제5권 제1호, (2012).

이소영. “여성결혼이민자의 네트워크가 다문화시민권리에 미치는 영향: 광주·전남지역을 중심으로.” 『다문화교육연구』 7권 1호, (2014).

이은정. “이주민 일상에서 드러나는 초국가적 실천방식 - 대구·경북지역 이주민 사례를 중심으로.” 『민족연구』 62호, (2015).

이태정·이용수·신현구·김명수. “결혼이주여성의 취업상태에 대한 분석 연구.” 『한국인구학』 제36권 제3호, (2013).

이해응. “결혼이주여성의 본국/한국 노동경험에 관한 연구.” 『이화젠더법학』 제6권 제2호, (2014).

임춘희. "결혼이주여성의 결혼만족도와 송금의무감이 결혼책임감에 미치는 영향." 『한국가족관계학회지』 제18권 2호, (2013).

장갑수. "국제결혼 이주여성의 임신·출산과 자녀양육." 『다문화콘텐츠연구』 제14집, (2013).

전형권·이소영. "국제결혼이주자들의 사회적 연결망과 초국가성: 광주·전남지역 여성결혼이민자 사례를 중심으로." 『한국동북아논총』 68권, (2013).

조희원. "국제이주와 한국의 다문화현상에 대한 고찰: 결혼이주여성을 중심으로." 『동서연구』 25권 3호, (2013).

최순권·장상교·Dilli Raj Sharma. 『네팔의 혼례문화』 서울: 국립민속박물관, 2012.

최호림. "국제결혼에서 귀환까지: 베트남 여성의 한국행 결혼이주 경험에 관한 연구." 『동아연구』 제34권 1호, (2015a).

______. "한국 다문화사회의 진전과 동아시아의 이주: 현황과 쟁점." 『동북아문화연구』 제42집, (2015b).

출입국·외국인정책본부. 『2014 출입국·외국인정책 통계연보』 과천: 법무부 출입국·외국인정책본부, 2015.

한건수. "농촌지역 결혼이민자여성의 가족생활과 갈등 및 적응." 『한국문화인류학』 제39집 1호, (2006).

허오영숙. 『결혼이주여성의 본국 가족 지원: 송금, 가족 초청, 물품 제공』 파주: 한울아카데미, 2013.

황정미. "'이주의 여성화' 현상과 한국 내 결혼이주에 대한 이론적 고찰." 『페미니즘연구』 제9권 2호, (2009).

Afsar, Rita. "Contextualizing Gender and Migration in South Asia: Critical Insights." *Gender, Technology and Development*. vol.15, no.3, (2011).

Bajracharya, Ashish and Sajeda Amin. "Poverty, Marriage Timing, and Transitions to Adulthood in Nepal." *Studies in Family Planning*. vol.43, no.2, (2012).

Brettell, Caroline. *Anthropology and Migration: Essays on Transnationalism, Ethnicity, and Identity*. Walnut Creek: Altamira Press, 2003.

Brunson, Jan. "Son Preference in the Context of Fertility Decline: Limits to New Constructions of Gender and Kinship in Nepal." *Studies in Family Planning*. vol.41, no.2, (2010).

Chaudhuri, Soma, Merry Morash, and Julie Yingling. "Marriage Migration, Patriarchal Bargains, and Wife Abuse: A Study of South Asian Women." *Violence Against Women.* vol.20, no.2, (2014).

Gardner, Katy and Filippo Osella. "Migration, Modernity and Social Transformation in South Asia: An Introduction." in Gardner, Katy and Filippo Osella(eds.). *Migration, Modernity and Social Transformation in South Asia.* New Delhi: SAGE Publications, 2004.

Ismail, Munira. "Maids in Space: Gendered domestic labour from Sri Lanka to the Middle East." in Momsen, Janet Henshall(ed.). *Gender, Migration and Domestic Service.* London: Routledge, 1999.

McHugh, Ernestine. "Moral Choices and Global Desires: Feminine Identity in a Transnational Realm." *Ethos.* vol.32, no.4, (2004).

Momsen, Janet Henshall. "Maids on the Move: Victim or Victor." in Momsen, Janet Henshall(ed.). *Gender, Migration and Domestic Service.* London: Routledge, 1999.

Morgan, S. Philip and Bhanu B. Niraula. "Gender Inequality and Fertility in Two Nepali Villages." *Population and Development Review.* vol.21, no.3, (1995).

Neetha, N. "Making of Female Breadwinners: Migration and Social Networking of Women Domestics in Delhi." *Economic and Political Weekly.* vol.39, no.17, (2004).

O'Neill, Tom. ""Our Nepali work is very good": Nepali Domestic Workers as Transnational Subjects." *Asian and Pacific Migration Journal.* vol.16, no.3, (2007).

Pappas-Deluca, Katina. "Transcending Gendered Boundaries: Migration for domestic labour in Chile." in Momsen, Janet Henshall(ed.). *Gender, Migration and Domestic Service.* London: Routledge, 1999.

Piper, Nicola and Mina Roces. *Wife or Worker?: Asian Women and Migration.* Lanham, Md.: Rowman & Littlefield Publishers, 2003.

Raghuram, Parvati. "Interlinking Trajectories: Migration and domestic work in India." in Momsen, Janet Henshall(ed.). *Gender, Migration and Domestic Service.* London: Routledge, 1999.

Sharan, Mona and Thomas W. Valente. "Spousal Communication and Family Planning Adoption: Effects of a Radio Drama Serial in Nepal." *International Family*

Planning Perspectives. vol.28, no.1, (2002).

Williams, Lucy. *Global Marriage: Cross-Border Marriage Migration in Global Context*. UK: Palgrave Macmillan, 2010.

Willis, Katie and Brenda Yeoh. *Gender and Migration, Cheltenham*. UK: An Elgar Reference Collection, 2000.

법무부, "국민의 배우자 지역별 현황(2015년 6월말 현재)," http://www.moj.go.kr (검색일: 2015.08.04).

출입국·외국인정책본부, "2015년 7월호 통계월보," http://www.immigration.go.kr (검색일: 2015.09.01).

통계청, "지역별 다문화 이혼," http://kostat.go.kr (검색일: 2015.10.11).

제3장 광주지역 화교의 초국가적 성격과 전망

곽병곤. 『한중수교 이후 재한 화교사회의 변화에 관한 연구』 고려대학교 석사학위논문, 2002.

김기호. 『초국가 시대의 이주민 정체성: 한국 화교의 사례연구』 서울대학교 석사학위논문, 2005.

_____. 『재한화교의 Ethnicity에 관한 연구: 재한화교의 적응과정에 대한 사례를 중심으로』 고려대학교 석사학위논문, 1995.

노혜진. 『차별과 타자화 속의 한국 화교의 정체성: 광주지역 화교를 중심으로』 전남대학교 석사학위논문, 2012.

담영성. 『조선말기의 청국상인에 관한 연구』 단국대학교 석사학위논문, 1976.

박경태. "한국사회에서 화교들이 느끼는 차별의 수준." 최협 외. 『한국의 소수자, 실태와 전망』 서울: 한울아카데미, 2004.

박선홍. 『광주 1백년』 광주: 금호문화, 1994.

박은경. "화교의 종족 정체성과 이동의 관계." 『현상과 인식』 제6호 4집, (1982).

_____. 『한국 화교의 種族性』 서울: 한국연구원, 1986.

_____. "종족성 이론의 분석." 『한국문화인류학』 제19집 1호, (1987).

박정동·박현옥. 『한국 화교(인천화교)의 경제활동 및 사회적 지위에 관한 연구』 인천: 인천발전연구원, 2003.

윤 영. 『한국 화교의 정체성 연구: 부산지역 화교사회에 대한 설문조사를 중심으로』 부경대학교 석사학위논문, 2008.

이윤희. "인천 거주 화교의 인권실태 및 정체성." 최협 외. 『한국의 소수자, 실태와 전망』 서울: 한울아카데미, 2004.

이창호. 『한국화교의 사회적 공간과 장소: 인천 차이나타운을 중심으로』 한국학중앙연구원 박사학위논문, 2007.

_____. "한국 화교의 사회적 지위와 관계의 공간: 인천 화교의 관시와 후이를 중심으로." 『비교문화연구』 제14권 1호, (2008).

_____. "한국 화교의 공간인식과 이주성: 조상숭배관념과 자녀교육을 중심으로." 『e-Journal Homo Migrants』 제2권, (2010).

_____. "이주민 2세대의 고향의 의미와 초국적 정체성: 화교 동창생들의 인터넷 커뮤니티를 중심으로." 『한국문화인류학』 제45집 1권, (2012).

이효재·박은경. "한국 화교 및 화교 이동에 관한 연구." 『한국문화연구원논총』 제37권, (1981).

장수현. "이산민의 초국가성과 다층적 정체성: 중국 위해의 한국 화교에 대한 사례연구." 『현대중국연구』 11권 2호, (2010).

Basch, L, Nina Glick Schiller, Christina Szanton Blanc. *National unbound: Transnational Projects, Postcolonial Predicaments and Deterritorialzed Nation-states.* Langhorne: Gordon and Breach, 1994,

Cairncross, F. *The death of distance.* London: Orion House, 1997.

Marcus, G.E. "Ethnography In/Of the World system: The Emergence of Multi-Sited Ethnography." *Annual Review of Anthropology.* vol.24, (1995).

Vertovec, S. "Cheap Calls: the social glue of migrant transnationalism." *Global Networks.* vol.4, no.2, (2004).

제4장 광주광역시 거주 북한이탈주민의 문화접변 성향

김성경. "북한이탈주민 일상연구와 이주연구 패러다임 신고찰." 『아태연구』 제18집 3호, (2011).

김정규. "외국인 이주자와 범죄: 상징적 폭력과 차별." 『형사정책연구』 제26권 제2호, (2015).

김창권. "북한이탈주민의 남한노동시장에서의 취업 결정요인 연구." 『경상논총』

제25권 2호, (2007).

박경숙. “탈북이주자 생애사에 투영된 집단적 상흔과 거시 권력구조: 지속된 한인 디아스포라, 가부장제, 위계적 시민권.” 『경제와사회』 제95호, (2012).

박종철 외. 『2014 남북통합에 대한 국민의식조사』 서울: 통일연구원, 2014.

스티븐 카슬·마크 J. 밀러 지음, 한국이민학회 옮김. 『이주의 시대』 서울: 일조각, 2013.

엄태완. “남북주민 통합을 위한 정신건강전략: 남한 내 북한이탈주민, 저소득주민, 일반주민의 비교를 통하여.” 『통일정책연구』 제14권 1호, (2005).

오원환. “탈북자에 대한 미디어의 담론적 구성.” 전규찬·이희은. 『한국 사회 미디어와 소수자 문화 정치』 서울: 커뮤니케이션북스, 2011.

윤인진. “북한이주민의 문화변용과 사회적응.” 『한국학연구』 41집, (2012).

이경희·배성우. “북한이탈주민의 남한사회 정착에 영향을 미치는 요인.” 『통일정책연구』 15권 2호, (2006).

이선미. “북한이탈주민의 삶의 질에 영향을 미치는 변인.” 『디아스포라연구』 제9권 제1호, (2015).

이우영 외. 『북한이탈주민 문제의 종합적 정책방안 연구』 서울: 통일연구원, 2000.

이용화. “국내 정착 북한이탈주민의 경제활동 실태와 개선방안.” 『통일경제』 1호, (2012).

이희영. “탈북-결혼이주 - 이주노동의 교차적 경험과 정체성의 변위: 북한 여성의 생애사 분석을 중심으로.” 『현대사회와 다문화』 12집 1호, (2012).

정은미·송영훈. “북한주민의 통일의식과 남한사회이 수용성.” 『통일문제연구』 57집, (2012).

최명민·이기영·최현미·김정진. 『문화적 다양성과 사회복지』 서울: 학지사, 2009.

채나리. “북한이탈주민의 문화변용과 남한사회 적응에 관한 연구.” 『사회복지실천』 10집, (2011).

한진숙. “북한이탈주민의 한국 내 문화적응.” 『한국산학기술학회논문지』 12집 11호, (2011).

Anderson, J. Moeschberger, M, Chen, M. S., Kunn, P., Wewers, M. E. and Guthrie, R. “An Acculturation Scale for Southeast Asians.” *Social Psychiatry and Psychiatric Epidemiology*. vol.28, no.3, (1993).

Barry, Declan T. “Development of a New Scale for Measuring Acculturation: The East

Asian Acculturation Measure (EAAM)." *Journal of Immigrant Health.* vol.3, no. 4, (2001).

Berry, John W. "Immigration, Acculturation, and Adaptation." *An International Revie w.* vol.46, no.1, (1997).

Berry, J. W. and Sam, D. L. "Acculturation and Adaptation." in John W. Berry, Mar shall H. Segall and Cigdem Kagitcibasi(eds.). *Handbook of Cross-Cultural Psychol ogy.* MA: Allyn and Bacon, 1997.

Berry, J. W., Kim U., Minde, T., and Mok, D. "Comparative Studies of Acculturative Stress." *International Migration Review.* vol.21, no.3, (1987).

Berry, J. W., Kim, U., Power, S. Young, M., and Bujaki, M. "Acculturation Studies in Plural Societies." *Applied psychology.* vol.38, (1989).

Dongbae, Lee. "The Influence of North Korean Political Ideologies on the Integration of North Korean Defectors in South Korea." *Studia Orientalia Electronica.* vol. 1, (2013).

Gim, Chung, Ruth, H., Kim, Bryan S. K. and Abreu, Jose M. "Asian American Multi dimensional Acculturation Scale: Development, Factor Analysis, Reliability, a nd Validity." *Cultural Diversity and Ethnic Minority Psychology.* vol.10, no.1, (2004).

International Crisis Group. "모국의 이방인: 남한의 북한이탈주민." 『Asia Report』 N°208, (2011).

Lakey, Paul N. "Acculturation: a Review of the literature." *Intercultural Communication Studies.* vol.12, no.2, (2003).

Sam, D. "Acculturation: Coceptual Background and core components." in D. L. Sam and J. W. Berry(eds.). *Cambridge Handbook of Acculturation Psychology.* MA: Ca mbridge University Press, 2006.

Smith, Rachel A. and Khawaja Nigar G. "A Review of the Acculturation Experiences of International Students." *International Journal of Intercultural Relations.* vol.35, (2011).

Sodowsky, G. R., Lai, Edward W. M., Plake, Barbara S. "Moderating Effects of Socioc ultural Variables on Acculturation Attitudes of Hispanics and Asian Americans." *Journal of Counseling & Development.* vol.70, no.1, (1991).

Suinn, R. M., Ahuna, C. and Khoo, G. "Suinn-Lew Asian Self-Identity Acculturation Scale: Concurrent and factorial validation." *Educational and Psychological measure ment*. vol.52, (1992).

Suinn, R. M., Rickard-Figueroa, K., and Lew, S., and Vigil, P. "The Suinn-Lew Asian Self-Identity Acculturation Scale: An initial report." *Educational and Psychological Measurement*. vol.47, no.2, (1987).

Sung Kil, Min. "Divided Countries, Divided Mind 1: Psycho-Social Issues in Adaptation Problems of North Korean Defectors." *Psychiatry Invest*. vol.5, (2008).

Sung Mi, Han. *The Role Of Online Social Media In The Acculturation Process of North Korean Refugee Young Adults In South Korea.* Wayne State University Dissertations, 2013.

Ward, Colleen and Rana-Deuba, Arzu. "Acculturation and Adaptation Revisited." *Journal of Cross-Cultural psychology*. vol.30, (1999).

통일부, "북한이탈주민정책," http://www.unikorea.go.kr/content.do?cmsid=3099(검색일: 2015.06.09).

Taras, Vas, *Instruments for Measuring Acculturation* (2008), http://ucalgary.ca/~taras/_private/Acculturation_Survey_Catalogue.pdf (검색일: 2015.04.09).

제5장 '광주외국인노동자건강센터'에 관한 민족지적 연구

김왕배·김종우. "인권으로서의 건강권에 대한 탐색과 전망." 『보건과 사회과학』 제32집, (2012).

김정순 외. "한국에서의 외국인노동자들의 보건상태 및 사회적 문제의 현황에 관한 연구." 『외국인노동자 보건·복지 향상을 위한 토론회 자료집』 대한적십자사·외국인 노동자 의료공제회·국제이주기구, 2001.5.22.

김진순. "외국인근로자 서비스기관 실태조사." 『제2차 외국인 근로자 보건, 복지 실태 및 과제에 관한 세미나 자료집』 대한적십자사, 2002.6.27.

김창엽·김명희. "경제·사회·문화적 권리 국가인권정책 기본계획 수립을 위한 건강권 기초현황조사." 국가인권위원회, 2004.

김철효·설동훈·홍승권. "인권으로서의 이주노동자 건강권에 관한 연구." 『지역사회학』 제7권 제2호, (2006).

보건복지부. "외국인근로자 등을 위한 무료진료사업 최초 실시." 보건복지부 보도자료, 2005.5.18.

부종식. “이주노동자의 의료인권.” 『생명윤리정책연구』 제6권 제1호, (2012).

설동훈. 『외국인 근로자의 산업재해 실태와 예방을 위한 정책제언』 인천: 한국산업안전공단 산업안전보건연구원, 2003.

설동훈·홍승권·고현웅·김인태. 『외국인노동자 보건의료 실태 조사연구』 서울: 국제보건의료발전재단, 2005.

원영희·최선희. “외국인 근로자의 의료서비스 지원 효과-사회적응을 중심으로.” (사)국제민간교류협회 희년의료공제회, (2008).

윤택림. 『문화와 역사 연구를 위한 질적연구방법론』 서울: 아르케, 2004.

윤환철. 『이주노동자 의료권 보호 실태와 NGO 지원활동에 관한 연구』 성공회대학교 석사학위논문, 2009.

이병운·고준기. “외국인근로자의 보건의료 현황과 문제점.” 『한양법학』 제21권 제3집, (2010).

이상림·김혜진. “결혼이주여성의 건강 장애요인들: 여성, 이주자, 그리고 아내, 며느리로서의 경험들.” 『한국가족사회복지학회 학술발표논문집』 2011권 1호, (2011).

이상림. “이주자 건강증진을 위한 정책 제안.” 『보건복지포럼』 통권 제187호 (2012).

이유미. 『이주민노동자 의료서비스 제공실태: 안산시 원곡동을 대상으로.』 경희대학교 석사학위논문, 2009.

이왕준. “외국인노동자 보건·복지 관련 활동.” 『외국인노동자 보건·복지 향상을 위한 토론회 자료집』 대한적십자사·외국인노동자 의료공제회·국제이주기구, (2001).

전수경. “범인은 노말헥산이 아니라 인권에 대한 무지: 이주노동자 노말헥산 중독 사건으로 보는 노동자건강권 실태.” 『노동사회』 96권, (2005).

정춘자. 『이주노동자의 의료지원정책에 관한 연구.』 건국대학교 석사학위논문, 2013.

최재욱. “외국인 근로자 안전보건 현황 및 정책 방향.” 한국산업안전공단 산업안전보건연구원 편. 『외국인 근로자 안전보건 실태조사 연구』 인천: 한국산업안전공단 산업안전보건연구원, 2003.

최지원·이현경·채덕희. “외국인 이주자 건강관련 연구 동향: 최근 10년간 (2000-2009년) 연구에 대한 고찰.” 『보건교육건강증진학회지』 제28권 제3호, (2011).

황필규·차성안·홍예연. "국제기준에 비추어 본 한국의 이주노동자의 권리: 노동기본권과 사회보장을 중심으로." 『이주노동자 운동의 미래, 그리고 진정한 연대를 향한 모색』이주노동자인권연대 정기심포지엄. 2005.10. 10-11.

광주광역시, "2013년 12월 주민등록연구통계," http://www.gwangju.go.kr (검색일: 2014.10.20).

광주외국인노동자건강센터, "2013년 진료통계," http://cafe.daum.net/gjcenter050626/3TIU/223 (검색일: 2014.10.05).

(사) 지구촌사랑나눔, http://www.g4w.net.

보건복지부, "의료법 제23조의 2항과 2014년 9월 개정된 보건복지부령 제262호에 의거, 의료법시행규칙 [별표 1] '환자의 권리와 의무' 제1조의2제1항," http://www.lawnb.com(검색일: 2014.10.20).

『전남일보』2014년 9월 23일, "광주인권도시 정체성 살리려면 다문화인 안아야" Kwaak, Jeyup, S. "초과근무에 폭언까지 한국 내 이주노동자 인권침해 비판 일어." realti me, 2014년 10월 21일.

제6장 우즈베키스탄 고려인의 한국 이주와 가족유형의 성격

김게르만. "소련방 붕괴 이후 러시아 고려인의 이주현황." 러시아 고려인 역사 140년: 성찰과 새로운 인식, 재외동포재단과 재외한인학회 공동주최 국제학술회의, (2004).

김경학. "중앙아시아 고려인의 한국 이주와 정착: 광주 '고려인마을'을 중심으로." 『국제지역연구』 17권 4호, (2014).

김성진. "중앙아시아 국가들의 국제이주: 현황과 요인." 『중소연구』 제37권 4호, (2013/2014).

김영술·홍인화. "중앙아시아 고려인의 광주지역 이주와 문화변용에 관한 연구." 『디아스포라연구』 7권 1호, (2013).

김재기. "광주광역시 광산구 지역 귀환 고려인의 이주배경과 특성." 『재외한인연구』 제12호, (2014).

김혜진. "러시아 로스토프 주 내 고려인 사회의 형성과정과 특징." 『동북아역사논총』 제28호, (2010).

성동기. “중앙아시아 고려인 이주의 새로운 유형과 연구과제.” 『한민족연구』 제8호, (2010).

심헌용·김재기. “러시아 재이주 한인의 난민적 상황과 인권보호.” 『민주주의와 인권』 제4권 1호, (2004).

오정은·강희영·성동기. 『한-CIS 관계증진을 위한 CIS출신 동포 활용방안: 국내 체류 경험 고려인을 중심으로』 서울: IOM 이민정책연구원 연구보고서, 2014.

윤성학·김영진·김일겸·김안국·홍미희·성동기·이시영. 『한 ·중앙아시아 인적 자원의 교류현황과 활성화 방안』 서울: KIEP, 2011.

이은정. “우즈베키스탄 고려인의 귀환이주: 대구지역 고려인의 사례를 중심으로.” 『지방사와 지방문화』 18권 1호, (2014).

이천영. “국내체류 고려인동포에 대한 정책방향.” 『‘재외동포의 국내 체류 지원’ 정책토론회 발표집』 다문화/재외동포 이주정책포럼 준비위원회 발족기념토론회. 서울. 2014.10.18.

Ambrosini, M. “Parenting from a distance and processes of family unification: A Research on the Italian case.” *Ethnicities*. vol.15, no.3, (2015).

Artico, E. *Latino Families broken by immigration: the adolescents' perspective*. New York: Lfb Scholarly, 2003.

Baldassar, L. Cora Baldock, Raelene Wilding,. *Families Caring across Borders: Migration, Aging and Transnational Caregiving*. London: Palgrave Macmillan, 2007.

Baldassar, L. “Transnational Families and Aged Care: the mobility of care and the migrancy of aging.” *Journal of Ethnic and Migration Studies*. vol.33, no.2, 2007.

Baldassar, L. and Laura Merla. *Transnational Families, Migration and the Circulation of Care: Understanding Mobility and Absence in Family Life*. New York: Routledge, 2014.

Bryceson, D. and Vuorela, U. “Transnational Family: in the Twenty First Century.” in D. Bryceson and U. Vuorela(eds.). *The Transnational Family: New European Frontiers and Global Networks*. New York: Berg, 2002.

Dreby, J. “School Experiences of Children left behind in Mexican Transnational Families: a qualitative assessment.” Montreal: paper presented at the Latin American studies Association meeting. Canada. 2007.09.05-08.

Erel, U. “Special Issue: Transnational Care in Europe: Changing Formations of

Citizenship, Family, and Generation, Social Politics." *International Studies in Gender, State & Society*. vol.19, no.1, (2012).

Hochschild, A.R. "Global Care Chains and Emotional Surplus Value." in Will Hutton and Anthony Giddens(eds.). *On the Edge, Living with Global Capitalism*. London: Vintage, 2000.

______________. "Love and Gold." in B. Ehrenreich and A. Hochschild(eds.). *Global Women: nannies, maid and sex workers in the new economy*. New York: Owl Books, 2002.

Houtoun, M., Kramer R. G., Barrett, J.M. "Female Predominance of Immigration to United States since 1930: A First Look." *International Migration Review*. vol.18, no.4, (1984).

Huang, S., Yeohm S.A., Totata Mika. "Caring for the elderly: the embodied labour of migrant care workers in Singapore." *Global Networks*. vol.12, no.2, (2012).

Kofman, E. "Family-related migration: A critical review of European studies." *Journal of Ethnic and Migration Studies*. vol.30, no.2, (2004).

Marcus, G.E. "Ethnography In/Of the World System: the emergence of multi-sited ethnography." *Annual Review of Anthropology*. vol.24, (1995).

Parrenas, R.S. *Servants of Globalization: Women, Migration and Domestic Workers*. Stanford: Stanford Univ. Press, 2001.

____________. "Long distance intimacy: class, gender and intergenerational relations between mothers and children in Filipino transnational families." *Global Networks*. vol.5, no.4, (2005).

Piper, N. "Globalization, Gender and Migration: the Case of International Marriage in Japan." in J. Cook(ed.). *Towards a Gendered Political Economy*. Basingstoke: Macmillan, 2000.

Pratt, G. *Families Apart, Migrant Mothers and Conflicts of Labour and Love*. Minneapolis: Minnesota University Press, 2012.

Schmalzbaur, L. "Searching for Wages and Mothering from Afar: the case of Honduran transnational families." *Journal of Marriage and Family*. vol.66, (2004).

Suarez-Orozco, C., I.L.G. Todorova, J. Louie. "Making up for lost time: the experience of separation and reunification among immigration families." *Family Processes*. vol.41, no.4, (2002).

Truong, T. Gender. "International Marriage and Social Reproduction for Theory,

Policy, Research and Networking." *Asian and Pacific Migration Journal.* vol.5, no.1, (1996).

Zentgraf, M. & Z. Chinchilla. "Transnational Family Separation: A Framework for Analysis." *Journal of Ethnic and Migration Studies.* vol.38, no.2, (2012).

Parpiev, Z., "who is behind remittances?: a profile of Uzbek Migrants," http://www.undp.org (검색일: 2015.03.05).

제7장 광주 체류 네팔 이주노동자의 초국적 국가 유대

김경학. "국제이주와 편자비의 '이주문화'."『국제지역연구』 제11권 3호, (2007).

김정선. "귀환이주여성들의 이주 안전망 만들기: 네팔의 포우라키(Pourakhi) 액티비즘을 중심으로."『한국여성학』 제29권 4호, (2013).

김혜선.『글로벌 이주와 초국가적 가족유대』 서울: 이담 북스, 2014.

박정석. "네팔의 민주화 이후 종족성과 민족주의의 발흥에 관하여: 네와르의 사례를 중심으로."『남아시아연구』 제17권 3호, (2012).

_____. "네팔의 민주화와 종족성의 정치(1): 제2차 인민봉기 이후를 중심으로."『남아시아연구』 제18권 3호, (2013a).

_____. "네팔의 민주화와 종족성의 정치(2): 브라만과 체트리를 중심으로."『인도연구』 제18권 2호, (2013b).

박형기 외. "국내 외국인근로자의 사회연결망과 이직경험: 고용허가제로 입국한 외국인근로자(E-9)를 중심으로."『한국인구학』 제37권 1호, (2014).

이병운·고준기. "외국인근로자의 보건의료 현황과 문제점."『한양법학』 제21권 3호, (2010).

하갑래. "외국인고용허가제의 변천과 과제."『노동법논총』 제22집, (2011).

허오영숙.『결혼이주여성의 본국 가족지원: 송금, 가족초청, 물품제공』 서울: 한울아카데미, 2013.

홍승연. "네팔 통신시장 현황."『정보통신 동향』 24권 17호, (2012).

IOM 이미정책연구원.『2010 체류외국인 실태조사: 고용허가제와 방문취업제외국인의 취업 및 사회생활』 법무부용역보고서, 2010.

Acharta, C.P & Roberto, Leon-Gonzalez. "The Impact of Remittance on Poverty and Inequality: a micro-simulation study for Nepal." *Asian Journal of Empirical Research.* vol.3, no.9, (2013).

Adams, R. & John Page. "Do international migration and remittances reduce poverty in developing countries?." *World Development*. vol.33, no.10, (2005).

Adhikari, R. "Empowered Wives and Frustrated Husbands: Nursing, Gender and Migrant Nepali in the UK." *International Migration*. vol.51, no.6, (2013).

Bahadur, K. 『Political Instability and FDI Inflows: A comparative analysis between Nepal and Bhutan』 고려대학교 석사학위논문, 2011.

Baldassar, L. "Transnational Families and Aged Care: the mobility of care and the migrants of aging." *Journal of Ethnic and Migration Studies*. vol.33, no.2, (2007).

Baldock, C. "Migrants and Their Parents." *Journal of Family Issues*. vol.21, no.2, (2000).

Basch, L, Nina Glick Schiller, Christina Szanton Blanc. *Nations Unbound: Transnational Projects, Post-colonial Predicaments and Deterritorialized Nations-States*. Langhorne: Gordon and Breach, 1994.

Bhattarai, S. "Older people's exclusion from healthcare services in Nepal: An analysis of the political economy of development aid, domestic policy and research." *Geriatrics Gerontology International*. vol.13, (2013).

Bryceson, D. and Vuorela, U. "Transnational Family: in the Twenty First Century." in D. Bryceson and U. Vuorela(eds.). The *Transnational Family: New European Frontiers and Global Networks*. New York: Berg, 2002.

Cairncross, F. *The death of distance: how the communications revolution will change our lives*. Boston: Harvard Business School Press, 1997.

Campbell, J.R., Ganga, B.T., Hieyeon, L. "All good Things Did Not Go Together: Nepal's democratization since the collapse of the monarchy." 『21세기정치학회보』 제23권 2호, (2013).

Central Bureau of Statistics, Nepal(CBS/N). *Nepal Living Standard Survey 2010/2011*, Volume Ⅰ & Ⅱ, Kathmandu (2011).

Chalise, H.N. & Brightman, J.D. "aging trends: Population aging in Nepal." *Geriatrics Gerontology International*. vol.6, (2006).

Cuong, B.T., T.S. Anh, D.M. Goodkin, J.E. Knodel, J. Friedman. "Vietnamese elderly amidst transformations in social welfare policy." in D. Phillips(eds.). *Ageing in the Asia-Pacific Regions: Issues and Policies*. London: Routledge, 2000.

Dreby, J. "Children and Power in Mexican Transnational Families." *Journal of Marriage and Family.* vol.69, (2006).

Gardner, A., S. Pessoa, A. Diop, K. Al-Ghanim, K.L. Trung, L. Harkness. "A Portrait of Low-Income Migrants in Contemporary Qatar." *Journal of Arabian Studies.* vol.3, no.1, (2013).

Gartaula, H. N. "International Migration and Local Development in Nepal." *Contribution to Nepalese Studies.* vol.36, no.1, (2009).

Gartaula, H. N., L. Visser, A. Niehof. "Socio-Cultural Dispositions and Wellbeing of the Women Left Behind: A case of Migrant Households in Nepal." *Social Indicators Research.* vol.108, (2012).

Goulbourne, H. *Transnational Families: Ethnicities, Identities and Social Capital.* London: Routledge, 2010.

Graner, E. "Labour Markets and Migration in Nepal." *Mountain Research and Development.* vol.21, no.3, (2001).

Hondangneu-Solelo & E. Avila. *Mothering and Ambivalence*. London: Routledge, 1997.

Knodel, J. Friedman, T.S. Anh, B.T. Cuong. "Intergenerational Exchanges in Vietnam: family size, sex composition, and the location of children." *Population Studies.* vol.54, no.1, (2000).

Marahatta, S. 『Work, and Remittances of Nepalese Migrant Workers in Korea』 경북대학교 박사학위논문, 2012.

Parrenas, R.S. *Servants of Globalization: Women, Migration and Domestic Workers*. Stanford: Stanford University Press, 2001.

__________. "Long distance intimacy: class, gender and intergenerational relations between mothers and children in Filipino transnational families." *Global Networks.* vol.5, no.4, (2005).

Pertierra, R. "Mobile phone identity and discussive intimacy." *Human Technology.* vol.1, no.1, (2005).

Pokharel, S.R., B.P. Pokharel, Y. Ra. "Remittance and informal Transfer Systems: Effects & Challenges for Economic Development of Nepal." 『한국산업경제저널』 제4권 3호, (2012).

Pokharel, S.R., S. Lee, B.P. Pokharel. "Foreign Direct Investment and It's Impact of Economic Growth: Nepal Case." 『한국산업경제저널』 제5권 제1호, (2013).

Samundra, K.C. 『Remittance and Its Impacts on Poverty Reduction of Nepal』 아주대학교 석사학위논문, 2007.

Sapkota, C. "Remittances in Nepal: Boon or Bane?." *The Journal of Development Studies.* vol.49, no.10, (2013).

Schmalzbaur, L. "Searching for Wages and Mothering from Afar." *Journal of Marriage and Family.* vol.66, (2004)

Seddon, D., J. Andhikari, G. Gurung. "Foreign Labour Migration and the Remittance Economy of Nepal." *Critical Asian Studies.* vol.34, no.1, (2002).

Sunita, N. 『Impact of International Labour Migration, Remittance in Household Level: A case study of Nepalese women working in Korea』 이화여자대학교 석사학위논문, 2009.

Thai, H. C. "The dual roles of transnational daughters and transnational wives: monetary intentions, expectations and dilemmas." *Global Networks.* vol.12, no.2, (2012).

Thieme, S., M. Kollmair, U. Muller-Boker. "Research Report: Labour Migration from Far West Nepal to Delhi, India." *European Bulletin of Himalayan Research.* vol.24, (2003).

Thieme, S. & S. Wass. "Migration Patterns and Remittance Transfer in Nepal." *International Migration.* vol.43, no.5, (2005).

Vertovec, S. "Cheap Calls: the social glue of migrant transnationalism." *Global Networks.* vol.4, no.2, (2004).

Vogel A. & Kim, K. "Passing by the Girls? Remittance Allocation for Educational Expenditures and Social Inequality in Nepal's Households 2003-2004." *International Migration Review.* vol.46, no.1, (2012).

Wagle, U. "Socioeconomic Implications of the Increasing Foreign Remittance to Nepal: Evidence from the Nepal Living standard Survey." *International Migration.* vol.50, no.4, (2012).

Wilding, R. "Virtual Intimacies? families communicating across transnational contexts." *Global Networks.* vol.6, no.2, (2006).

World Bank, *Large-scale Migration and Remittance in Nepal: Issues, Challenge and Opportunities.* Washington, D.C.: World Bank, 2011.

고용노동부, "2014년 7월 EPS 센터장 동향보고: 네팔," http://www.hrdkorea.or.kr (검색일: 2014.08.30).

강미선. 『국제결혼 여성들의 가족생활과 경제활동에 관한 비교연구: 도시에 거주하는 중국조선족과 한족을 중심으로』 서울대학교 석사학위논문, 2013.

김경학. "국내 네팔 이주노동자의 초국적 가족 유대." 『남아시아연구』 제20권 2호, (2014).

김정선. 『필리핀 결혼이주여성의 귀속의 정치학』 이화여자대학교 박사학위논문, 2009.

김혜선. 『글로벌 이주와 초국가적 가족유대』 파주: 이담북스, 2014.

문경연. "국민의 배우자'를 벗어난 여성들: 한족 결혼 이주 여성들의 결혼과 이혼사례를 중심으로." 『한국문화인류학』 제44권 2호, (2011).

이진연. 『한국인 남성과 결혼한 중국 한족 이주여성의 부부갈등에 관한 연구』 전남대학교 석사학위논문, 2013.

임선진·김경학. " '광주외국인노동자 건강센터'에 관한 민족지적 연구." 『디아스포라연구』 8권 2호, (2014).

조경민. 『고학력이주여성의 한국생활 적응에 관한 연구: 중국 한족출신 결혼이주여성을 중심으로』 경희대학교 석사학위논문, 2010.

허(오)영숙. 『결혼이주여성의 본국 가족 지원』 서울: 한울아카데미, 2013.

張蒴萌. 『국제결혼 부부생활 만족도에 대한 사례연구: 한국에 유학 온 중국 한족여성 중심으로』 경희대학교 석사학위논문, 2013.

張晓伟. 『한국(韓國)과 중국(中國) 다문화가족 연구: 한족가족(漢族家族)과 조선족가족(朝鮮族家族) 비교를 중심으로』 한서대학교 석사학위논문, 2013.

Basch, L, Nina Glick Schiller, Christina Szanton Blanc. *Nations Unbound: Transnational Projects, Post-colonial Predicaments and Deterritorialized Nations-States.* Langhorne: Gordon and Breach, 1994.

Bryceson, D. and Vuorela, U. "Transnational Family: in the Twenty First Century." in D. Bryceson and U. Vuorela(eds.). The *Transnational Family: New European Frontiers and Global Networks.* New York: Berg, 2002.

Lie, M. L. S. "Across the Oceans: Childcare and Grandparenting in UK Chinese and Bangladeshi Households." *Journal of Ethnic and Migration Studies.* vol.36, no.9, (2010).

Portes, A., G. Luis, L. Patricia. "The study of transnationalism: pitfalls and promises of an emergent research field." *Ethnic and Racial Studies*. vol.22, (1999).

Taik Soo Hyun. "A Study on Types of Chinese Female Immigrants' Cultural Adaptation." *Journal of Human Subjectivity*. vol.8. no.1, (2010).

Vertovec, S. "Cheap Calls: the social glue of migrant transnationalism." *Global Networks*. vol.4, no.2, (2004).

Zhou, Y. R. "Space, time, and self: rethinking aging in the contexts of immigration and transnationalism." *Journal of Aging Studies*. vol.26, (2012).

_________. "Toward transnational care interdependence: rethinking the relationships between care, immigration and social policy." *Global Social Policy*. vol.13, no.3, (2013a).

_________. "Transnational Aging: the impacts of adult children's immigration on their parents' later lives." *Transnational Social Review: A Social Work Journal*. vol.3, no.1, (2013b).

출입국·외국인정책본부, "2015년 1월호 통계월보," http://www.immigration.go.kr (검색일: 2015.03.30).